개정판
특수체육의 이론과 실제

한 동 기

특수체육의 이론과 실제 (개정판)

인쇄 / 2008년 2월 22일
발행 / 2008년 2월 29일

저 자 / 한동기
발행처 / 도서출판 **레인보우북스**
주 소 / 서울 관악구 신림2동 131-30
전 화 / 02) 872-8151~2
　　　　　02) 871-0935(팩스)
전자우편 / min6301@yahoo.co.kr

ⓒ2008 · 민선홍
(출판등록 제15-404호)

ISBN : 978-89-6206-014-0
정가 : 14,000원

머리말

특수체육은 학문으로서만이 아니라 장애인의 복지와 재활의 기반이며, 궁극적으로 삶의 질을 변화시켜 일반사회로의 통합을 촉진시키는데 큰 기여를 한다. 아마도 장애를 가진 사람들에게 체육은 건강관리뿐 아니라 삶을 윤택하게 하는 지름길이라고 할 수 있다. 이는 여러 연구와 증언을 통하여 충분히 확인되고 있는 사실이지만 장애인들이 체육활동을 즐기기에는 여전히 많은 장벽이 존재하고 있는 것도 사실이다. 다행히, 현재 우리나라는 장애인교육, 복지, 체육 분야에서 변혁의 시대를 맞이하고 있어 그 장벽은 서서히 줄어들게 될 것이라고 믿는다. 일례로, 2007년에 '장애인복지법'이 개정되었으며, 특수교육 분야에서는 '특수교육진흥법'이 폐지되고 '장애인 등에 대한 특수교육법'이 제정되어 특수교육 분야의 발전과 변화를 크게 기대하게 되었다. 특히, 특수체육 분야도 2005년 11월 대한장애인체육회의 설립으로 큰 도약의 시점에 있다고 할 수 있다.

이 책은 크게 1, 2부로 구성되어 있다. 1부는 특수체육의 이론 편으로 장애인과 특수체육의 개념, 특수체육관련 주요 이론, 개별화교육계획, 사정, 행동관리, 2부는 특수체육지도의 실제 편으로 정신지체, 학습장애, 정서 및 행동장애, 청각장애, 시각장애, 지체장애 등의 각 장애영역별 체육과 장애인스포츠를 다루고 있어, 이 책을 통하여 특수체육의 이론을 학습하고 특수체육 현장에 실제로 적용하도록 유도하고 있다. 앞에서도 언급하였지만, 교육, 복지 및 특수체육 분야에서 변혁의 시기를 맞이하여 개정판에서는 관련 법령 등의 변화된 내용을 충실히 전달하려고 노력하였다. 여전히 부족한 점이 많은 책이지만, 장차 특수체육 현장에 많이 활용되고, 학문의 발전에 작은 토대가 되기를 다시 한 번 기대한다.

개정판 발간에 즈음하여
2008년 2월 12일
지은이 씀

목 차

I부 특수체육의 이론 편

제1장 장애인과 특수체육의 개념
1. 장애인의 정의 … 5
2. 장애의 판정 및 분류 … 7
3. 특수체육의 정의 … 12
4. 특수체육의 목표 및 가치 … 17

제2장 특수체육 관련 주요 이론
1. 정상화 … 25
2. 주류화 … 28
3. 제한환경의 최소화 … 31
4. 일반교육주도 교육 … 33
5. 통합 … 35
6. 교육팀 협력체계 … 40

제3장 개별화교육계획
1. 개별화 교육의 이해 … 47
2. 개별화교육계획의 정의 … 48
3. 개별화교육계획의 목적 … 50
4. 개별화교육계획의 기능 … 51
5. 개별화교육계획 작성의 실제 … 52
6. 우리 나라의 시행 현황 … 67

제4장 사 정

1. 사정의 정의와 유형   73
2. 검사방법과 검사도구   77
3. 사정의 실제   83

제5장 행동관리

1. 행동관리의 이해   109
2. 행동관리 전략   115
3. 조작적 조건형성 기법   122

---

2 부   특수체육 지도의 실제 편

제6장 정신지체

1. 정신지체의 이해   139
2. 특성 및 지도전략   143

제7장 학습장애

1. 학습장애의 이해   149
2. 특성 및 지도전략   154

제8장 정서 및 행동장애

1. 정서 및 행동장애의 이해   161
2. 특성 및 지도전략   166
3. 자폐 스펙트럼 장애   171

제9장 청각장애
    1. 청각장애의 이해   181
    2. 특성과 지도전략   187

제10장 시각장애
    1. 시각장애의 이해   193
    2. 특성 및 지도전략   198

제11장 지체장애
    1. 지체장애의 이해   209
    2. 특성   210

제12장 장애인 스포츠
    1. 장애인 스포츠의 이해   231
    2. 장애인 스포츠의 발전과정   234
    3. 국내 장애인 스포츠의 전망   249

1 부

특수체육의 이론 편

1 장	장애인과 특수체육의 개념
2 장	특수체육 관련 주요 이론
3 장	개별화교육계획과 프로그램
4 장	사정
5 장	행동관리

제 1 장

장애인과 특수체육의 개념

1. 장애인의 정의

2. 장애의 판정 및 분류

3. 특수체육의 정의

4. 특수체육의 목표 및 가치

1. 장애인의 정의

　장애인의 정의는 매우 상대적이다. 일반인과 장애인의 구분은 사회의 문화적 기대에 따라 기준이 다르고 장애 상태는 환경에 의해 많은 영향을 받으며, 언제든지 변화할 수 있다. 장애인은 선천적이든 후천적이든 신체적·정신적 능력의 불완전함으로 인하여 일상의 개인적 또는 사회적 생활에서 필요한 것을 스스로 완전히 또는 부분적으로 확보할 수 없는 사람을 말한다(국제연합, 1975). UN은 1980년에 '세계 장애인의 행동계획'을 채택하면서 개인적 특질의 손상(impairment), 손상으로 인한 기능적 제한인 능력장애(disability), 장애의 사회적 결과인 사회적 불리(handicap)로 장애의 차원을 구별하였다. 그리고 개인이 처한 환경 상태에 의해 손상의 정도를 결정하기 때문에 장애의 문제는 개인과 환경간의 관계 속에서 파악되어야 한다고 명시하였다(ICIDH-1).
　손상(impairment)은 '심리적·생리적 또는 해부학적 구조나 기능의 손실 또는 비정상'을 의미한다. 능력장애(disability)는 '손상으로부터 야기된 것으로서 인간에게 정상적인 것으로 간주되는 범위 내에서의 혹은 그러한 방식으로 활동을 수행하는 능력의 제약 또는 결여'를 의미한다. 사회적 불리(handicap)는 '손상이나 능력장애로부터 야기되는 것으로서 연령, 성, 사회·문화적 요인에 따라 정상적인 역할의 수행을 제약 또는 방해받는 개인에 대한 불이익'을 의미한다. 이 정의는 장애의 사회적 의미를 정확히 담고 있는 것으로 그 가치가 높이 평가되고 있다. 세계보건기구(1980)는 이렇게 장애의 개념을 넓게 정의함으로써 세계 인구의 약 10%가 장애 인구에 해당한다고 추정하고 있다.
　그러나 1990년대 말에는 이러한 분류의 문제점을 보완하기 위해 능력장애와 사회적 불리를 제외하고 손상, 활동, 참여의 세 차원으로 장애를 설명하고 있다(ICIDH-2). 이는 단순히 눈에 보이는 신체적 장애인뿐 아니라 모든 개인에게 적용 가능한 기준이 되고 있다. 즉, 장애문제가 개별적인 신체의 기능 문제에서 사회적 문제로 간주되면서, 신체적 손상보다는 독립된 개인으로 역할을 수행하지 못하고 생활상 지속적인 문제를 갖고 있는 사람을 장애인으로 간주하는 경향이 증가하고 있다. 즉, Auxter, Pyfer 그리고 Huettig(2001)의 경우는 "정상적인 성장과 발달이 크게 지장을 받아 신체적, 사회적 또는 정신적인 결함을 가지는 사람을 의미한다"고 정의하고 있다(Disabled is an individual with physical, social, or psychological variations that significantly interfere with normal growth and development).
　한편, 장애인의 범주는 관점에 따라 달라질 수 있다. 첫째, 생물학적·해부학적 관점에서 신체구조 또는 기능상의 이상, 손상, 상실, 결함이 있는 사람을 의미하는 경우(시각장애, 청각장애, 지체장애), 둘째, 의학적 관점에서 신체구조·기능상의 만성적 결함으로 정상적인 생활을 하는데 제한이 있는 사람을 의미하는 경우(신장기능장애, 심장기능장애, 간질 등), 셋째, 심리학적 관점에서 지적 능력의 발달지체로 사회생활의 적응에 어려움을 당하고 있는 사람을 의미하는 경우(정신지체, 학습장애, 정서장애 등)이다. 일반적으로 장애인의 범주는 생물학적·해부학적 관점에 한정시키는 협의의 관점에서 의학적 관점과 심리학적 관점까지 포함시키는 광의의 관점으로 변화해 오고 있다.

우리 나라의 경우, 장애인복지법(2007)에서 "장애인이란 신체적·정신적 장애로 오랫동안 일상생활이나 사회생활에서 상당한 제약을 받는 자로서 대통령령으로 정하는 장애의 종류 및 기준에 해당하는 자를 말한다."라고 정의하며, 1~6등급으로 분류하고 있다. 이러한 우리나라의 장애에 대한 정의는 기능장애(impairment) 중에서도 일부분만 인정하고 있기 때문에 국내 장애 인구수는 외국에 비해 매우 적다. 2000년 한국보건사회연구원이 실시한 장애인 실태조사를 바탕으로 추정한 장애인구수는 약 144만 9천명으로 인구 대비 장애인 출현율(인구 100명당 장애인수)은 3.09%이다. 그러나 기능장애(impairment)뿐 아니라 능력장애(disability)까지 인정하는 외국의 경우 장애인 출현율은 대부분 10%이상이다. 이에 따라 장애인단체 및 장애인복지관련 기관에서는 우리 나라 장애인구수를 450만명 이상으로 추정하고 있다. 즉, 장애인을 지체장애, 뇌성마비, 시각장애, 청각장애 또는 음성 또는 언어기능장애, 정신지체, 정신질환, 안면장애, 왜소증, 자폐, 정서장애, 치매, 중요기관기능장애 등 신체적·정신적 불편함으로 인하여 장기간에 걸쳐 일상생활 또는 사회생활에 상당한 불편을 겪는 사람까지 확대하여야 한다고 주장하고 있다.

표 1-1. 장애의 구분

구분	기능의 상실	예
장기 차원의 장애(손상) impairment	생리적 기능 상실	심장에 질환이 생겨서 심장이 제 기능을 정상적으로 발휘하지 못하는 경우 ☞ 주로 내과, 외과적으로 관리
개인 차원의 장애(기능장애) disability	일상 생활동작 기능 상실	심장 질환 때문에 제대로 걷지도 못하고 계단을 오르내리지도 못하는 경우 ☞ 주로 재활의학적으로 관리
사회적 차원의 장애(사회적 불리) handicap	사회적 역할 상실	정상적으로 거동을 제대로 못하기 때문에 교사나 물리치료사의 역할을 못하는 경우 ☞ 주로 사회적, 정치적으로 관리

적용 1) 교통사고를 당한 20세 남자는 왼쪽 다리 슬개 상부 절단수술을 받았다.
 ◆ 손   상 : 다리 절단
 ◆ 기능장애 : 걷는 능력 저하
 ◆ 불 이 익 : 정상적 사회활동(운동 등)을 즐길 수 있는 기회 제한

적용 2) 수년 동안 고혈압을 앓아 온 55세 남자는 뇌졸중으로 인해 오른쪽 편마비와 언어 장애를 얻었다.
 ◆ 손   상 : 고혈압, 뇌기능장애
 ◆ 기능장애 : 말하는 능력 저하, 걷는 능력과 오른손 사용능력 저하
 ◆ 불 이 익 : 일할 능력과 자신을 돌볼 능력이 없으며, 주위 사람과의 원활한 상호관계 제한

◆ 장애인의 표현 ◆

Impaired person, Handicapped person, Disabled person 또는 각 장애 유형의 명칭 어느 것이나 장애인으로서의 낙인화가 되기는 마찬가지이다. 따라서 1990년 미국의 장애인교육법(P.L. 101-476, IDEA)의 통과와 함께 사람을 앞에 두고 장애를 뒤에 두는 "people with disability"와 같은 방식으로 장애인을 표현하고 있다.

2. 장애의 판정 및 분류

국내·외 여러 법률에서는 장애인의 권익을 보호하고 복지를 시행하기 위해 장애 판정 및 분류 기준을 제시하고 있다. 미국의 P.L. 94-142를 비롯하여 국내의 장애인복지법과 특수교육진흥법(현, 장애인 등에 대한 특수교육법)에서는 각 법률의 목적에 따른 장애인 판정 및 분류 기준을 제시하고 있다. 다음은 국내의 장애인복지법과 장애인 등에 대한 특수교육법 그리고 미국의 P.L. 94-142에서 제시하고 있는 장애 판단 기준이다.

1) 장애인복지법시행령의 장애 판단 기준

우리 나라 장애인복지법시행령(2007)에서는 표 1-2에서 보는 바와 같이 장애인의 유형 및 기준을 정하고 있다. 장애인으로 등록할 수 있는 사람은 장애인복지법시행규칙(2007) 제2조(장애인의 장애등급, 별표 1 참조)에 해당되는 사람으로서 여기에서 정하는 기준에 부합해야 한다.

표 1-2. 장애인의 유형 및 기준　　　　　　　　　　　　　　　　　　(장애인복지법시행령, 2007)

장애인 유형	기준
지체장애인 (肢體障碍人)	가. 한 팔, 한 다리 또는 몸통의 기능에 영속적인 장애가 있는 사람 나. 한 손의 엄지손가락을 지골(指骨 : 손가락 뼈) 관절 이상의 부위에서 잃은 사람 또는 한 손의 둘째 손가락을 포함한 두 개 이상의 손가락을 모두 제1지골 관절 이상의 부위에서 잃은 사람 다. 한 다리를 리스프랑(Lisfranc : 발등뼈와 발목을 이어주는) 관절 이상의 부위에서 잃은 사람 라. 두 발의 발가락을 모두 잃은 사람 마. 한 손의 엄지손가락 기능을 잃은 사람 또는 한 손의 둘째 손가락을 포함한 손가락 두 개 이상의 기능을 잃은 사람 바. 왜소증으로 키가 심하게 작거나 척추에 현저한 변형 또는 기형이 있는 사람 사. 지체(肢體)에 위 각 목의 어느 하나에 해당하는 장애정도 이상의 장애가 있다고 인정되는 사람
뇌병변장애인 (腦病變障碍人)	뇌성마비, 외상성 뇌손상, 뇌졸중(腦卒中) 등 뇌의 기질적 병변으로 인하여 발생한 신체적 장애로 보행이나 일상생활의 동작 등에 상당한 제약을 받는 사람
시각장애인 (視覺障碍人)	가. 나쁜 눈의 시력(만국식시력표에 따라 측정된 교정시력을 말한다. 이하 같다)이 0.02 이하인 사람 나. 좋은 눈의 시력이 0.2 이하인 사람 다. 두 눈의 시야가 각각 주시점에서 10도 이하로 남은 사람 라. 두 눈의 시야 2분의 1 이상을 잃은 사람
청각장애인 (聽覺障碍人)	가. 두 귀의 청력 손실이 각각 60데시벨(dB) 이상인 사람 나. 한 귀의 청력 손실이 80데시벨 이상, 다른 귀의 청력 손실이 40데시벨 이상인 사람 다. 두 귀에 들리는 보통 말소리의 명료도가 50퍼센트 이하인 사람 라. 평형 기능에 상당한 장애가 있는 사람
언어장애인 (言語障碍人)	음성 기능이나 언어 기능에 영속적으로 상당한 장애가 있는 사람
지적장애인 (知的障碍人)	정신 발육이 항구적으로 지체되어 지적 능력의 발달이 불충분하거나 불완전하고 자신의 일을 처리하는 것과 사회생활에 적응하는 것이 상당히 곤란한 사람
자폐성장애인 (自閉性障碍人)	소아기 자폐증, 비전형적 자폐증에 따른 언어·신체표현·자기조절·사회적응 기능 및 능력의 장애로 인하여 일상생활이나 사회생활에 상당한 제약을 받아 다른 사람의 도움이 필요한 사람
정신장애인 (精神障碍人)	지속적인 정신분열병, 분열형 정동장애(情動障碍 : 여러 현실 상황에서 부적절한 정서 반응을 보이는 장애), 양극성 정동장애 및 반복성 우울장애에 따른 감정조절·행동·사고 기능 및 능력의 장애로 인하여 일상생활이나 사회생활에 상당한 제약을 받아 다른 사람의 도움이 필요한 사람
신장장애인 (腎臟障碍人)	신장의 기능부전(機能不全)으로 인하여 혈액투석이나 복막투석을 지속적으로 받아야 하거나 신장기능의 영속적인 장애로 인하여 일상생활에 상당한 제약을 받는 사람
심장장애인 (心腸障碍人)	심장의 기능부전으로 인한 호흡곤란 등의 장애로 일상생활에 상당한 제약을 받는 사람

호흡기장애인 (呼吸器障碍人)	폐나 기관지 등 호흡기관의 만성적 기능부전으로 인한 호흡기능의 장애로 일상생활에 상당한 제약을 받는 사람
간장애인 (肝障碍人)	간의 만성적 기능부전과 그에 따른 합병증 등으로 인한 간기능의 장애로 일상생활에 상당한 제약을 받는 사람
안면장애인 (顔面障碍人)	안면 부위의 변형이나 기형으로 사회생활에 상당한 제약을 받는 사람
장루·요루장애인 (腸瘻·尿瘻障碍人)	배변기능이나 배뇨기능의 장애로 인하여 장루(腸瘻) 또는 요루(尿瘻)를 시술하여 일상생활에 상당한 제약을 받는 사람
간질장애인 (癎疾障碍人)	간질에 의한 뇌신경세포의 장애로 인하여 일상생활이나 사회생활에 상당한 제약을 받아 다른 사람의 도움이 필요한 사람

2) 장애인 등에 대한 특수교육법(구 특수교육진흥법)의 장애영역

기존의 특수교육진흥법은 장애인 등에 대한 특수교육법으로 2007년 5월 25일에 신규 제정되었다. 이 법령 제15조(특수교육대상자의 선정)에서는 '교육장 또는 교육감은 다음 각 호의 어느 하나에 해당하는 사람 중 특수교육을 필요로 하는 사람으로 진단·평가된 사람을 특수교육대상자로 선정한다'고 명시하고 있다: (1) 시각장애, (2) 청각장애, (3) 정신지체, (4) 지체장애, (5) 정서·행동장애, (6) 자폐성장애(이와 관련된 장애를 포함), (7) 의사소통장애, (8) 학습장애, (9) 건강장애, (10) 발달지체, (11) 그 밖에 대통령령으로 정하는 장애.

3) 미국 P.L. 94-142의 장애판단 기준

전장애아동교육법(P.L. 94-142)에서는 공식적인 장애상태를 다음과 같이 11가지로 분류하였다(Federal Register, 1977).

(1) 정신지체(mental retarded)
    일반적인 지적기능이 평균치보다 상당히 낮은 경우를 말한다.
(2) 지체장애(orthopedically impaired)
    선천적 이상(예: 기형족), 질병에 의한 손상(예: 뇌출혈, 뇌수종), 다른 원인에 의한 손상(예: 절단)을 포함한다.
(3) 학습장애(learning disability)
    기초적인 정신적 과정에서 한 가지 혹은 그 이상의 분열이 학습과정에서 말하기, 쓰기, 듣기 등을 제대로 할 수 없도록 하는 것을 가리킨다.
(4) 정서장애(emotionally disturbed)
    학습 무능력이나 정상적인 상황에서의 이상행동 등을 말하며, 정신분열이나 자폐증을 갖는 경우를 말한다.

(5) 시각장애(visually handicapped)
부분적으로 약간 볼 수 있거나 맹아를 포함한다.
(6) 농(deaf)
보청기가 있어도 들어서 학습할 수 없는 경우를 말한다.
(7) 난청(hard of hearing)
난청은 '농'을 포함하지는 않으며, 영구적 혹은 유동적으로 적용된다.
(8) 농-맹(deaf-blind)
단지 농아나 혹은 맹아를 위한 특별교육 프로그램에 조화시킬 수 없으며, 대화나 교육문제 혹은 다른 발달문제의 원인이 되는 경우를 가리킨다.
(9) 기타 건강장애(other health impaired)
제한된 체력이나 기타 요인 때문에 만성적이거나, 심한 건강문제를 갖는 경우를 말한다.
(10) 언어장애(speech impaired)
말더듬, 발음장애, 음성장애와 같은 원인 때문에 대화를 제대로 할 수 없는 경우를 말한다.
(11) 중복장애(multihandicapped)
특별교육 프로그램에 참여할 수 없을 만큼 복합적인 장애를 가진 경우에 해당하며, 농-맹을 가진 학생은 포함하지 않는다.

4) P.L. 101-476의 장애판단 기준

장애인교육법(P.L. 101-476, IDEA)에서는 자폐증과 외상성 뇌손상을 추가하여 13가지 장애 범주를 두고 있다(Federal Register, 1992).

(1) 자폐증(autism): 언어 및 비언어적 의사소통과 사회적 상호작용에 심각한 영향을 미치는 발달장애로 아동의 교육수행에 부정적인 영향을 미치며, 일반적으로 3세 이전에 나타난다. 자폐증과 관련된 기타 특성으로는 반복적인 활동과 상동행동, 환경 및 일상의 변화에 대한 거부나 독특한 감각반응이 있다. 중증 정서장애로 인하여 아동의 교육수행에 불리하게 영향을 미치는 경우는 해당하지 않는다.
(2) 농-맹(deaf-blindness): 청각장애와 시각장애가 동시에 수반되어 나타나는 것으로 농이나 맹 아동 각각을 위해 설계된 특수교육 프로그램으로는 충족시킬 수 없는 심각한 의사소통과 발달 및 교육상의 문제가 결합된 장애를 일컫는다.
(3) 농(deafness): 청각을 통한 언어 정보처리과정의 심각한 손상으로 보청기를 착용하거나 착용하지 않은 상태에서 교육 수행에 불리한 영향을 미치는 매우 심각한 청각손상을 의미한다.

⑷ 청각장애(hearing impaired): 영구적이거나 일시적으로 아동의 교육 수행에 불리한 영향을 미치는 청력손상을 일컫는다.
⑸ 정신지체(mental retardation): 적응행동의 결여와 함께 나타나고 평균 이하의 지능을 특징으로 하는 장애로 발달기 아동의 교육수행에 불리하게 영향을 미친다.
⑹ 중복장애(multiple disabilities): 여러 가지 장애가 중복되어 나타나는 것으로(정신지체-맹, 정신지체-지체장애 등) 한 가지 장애만을 가지고 있는 아동을 위한 특수교육 프로그램에 참여하기 어려운 심각한 교육상의 문제를 안고 있다. 중복장애는 농-맹을 포함하지 않는다.
⑺ 지체장애(orthopedic impairment): 아동의 학습에 불리하게 영향을 미치는 심각한 지체의 장애로 선천적 기형에 의한 손상(내반족, 일부 사지 결손 등), 질병에 의한 손상(회백수염, 골결핵 등) 및 기타 원인에 의한 손상(뇌성마비, 절단장애, 골절 등)에 기인하여 체력, 활력 혹은 기민성에 제한이 발생하는 것으로 아동의 교육수행에 불리하게 작용한다.
⑻ 기타 건강장애(other health impairment): 만성 또는 급성의 건강 문제(예: 결핵, 심장질환, 류머티스성 열, 신장염, 천식, 겸상 적혈구성 빈혈, 혈우병, 간질, 납 중독, 백혈병, 당뇨병 등)로 인하여 체력이나 활동에 제한이 발생하는 것으로 아동의 학습에 불리하게 작용한다.
⑼ 중증 정서장애(serious emotional disturbance): 장기간 동안 학습에 뚜렷하게 불리한 영향을 주며, 다음 중 하나 또는 그 이상의 특성을 나타낸다-지적, 감각적 혹은 건강요인에 의하여 설명할 수 없는 학습장애; 또래나 교사와의 만족스러운 상호관계를 형성·유지하지 못하는 상태; 일상생활에서 부적절한 행동과 감정 발현; 일반적으로 만연되어 있는 불행이나 억압의 정서; 대인관계나 학교문제와 관련된 신체적 증상이나 두려움 발현. 이 용어는 정신분열증을 포함한다. 그러나 심한 정서장애가 있음이 확인되지 않은 사회적 부적응 아동에게는 적용하지 않는다.
⑽ 특정 학습장애(specific learning disability): 구어와 문어 등 언어의 이해나 사용과 관련된 한 가지 이상의 기초 심리학적 정보처리과정에 장애가 발생하는 것으로 듣기, 생각하기, 말하기, 읽기, 쓰기, 산수 등에서 불완전한 능력을 보인다. 이 용어는 지각장애, 뇌손상, 미세 뇌기능장애, 실독증 및 발달적 실어증을 포함한다. 그러나 시각장애, 청각장애, 운동장애, 정신지체, 정서장애 또는 환경적·문화적·경제적 박탈의 원인으로 학습에 문제를 보이는 아동의 경우에는 적용되지 않는다.
⑾ 담화 및 언어장애(speech or language impairment): 아동의 학습에 불리하게 작용하는 말더듬, 조음장애, 언어장애, 발성장애와 같은 의사소통장애를 말한다.
⑿ 외상성 뇌손상(traumatic brain injury): 외력에 의해 야기된 후천성 뇌손상으로 완전 또는 부분적 기능장애나 사회·심리적 장애 혹은 이 두 가지가 결합되어 나타

나며, 교육수행에 불리한 영향을 미친다. 이 용어는 인지, 언어, 기억, 주의집중, 추상적 사고, 판단, 문제해결, 감각, 지각 및 운동능력, 사회·심리적 행동, 신체적 기능, 정보처리, 담화 같은 영역에서 한 가지 이상의 손상을 가져오는 개방 및 폐쇄성 두부 손상에 적용한다. 선천성 또는 퇴행성 뇌손상이나 출생 시의 외상에 의한 뇌손상은 포함하지 않는다.
  ⒀ 시각장애(맹 포함)(visual impairment): 교정 후에도 아동의 학습에 불리한 영향을 미치는 시각손상을 의미하며, 저시력과 맹을 모두 포함한다.

3. 특수체육의 정의

 우리 나라에서는 아직까지 특수체육의 정의에 대한 공식적인 협의나 공표가 이루어지지 못하고 있다. 이러한 원인은 미국에서 시작된 '특수체육'이라는 용어를 우리 나라에 도입하면서 연구자들 간에 충분한 검토와 협의과정을 거치지 못한 점과 그 동안 우리 나라의 특수체육이 외형적인 학술이론과 실제 프로그램 적용부분을 중점적으로 강조했기 때문에 특수체육에 대한 근본적인 철학 문제를 심도 있게 다루지 못했다는 점을 들 수 있다. 더불어 특수교육진흥법, 장애인 등에 대한 특수교육법 및 장애인복지법과 같은 관련 법률에 특수체육에 대한 규정 및 지원사항을 명시하지 못한 것도 주요 원인 중의 하나이다. 특수체육의 정의를 명확히 정하지 못한 문제는 최근 들어 연구자들 간에 특수체육 대상자를 명확히 선정하지 못하는 문제를 초래하고 있으며, 제한적인 프로그램의 개발 및 학술적 연구 범위의 혼동 등을 야기시켜 특수체육의 발전에 걸림돌이 되고 있다. 다음은 국내외 특수체육 분야의 전문가 또는 단체가 제시한 특수체육의 정의이다.

> ① 특수체육(adapted physical education)은 일반 체육프로그램의 격렬한 활동에 제한 없이 참여하는데 있어서, 안전하거나 성취감을 얻지 못한 장애아동의 한계, 능력, 흥미에 알맞게 짜여진 발달 활동, 게임, 스포츠, 리듬활동 등의 다양한 프로그램이다 (Committee on Adapted Physical Education, 1952, p. 15).

> ② 특수체육(special physical education)은 체육 분야 내에서 일반학급 수업 내에서 기대 되는 효과를 얻지 못하거나 안전하게 참여할 수 없는 학생에게 적절한 프로그램을 제공하는 전문 영역이다. 특수체육 프로그램에는 다음과 같이 세 가지 유형의 프로그램이 있다. Adapted physical education은 장애인에게 안전하고 성공적이며, 만족스러운 참여의 기회를 제공하기 위하여 전통적인 체육활동을 변형하는 것이다. Corrective physical education은 주로 기능적 자세와 신체 메카닉스의 결함에 대하여 훈련 또는 재활 하는 것을 말한다. Developmental physical education은 학생의 능력을 일반 또래 수준까지 향상시키기 위한 점진적인 건강체력 및 대근 운동프로그램을 말한다(Jansma & French, 1994, p. 4).

③ 특수체육 프로그램(adapted physical education program)은 일반체육 프로그램과 목적을 같이 하면서 특수한 아동의 요구와 능력에 알맞게 변형하여 제공하는 것이다. 이보다 더욱 포괄적인 개념으로 사용되는 특수체육(special physical education)은 변형적이고 발달적인 순서를 거치는 스포츠, 게임과 이에 참가하기 위한 개인적인 움직임 경험을 통하여 장애인의 건강체력, 운동체력을 향상시키는 것이다(Hollis Fait의 정의 재인용). 특히 특수체육(special physical education)이라는 용어는 체육프로그램에서 특별한 준비를 통하여 모든 학생이 각각 그들의 요구에 알맞게 체육프로그램을 제공받을 수 있다는 의미를 함축하고 있기 때문에 적절한 명칭이라고 할 수 있다(Dunn, 1997, p. 3).

④ 특수체육(adapted physical education)은 장애인들의 독특한 요구를 충족시키기 위해서 고안된 수중운동, 무용, 개인 및 단체게임에서의 기술과 건강체력 및 운동체력, 기본운동기술과 패턴의 개별화된 프로그램이다(Winnick, 2000, p. 4).

⑤ 특수체육(adapted physical education)은 장애를 가진 학생을 위하여 체육분야에서 고안된 지도 프로그램을 신중하게 전개시키고 이행하며, 관찰하는 인문과학임과 동시에 자연과학을 통틀어 일컬으며, 포괄적인 사정을 기초로 건강체력 및 웰리스(wellness)를 향상시키기 위한 여가, 레크리에이션 및 스포츠 경험을 통하여 삶을 풍요롭게 영위하는데 필요한 기술들을 학생에게 제공하는 것이다. 이 용어는 special physical education, adapted physical education, 움직임 교육, 운동발달을 포함한다(Auxter, Pyfer, & Huettig, 2001, p. 3).

외국학자들의 정의를 통해 알 수 있는 것은 장애를 가진 학생들이 일반체육에서 성공적인 참여가 어려울 경우 그들에게 적합한 형태의 신체활동 프로그램을 제공해야 한다는 것이다. 즉, 장애 학생들이 대상이며, 적용되는 내용은 게임, 스포츠, 리듬 활동 등의 신체활동임을 알 수 있다.

미국의 경우에는 전문가들 사이에 SPE와 APE를 자신의 학문적 철학에 따라 구분하여 사용하는 경향을 보이고 있다. 우리가 파악해야 할 부분은 이러한 용어 선택의 차이를 가져오는 각 전문가의 철학이다. 미국의 특수체육 전문가들조차도 용어를 상이하게 사용하는 것을 보면, 여전히 우리 나라에서 용어가 정립되지 못하고 있는 것은 당연한 결과일지도 모른다. 하지만 미국의 특수체육 전문가 각각의 개념 정의를 분석해 보면 체계화된 구조가 있음을 알 수 있다.

⑥ 특수체육(adapted physical education)은 운동기능의 문제가 있는 아동들에게 그들이 필요로 하는 특별한 교육적 배려를 하는 넓은 서비스 전달체계를 말한다(곽준기, 김효선, 우보경, 1991, p. 23).

⑦ 특수체육은 사람들의 독특한 욕구를 충족시키기 위하여 특별히 계획된 프로그램을 취급하는 체육의 한 영역을 표현하는데, 일반적으로 사용되고 있는 용어가 특수체육 또는 장애인체육이다(한국장애인복지체육회, 1994, p. 18).

⑧ 특수체육(special physical education)은 특수(special)+체육(physical education)으로 여기서의 special은 normal(일반)의 상대어이다. 다시 말해서 특수체육은 체육의 특별한 분야로서, 개인차나 장애로 일반체육 프로그램의 수행이 곤란하여 특수한 교육적 장치나 지도를 필요로 하는 개인과 집단을 위한 프로그램이다(최승권, 1994, p. 3).

⑨ 특수체육은 장애인들에게 일반인들이 느끼는 신체활동의 즐거움을 제공하기 위하여 일반인들이 참여하는 체육프로그램의 규정을 개개인에게 적절하도록 변형하는 것이다(김의수, 김광호, 오광진, 1996, p. 4).

⑩ 특수체육은 일반인이 수행하는 체육을 정상적인 방법으로는 실행할 수 없는 특수한 조건의 사람들을 위하여 만들어진 체육이다. 특수체육은 장애인들에게 일반인이 수행하는 전통적인 체육 프로그램에 참여할 수 있도록 규칙과 방법을 변형하여 실행하는 체육을 의미한다(장명재, 김경숙, 장경호, 최원현, 1998, pp. 6-11).

우리 나라의 전문가들이 정의하는 특수체육은 대부분 대상을 장애인으로 선정하고 있으며, 방법적인 측면에서는 일반체육을 대상의 수준에 맞게 변형하는 APE의 의미를 지향한다. 하지만 최승권(1994)의 경우는 특수체육의 대상을 장애뿐 아니라 다른 유형의 심동적 영역의 문제를 가진 사람까지 포함하여 일반인의 상대 개념으로 보고 있다. 이러한 이유로 방법론적인 측면에서도 비교적 포괄적인 내용을 포함시키고 있다.

미국의 저명한 특수체육 전문가인 Sherrill(1998)은 특수체육(adapted physical activity; APA)이라는 개념을 조금 더 광범위하게 정의하고 있다. 이와 관련하여 2001년 7월 3일~7일까지 Austria에서 개최된 제13회 특수체육 국제학술 심포지움(International Adapted Physical Activity Symposium)에서 구두로 발표된 215편의 논문 제목 중 APA(adapted physical activity)로 표시된 것이 34편이었으며, APE(adapted physical education)는 단 6편에 불과했다. 이 부분에서 주의해야 할 점은 APE가 가지고 있는 뜻이 APA라는 철자상의 변화만으로 인식되어서는 안 된다는 것이다. 마치 예전에 APE라고 표현된 것들을 시대의 흐름에 맞추어 APA로만 바꾸면 되지 않을까 하는 섣부른 판단을 이끌 수도 있다는 것이 조심해야 할 부분이다. 아래의 예문은 APA에 대한 개념 이해를 돕기 위해 제시한 것이다.

> **신체활동(physical activity)**은 근육에 의한 에너지 소비로 나타나는 모든 신체의 움직임이다. 이러한 신체의 움직임은 놀이, 스포츠, 댄스와 더불어 이동활동(걷기, 자전거타기)과 일상적인 생활활동(가사, 정원가꾸기)을 포함한다(Harris, 2001).
>
> **특수체육(adapted physical activity)**은 일생에 걸쳐 나타나는 심동적(psychomotor) 문제의 규정과 해결을 위한 총체적(교차학문적; crossdisciplinary) 지식이다. 이러한 문제는 개인 또는 환경에 의해서 나타난다(Sherrill, 1993).

상기의 예문을 통해서 APA와 APE의 차이를 알 수 있는 것은 일단 단어에 내포되어 있는 범위[1]의 문제이다. 이것은 우리말에서도 어느 정도 미루어 짐작이 가능하다. '교육(education)'과 '활동(activity)'의 차이는 아마도 교육과정 속에 포함되느냐 그렇지 않느냐라는 단순한 기준으로부터 시·공간적 문제와 관련되는 다중적 기준을 갖는다. 예를 들어, 상기의 첫 번째 예문에서 제시된 것처럼 가사(housework)나 정원 가꾸기(gardening) 등은 체육이라는 교과과정에는 포함되어 있지 않은 신체활동이다. 하지만 장애인들의 독립적인 생활이나 삶의 영위를 위해서는 반드시 필요로 하는 부분이기도 하다. 또 한 가지 교육이라는 의미가 가지는 공간적 한계는 대개의 경우 학교나 특정 교육시설을 지칭하며 가정이나 지역사회 공동체는 포함하고 있지 않다. 하지만 교육기관 이외에서도 신체의 움직임은 항상 이루어지고 있으며, 신체활동의 측면에서 이 부분 또한 중요하다는 것을 이해할 필요가 있다(표 1-3 참조).

표 1-3. APE와 APA의 개념 비교

구분 \ 기준	의미	시간적	공간적	연령	목적
APE	협의적	학령기	교육기관	6~21세 (Winnick, 1995)	회복(restore)과 교정 (Winnick, 1995)
APA	광의적	평생	모든 곳	평생	삶의 질 향상

APE라는 의미 안에서 연구의 중심이 놓여져 있다가 APA가 강조되는 시점에 이르게

---
[1] 이 범위는 의미의 크기 문제뿐 아니라 시간의 문제, 연령의 문제, 공간의 문제를 모두 포함한다.

되었는지를 Sherrill은 특수체육 역사의 관점, 즉 하나의 시계열 속의 점차적인 단계로 설명하고 있다. Sherrill이 말하는 APA에 대한 역사적 해석은 현 시점에서 특수체육 분야에 많은 의미를 내포하게 된다. 지금까지 우리가 중점을 두어 왔던 특수체육의 학교 교육적 차원을 확대하여 체육을 장애인들의 생활현장으로 끌어들이고 있다. 더불어 이러한 적용범위의 확대는 제한환경의 최소화(least restrictive environment; LRE) 개념과 관련서비스의 지원을 통해 구체화시키고 있으며, 시행의 실제라는 측면에서 총체적(crossdisciplinary) 체계2)를 바탕으로 삼고 있다(표 1-4).

표 1-4. 역사적 관점에서의 APE와 APA   (Sherrill, 1993)

구분	시대	주요 특징	내 용
1단계	~1900	Medical Gymnastics	의료적 입장에서 체조형태의 활동 강조
2단계	1900~1930	Transition to Sports	스포츠 중심의 체육활동 발생 - 미국의 문화적 변동 - 체육 교과과정의 변화
3단계	1930~1950	Corrective P. E.	일반체육과 교정체육의 엄격한 분리 - 의사의 판정에 따른 분리 참여 - 2차 세계대전으로 인한 상이군인 영향
4단계	1950~1970	Adapted P. E.	정신지체인의 수용학교 배치 폐지로 인한 전장애인의 공립학교 입학 - 스포츠, 게임, 댄스 등의 참여에 따른 적응(adapted)의 필요성 확대 - 특수학교와 특수학급의 유지
5단계	1970~현재	Adapted P. A.	장애인에게 동등한 권리 인정 법률 제정 - LRE 개념의 확대 - 관련서비스 지원 체제 - 다학문적(multidisciplinary) 프로그램 발생 - 교차학문적 지식체계(crossdisciplinary body of knowledge) 도입

한 가지 이 부분에서 심각히 고려해야 할 것은 미국에서 APA는 그 만큼 그에 관련된 서비스나 통합 상황이 일반화되어 있다는 전제를 두고 있는 것이다. 그들이 APE의 과정을 거친 후 APA의 시대에 들어선 것은 그 나름대로의 이유가 있다는 의미이다. 결국 우리의 학문이 아직까지 APE 수준에 머무르고 있는 것은 APA를 강조할 수 없는 제반 여건의 부족 때문일 것이다. 따라서 우리는 현 시점에서 그러한 과정을 단축시킬 수 있는 연구와 제반 서비스를 확대하는 것이 중요하다.

---

2) 이제 특수체육은 그것이 직접서비스이면서 장애인의 삶의 질 향상이라는 궁극적인 목표를 향하여 도움이 되는 다른 지식과 간접서비스를 적용하는 다중적이고 복합적인 형태를 취하여야 할 필연성을 가져야 한다는 것이다.

4. 특수체육의 목표 및 가치

특수체육도 일반체육과 마찬가지로 인지적, 정의적, 심동적 영역의 전반적인 발달을 추구한다. 특수체육의 목표를 달성하기 위해서는 그 대상자의 발달 정도를 고려하는 것이 매우 중요하다. 위에서 언급한 것과 같이, 특수체육의 목표는 세부적으로 인지적, 정의적, 심동적 가치로 분류할 수 있으며, 특히 심동적 영역에는 신체, 운동, 체력, 놀이의 4가지 기본 요소가 포함된다. 다양한 신체활동을 실시함으로써 인지적, 정의적, 심동적 영역의 전반적인 발달을 꾀할 수 있고, 이는 신체교육을 받은 사람(physically educated individual)으로 성장하도록 해주는 밑거름이 된다. 결국, 이러한 전 과정을 통하여 최종적으로 추구하는 목표는 심동적 영역에 문제가 있는 사람들에게 스스로 심동적 영역의 문제를 극복하고 강점을 강화시켜 자아실현을 이루게 하는 것이다(그림 1-1 참조).

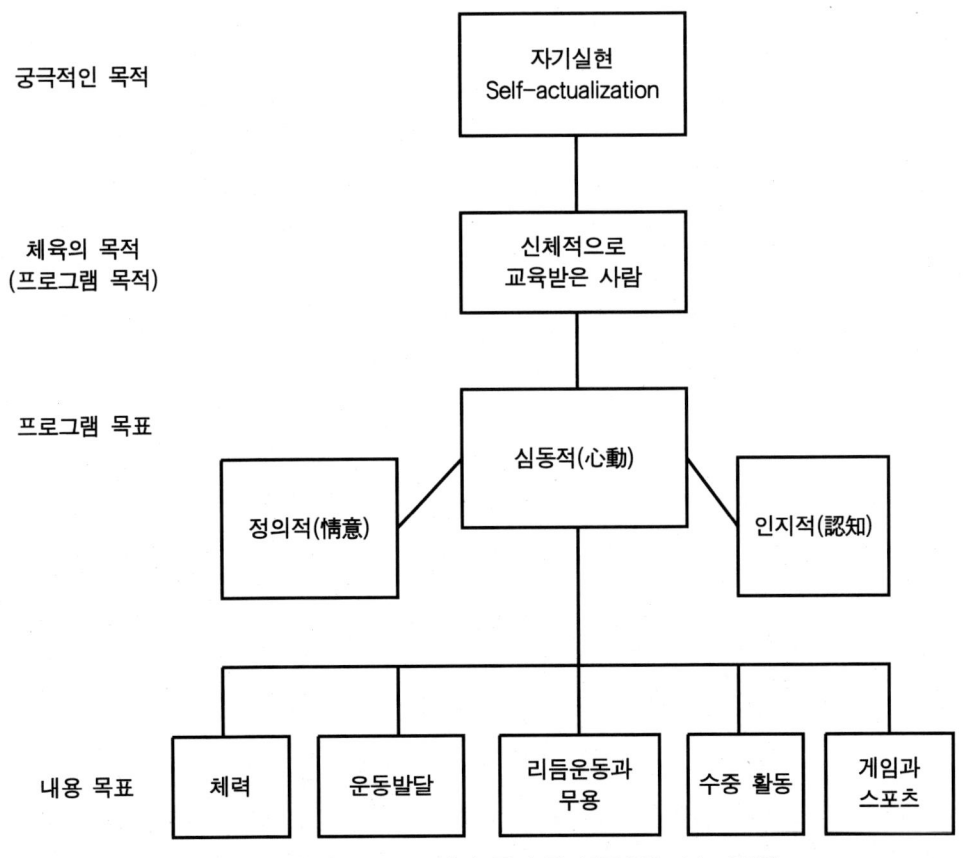

그림 1.1 특수체육 프로그램의 목적 및 목표(Winnick, 2005)

1) 인지적 목표 및 가치

다양한 사고 능력이 필요한 게임이나 스포츠 참가는 아동의 지적 발달에 도움을 줄 수 있다. 더 나아가, 일부 학자들은 체력이 지적 요소, 특히 활발한 정신 작용 및 집중력과 많은 관련이 있다고 주장하기도 한다.

➡ 인지적 목표
- 리드미컬한 움직임을 위한 지식 숙지
- 체조, 텀블링에 필요한 기술을 위한 지식 숙지
- 개인 및 단체 게임과 스포츠를 위한 규칙과 전략에 대한 지식 숙지
- 다양한 신체활동을 안전하게 수행할 수 있는 지식 숙지

2) 정의적 목표 및 가치

자아개념은 다른 모든 영역의 발달에 영향을 미친다. 따라서 장애학생에게 신체활동을 제공할 때에는 건전한 자아개념의 발달에 방해되지 않으면서도 성공적이고 긍정적인 경험을 할 수 있도록 해주는 것이 매우 중요하다. 체육은 원만한 대인 관계와 도덕적 가치를 형성하는 데에도 도움이 되며, 장애학생과 일반학생 모두에게 여러 가지 상황에서의 상호작용을 경험할 수 있게 하고, 사람들 간의 개인차를 수용하는 태도를 형성하는 기회를 제공한다.

➡ 정의적 목표
- 적절한 사회적 상호작용 기술 익히기
- 규칙을 존중하기
- 긍정적인 자아개념, 신체상, 자신감 갖기
- 신체활동을 통하여 협동적·경쟁적 기술을 설명하고 발달시키기
- 최고의 강점을 결정하기 위해 환경에 적응하는 법을 학습하고, 자신의 힘으로 변화시킬 수 없는 한계 수용하기

3) 심동적 목표 및 가치

일반적으로 신체, 운동, 체력, 놀이 요소 등으로 구성된 인간 발달의 심동적 영역에는 반사운동, 자세조절을 포함하는 기초운동, 이동 및 비이동운동과 같은 기본운동, 특정 스포츠와 관련되는 움직임, 체력, 수중운동, 무용, 게임 등이 있다. 이러한 활동들을 능숙하

게 할 수 있는 능력은 일상생활을 살아가는 데에 필수적이며, 장애인은 바른 자세를 유지하고 활발하게 움직임을 지속하며, 능력 범위 내에서 활동할 수 있도록 교육받아야 한다. 전반적으로 심동적 영역에서 높은 능력수준을 보이는 장애인은 일상적인 삶을 보다 풍요롭게 영위할 가능성이 높다는 것이다.

➡ 심동적 목표
- ◆ 감각통합, 지각 운동기능의 발달
- ◆ 기본운동기술 및 패턴을 효과적으로 유지하고 발달시키기
- ◆ 건강 및 운동체력 수준을 적절하게 유지하고 발달시키기
- ◆ 이완 능력 발달시키기
- ◆ 리드미컬한 움직임에서 사용되는 기술 발달시키기
- ◆ 체조와 텀블링에서 사용되는 기술 발달시키기
- ◆ 개인 및 단체 게임과 스포츠에서 사용되는 기술 발달시키기

☞ 생각해 봅시다 !!

1. 장애인에 대한 새로운 접근으로서 대두된 ICIDH-2에 대해 알아봅시다.
2. 특수체육의 목표와 가치에 대해 생각해 봅시다.

참고문헌

곽준기, 김효선, 우보경(1991). **특수체육.** 서울: 도서출판 특수교육.
국제연합(1975). **장애인 권리선언.**
김의수, 김광호, 오광진(1996). **특수체육 강의노트.** 서울: 도서출판 무지개사.
세계보건기구(1980). **세계 장애인의 행동계획.**
장명재, 김경숙, 장경호, 최원현(1998). **특수체육.** 서울: 태근문화사.
장애인 등에 대한 특수교육법. 법률 제8483호(2007. 05. 25).
장애인복지법. 법률 제8652호(2007. 10. 17).
장애인복지법시행규칙. 보건복지부령 제424호(2007. 12. 28).
장애인복지법시행령. 대통령령 제20323호(2007. 10. 15).
최승권(1994). **특수체육 강의노트.** 서울: 도서출판 무지개사.
특수교육진흥법. 법률 제6217호(2000. 01. 28).
특수교육진흥법시행령. 대통령령 제15967호(1998. 12. 31).
한국장애인복지체육회(1994). **특수체육총론.** 서울: 태근문화사.
Auxter, D., Pyfer, J., & Huettig, C. (2001). *Principles and methods of adapted physical education and recreation(9th ed.).* New York: McGraw-Hill Company.
Committee on Adapted Physical Education (1952). Guiding principles for adapted physical education. *Journal of Health, Physical Education, and Recreation,* 23(4), 15.
Dunn, M. (1997). *Special physical education: Adapted, individualized, developmental (7th ed.).* Madison, WI: Brown & Benchmark.
Federal Register, August 23, 1977, P.L. 94-142, *The Education for All Handicapped Children Act.*
Federal Register, September 29, 1992. Vol. 57, No. 189, *The Individuals with Disabilities Education Act.*
Harris, J. (2001). *Health-related exercise in the national curriculum.* Champaign, IL: Human Kinetics.
Jansma, P., & French, R. (1994). *Special physical education.* Englewood Cliffs, NJ: Prentice Hall.
Sherrill, C. (1993). *Adapted physical activity, recreation, and sport: Cross-disciplinary and lifespan(4th ed.).* Dubuque, IA: WCB/McGraw-Hill.
Sherrill, C. (1998). *Adapted physical activity, recreation, and sport: Cross-disciplinary and lifespan(5th ed.).* Boston: WCB/McGraw-Hill.
Winnick, J. P. (1995). *Adapted physical education and sport(2nd ed.).* Champaign, IL:

Human Kinetics.

Winnick, J. P. (2000). *Adapted physical education and sport(3rd ed.)*. Champaign, IL: Human Kinetics.

Winnick, J. P. (2005). *Adapted physical education and sport(4th ed.)*. Champaign, IL: Human Kinetics.

제 2 장

특수체육 관련 주요 이론

1. 정상화
2. 주류화
3. 제한환경의 최소화
4. 일반교육주도 교육
5. 통합
6. 교육팀 협력체계

1. 정상화

정상화(normalization) 원리는 1960년대 후반 북미지역에서 인간 복지개념의 하나로 대두되었다. 이 원리는 1960년대 말에 Nirje에 의해서 미국에 소개되었고, 스칸디나비아의 정신지체인을 위한 복지 문제로부터 유래되어 북미에서 정교화, 일반화, 체계화되었다. 처음에는 탈수용화(장애인을 비장애인과 분리시켜 수용함으로써 발생하는 문제를 해결하기 위한 경향)의 분위기에서 정신지체인의 사회통합을 위해 주요한 관건으로 인식되었다. 이후 Wolfensberger는 ARC(Association for Retarded Citizens)와 함께 시민홍보운동을 통하여 정상화 원리를 확고하게 정립하는데 기여를 하였다.

이 원리는 실제로 여러 사회복지 분야의 계획과 수행을 위한 일반적인 지도 원리가 되었으며, 특히 현재에는 사회에서 소외되고 있는 사람들을 위한 복지에 적용되었을 때 적절하고 설득력 있는 원리로 여겨지고 있다. 또한 특수교육이나 특수체육에서 제시되는 모든 이론적 개념이나 목표의 기반이 되며, 가치 판단의 준거가 되는 중요한 개념이기도 하다.

1) 정의

Nirje(1969)는 정상화 원리를 "모든 정신지체인들이 사회의 생활 방식과 일반 상황들에 가능한 한 가까운 일상생활 조건과 삶의 형태를 누릴 수 있도록 하는 것을 의미한다(p. 33)."라고 언급하였다. 이 정의에 의하면, 우리는 사람을 정상화하는 것이 아니라 환경을 정상화하는 것임을 알 수 있다. 또한 "정상화 원리의 적용은 정신지체인들을 정상으로 만들고자 하는 것이 아니라 그들의 생활 조건들을 가능하면 정상적인 것으로 만드는 것으로, 하루, 일주일, 일년 그리고 평생 동안 정상적인 리듬에 따라 생활하는 기회를 의미한다(pp. 33-34)."라고 설명함으로써, 정신지체인들에게 제공하는 서비스와 정상화와의 관계에 대해 주의를 기울였다(Nirje, 1980).

한편, Wolfensberger(1972)는 정상화 원리를 "가능한 한 문화적으로 정상적인 개인의 행동과 특성들을 형성하고 유지하기 위하여 정상적인 수단을 사용하는 것을 의미한다."라고 정의하였다. 이후에 정상화를 '사회적 역할의 가치화(social role valorization)'라는 용어로 변경하였고, 그 정의를 다음과 같이 재공식화하였다(Wolfensberger, 1983).

'사회적 역할의 가치화'란 사람들이 가치 있는 사회적 역할들을 형성·정립하고, 유지하도록 하기 위하여 문화적으로 가치 있는 수단들을 가능한 한 많이 사용하는 것을 의미한다(p. 18).

이 정의에서 정상화는 가치 있는 사회적 역할이라는 목적달성과 이 목적을 성취하기 위해 가치로운 수단을 사용하는 것을 말한다. Wolfensberger(1983)는 "정상화의 가장 명백한 최상의 목적은 사회적 가치가 감소될 위험이 있는 이들을 위해 가치 있는 사회적 역할들을 창출·지지하고 지키는 것이어야 하며, 만일 개인의 사회적 역할이 사회적으로 가치 있는 것이라면, 기타 바람직한 것들은 적어도 그 개인이 속한 사회의 규준과 자원 내에서만은 거의 자동적으로 그 사람에게 일치된다(p. 234)."라고 주장하였다.

다시 말해, 정상화란 장애를 가진 개인이 기능적 문제로 인하여 겪을 사회적·환경적 장애를 최소화함으로써 일반사회에 가능한 잘 적응해 갈 수 있도록 하는데 그 목적이 있으며, 더 나아가 그러한 의도가 효과적으로 사회 문화 전반에 걸쳐 융화되어 있는 상태를 의미한다. 즉, 장애인을 위한 교육의 목적이 가능한 한 비장애인을 위한 교육의 목적과 동일해야 하고, 장애인들이 사회로 통합될 수 있도록 기반이 갖추어져야 함을 전제로 하고 있다. 그러나 이것이 단순히 장애인을 비장애인과 동일하게 대한다는 것은 아니며, 비장애인들이 경험하는 것들을 최소한의 변형을 거쳐 장애인도 역시 같은 경험을 할 수 있도록 한다는 것이다. 더불어 정상화는 특정 분야에서만 한정되는 것이 아니며 한 사회가 공유하는 모든 문화적 상황 속에 통용되는 내면적 가치를 의미한다.

2) 정상화의 7가지 핵심 주제

정상화, 즉 사회적 역할의 가치화의 7가지 핵심 주제는 다음과 같다.

(1) 사회적 역할의 가치화는 어떤 집단이 가치이하로 평가되는 것과 억압되는 것을 피하려는 무의식적 역동과 관련이 있다.
(2) 사회적 역할의 가치화는 가치 있는 사회적 역할 창조와 부정적인 사회적 역할을 제거하는데 주안점을 둔다.
(3) 정상에 접근하기 위하여 사회적 역할의 가치화는 불충분하기 때문에 가치이하로 평가되는 사람들의 이미지를 향상시키기 위한 수단과 도구를 선택해야만 한다.
(4) 복지 대상자의 능력을 증진시키는 가장 효과적인 복지 방법 중 하나는 '발달 모형'을 적용하는 것이다. 만약 이 모형이 적절히 사용된다면, 복지 대상자의 능력이 많이 증진될 것이다. 왜냐하면 발달 모형은 각 개인의 능력이 증진된다는 것에 대해 긍정적 가정을 하고 있으며 개인의 발달을 요구하고 기대하며, 개인의

발달이나 기능을 돕기 위해 효과적인 교육 기술과 적절한 도구를 사용할 것을 요구하기 때문이다.
(5) 모방은 인간의 기능적인 측면에 적절하고 가치 있는 방법으로 제공되는 모형으로 알려진 가장 강력한 학습기전 중의 하나이다.
(6) 사회적 이미지는 역할 기대에 많은 영향을 미친다. 그러므로 가치 이하로 평가되는 사람들의 이미지를 향상시켜야 한다.
(7) 정상화 원리는 가능한 한 많은 삶의 영역에서 가치 이하로 평가된 개인이나 집단이 가치 있는 삶에 통합될 기회를 가져야 하며, 물리적인 통합보다는 개인과 사회적인 통합이 이루어져야 한다(Wolfensberger & Thomas, 1983, pp. 24-27).

3) 정상화 원리 적용상의 주의점

정상화에 대한 일부 잘못된 인식은 장애인을 비장애인과 같이 외형적으로 동일한 인간으로 만드는 것이라고 생각하며, 그들로 하여금 사회의 모든 행동규준에 순응시키려고 하는 것이다. 아울러, 장애인들의 특별한 요구에 대해 고려하지 않은 채 일반교육 환경에 밀어 넣는 것이라고 생각하는 경우도 있다. 하지만 정상화는 장애인을 일방적으로 정해진 틀에 밀어 넣는 것을 의미하는 것이 아니며, 주변의 인적, 환경적 요소를 변화시키는 실천적이고 세부적인 계획을 추진하는 개념으로 인식해야 할 것이다.

4) 특수체육에서의 정상화

정상화라는 것은 이미 언급한 바와 같이 특정 분야의 노력만으로 이루어지는 문제가 아니다. 체육은 장애인들의 정상화를 이루기 위한 한 분야로서의 의미를 지니며, 좁게는 장애인들이 최소한의 변형을 통해 비장애인들과 함께 스포츠나 레저를 즐기고 자신의 건강을 유지하고 증진할 수 있는 여건을 마련해 주는 것이다. 이보다 넓은 의미에서 체육은 장애인의 정상화라는 궁극적인 목표를 달성하기 위하여 신체적, 정서적, 사회적, 인지적인 교육을 신체활동이라는 매개체를 통하여 정상화의 여건을 마련하고 이행하는 과정이라고 볼 수 있다. 세계적인 마라톤 경기에서 비장애인과 구분 없이 당당하게 결승점에 도착하거나 다른 이들과 어울려 수상 레저 스포츠를 즐기는 장애인들의 모습이야말로 특수체육에서 가시화될 수 있는 정상화의 모습일 것이다(Sherrill, 1998).

2. 주류화

주류화(mainstreaming)는 1960년대 분리 특수교육의 효과에 대해 의문이 제기되면서 발생하였고, 그러한 맥락에서 Reynolds(1962)는 특수교육 프로그램의 연속성을 강조하면서 가장 분리된 교육환경에서 가장 통합된 교육환경에 이르는 단계적 통합교육의 '주류화'라는 일련의 서비스 과정을 도식화했다. 주류화라는 용어는 1975년에 제정된 미국의 전장애아동교육법(P.L. 94-142)에서 장애아동을 따로 분리하여 교육시키지 말고, 제한적 환경을 최소한으로 줄일 것을 강조하는 제한환경의 최소화(least restrictive environment) 원리가 규정됨으로써 법적인 근거를 갖게 되었다. 이러한 이유로 주류화는 제한환경의 최소화와 같은 개념으로 사용되기도 한다. 주류화는 정상화와 통합을 달성하기 위한 실천적 의미의 첫 단계라는 중요한 가치를 지니며, 나아가 단계적이고 점진적인 통합교육이 세계 특수교육의 전형적인 서비스 모형으로 자리잡는데 기여를 하였다.

1) 정의

정상화가 특수교육에서 추구하는 최종적이며 궁극적인 상태라면 주류화는 정상화를 실현하기 위하여 장애아동을 가능한 한 또래의 일반아동과 똑같은 환경에 배치하여 상호작용 하면서 부족한 부분에 대해서만 특수교육을 받도록 하는 점진적·단계적 통합교육을 말한다(대한특수교육학회, 1993). 즉, 장애아동과 일반아동간의 단순한 물리적 통합에 그치지 않고, 통합 장면에서 장애아동의 독특한 요구를 충족시켜 주기 위한 특수교육 및 관련 서비스를 다양하면서도 충분히 마련하는 것이다. 다시 말해, 각각의 과정(단계)에는 그에 해당하는 관련서비스들이 준비되어야만 주류화로서의 의미를 갖는다. 장애아동에 대한 일반학교 체육 프로그램에서의 이런 주류화 교육은 장애아동에게 다양하고 적합한 서비스를 제공하고, 개인의 긍정적인 태도와 적절한 배치에 초점을 맞추며, 이 때 유연한 프로그램의 계획과 활동의 변형이 바로 장애아동에게 적절하게 제시되어야 한다(Block, 1991).

이러한 개념을 바탕으로 주류화는 교육현장에서 아동을 장애정도에 따라 일반교육에 통합하는 과정을 계단식 배치방법에 따라 결정하고 있으며, 주류화의 최상위 단계인 일반교육으로의 완전 통합된 상태에서는 장애아동을 위한 특별한 교육적 서비스가 제공되지 않는 것이 특징이다. 주류화 과정에 대한 그림 2-1과 2-2는 이러한 개념의 이해를 돕기 위해 제시되어 있다. 그러나 우리 나라의 경우에는 장애아동을 위한 교육 단계가 세부적으로 구분되어 있지 않기 때문에 제시된 체계와 같은 주류화의 단계를 적용하기가 어렵다. 그러나 현실을 고려하여 의료 수용기관, 복지관 및 재활원, 특수학교, 일반학교의 특수학급, 일반학급 정도의 수준에서 주류화 원칙을 적용하는 노력이 필요하다.

주류화의 각 단계 배치는 정지되어 있는 것이 아니라 장애인의 능력이 변화함에 따라 항상 유동적이며, 상위 단계로든 하위 단계로든 배치될 수 있다. 하지만 기본적인 원칙은 가능한 상위 단계로의 이동을 전제로 하고 있다.

2) 주류화의 방법 및 교육내용

주류화의 기본 개념은 최고의 교육효과를 가져오도록 각각의 장애학생 능력에 상응하는 서비스를 제공하는 것이며, 이들에게 제공되는 장소, 프로그램, 서비스 유형은 계단식 체계를 통해 결정된다. 즉, 주류화 모형 하에서는 아동의 장애가 중증인 경우, 특수학교나 기숙제 특수학교와 같이 가장 분리된 교육장소로 배치하는 방법에서부터 장애정도에 따라 통합의 정도가 다양한 특수학급, 일반학급과 같이 점차 가장 적게 분리된 교육장소로 배치하는 방법을 통해 장애아동의 단계적인 통합을 유도하고 있다.

미국 대다수 주의 일반학교에서 실시하고 있는 이러한 주류화 교육은 (1) 장애아동이 일반아동과 상호작용을 할 수 있도록 제한환경의 최소화 아래 적절한 교육 프로그램을 제공하고, (2) 특수교육을 받는 장애아동은 일반아동과 함께 똑같은 학교시설에 참여하면서 장애정도가 심각하여 일반학급에서 교육을 받기 어려울 경우에만 특수학급과 특수학교에 배치하며, (3) 지방교육청은 장애아동이 특수교육 프로그램이 아닌 일반학교에 배치되기를 원할 때에 적극적으로 전학을 도움으로써 가능한 덜 제한적인 프로그램을 제공해야 한다고 명시하고 있다. 많은 전문가들은 장애아동의 정상화를 도울 수 있는 주된 방법으로 이 주류화가 매우 중요하다고 생각하고 있다.

3) 일반체육에서의 주류화

초등학교 교사들은 "장애아동들이 일반학교에 적응하지 못해 원래의 특수학교로 다시 돌아갔다."라는 말을 하곤 한다. 특히, 중증 장애아동은 주류화에 성공적이지 못한 편이기 때문에 중증 장애아동에 대한 교육배치가 재고되는 경우도 적지 않다. 비록, 중증 장애아동의 교육에서 주류화가 그다지 지지를 받지 못하고 있는 실정이지만, 대부분의 경증 장애아동에게는 동연령대의 일반아동과 일반 체육수업에서 교육을 받고, 상대방을 더 많이 이해할 수 있다는 점에서 긍정적인 평가를 받고 있다.

4) 특수체육에서의 주류화

주류화가 성공하기 위해서는 다양한 수준의 배치 환경이 조성되어야 한다. 가장 바람직한 특수체육의 주류화 방식은 수준별 특수체육 프로그램 시행 기관을 충분히 설립하는 것이며, 대상자는 그들의 요구와 수준에 따라 원하는 곳에서 신체활동을 하거나 스포츠 활동에 참여하는 것이다. 하나의 기관 안에서도 이러한 주류화의 개념은 적용될 수가 있으며, 단계별 프로그램의 진행이 바로 좁은 의미의 주류화를 실천하는 방안이 될 수 있다. 그러나, 이러한 주류화가 비장애인들과의 분리를 목적으로 시행되는 오류를 범하지 않도록 어느 수준에서나 통합적인 요소들을 갖추도록 계획해야 한다.

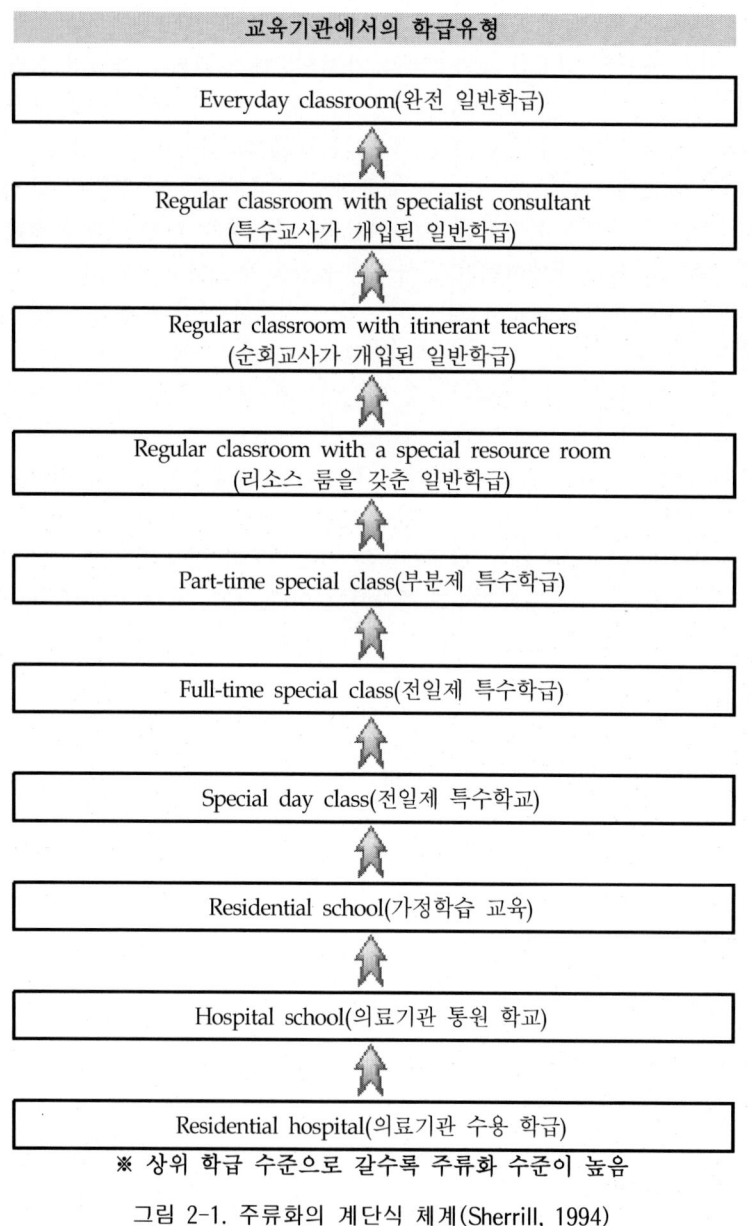

그림 2-1. 주류화의 계단식 체계(Sherrill, 1994)

특수체육 관련 주요 이론   31

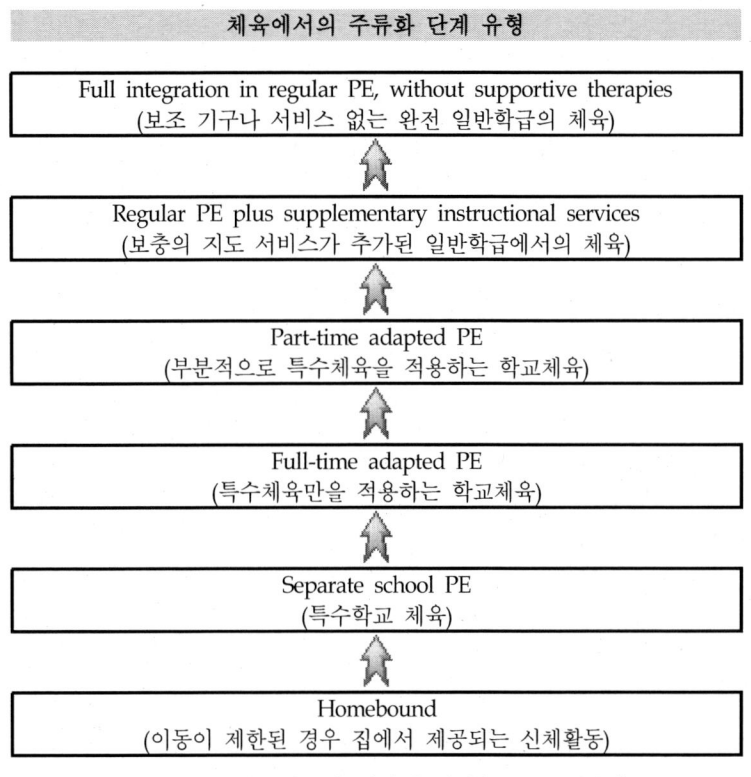

그림 2-2. 체육활동의 계단식 체계(Sherrill, 1994)

3. 제한환경의 최소화

 누구나 자신의 능력을 가장 잘 발휘하기 위해서는 적절한 환경과 필요한 사항들이 충족되어야 한다. 제한환경의 최소화는 장애를 가지고 있는 아동들에게 교육 및 생활에서 그들의 손상 문제를 극복하고 최대한의 능력을 발휘하기 위해서 필요한 효과적인 환경을 제공하는 것으로부터 출발한다.

1) 정의

 제한환경의 최소화는 "공립·사립 교육기관 또는 기타 보호시설에서 교육을 받는 장애아동이 비장애아동과 함께 교육받을 수 있는 범위를 최대로 확장시키는 것이며, 장애아동의 교육에 있어서 일반학급에서의 분리교육은 중증 장애로 인하여 교육을 안전하게 수행하지 못하는 경우에만 시행되어야 한다"라는 두 가지 기본적인 신념을 바탕으로 하고 있다"(U.S. Department of Education, 1992, p. 135, 34 CFR 300.550 [a] and [b]). 제한환경의 최소화는 미국 P.L. 94-142에 법률적 근거를 두고 있으며(U.S. Office of Education, 1977), 장애인들의 교육적 효과를 극대화시킬 수 있는 제반조건의 조성을 뒷받침하고 있다. 때때로 단어의 의미를 잘못 이해하여 '장애인들에게 무조건 편리함을 제공한다.'라고 생각하는 경우가 있는데, 이러한 개념이 아니라 각 장애인 수준에 맞는 제반 상황을 조성하고 준비한다는 개념이다.

결국 제한환경의 최소화 개념은 주류화의 과정과 맥락을 같이하고 있지만, 주류화가 능력에 적합한 배치의 과정에 중점을 둔다면, 제한환경의 최소화 개념은 각 단계에서의 충분하고 효율적인 제반 여건(환경, 기구, 인적서비스 등)의 마련을 강조하는 것이다.

2) 제한환경의 최소화 적용의 기본 조건

제한환경의 최소화는 교육 대상의 수준을 정확히 파악하여 가장 적절한 환경에 배치하고 필요한 제반 서비스를 제공하는 것이다. 이를 위해서는 대상에 대한 정확한 평가와 함께 어느 수준에 배치되더라도 그에 필요한 다양한 인적, 물질적, 환경적 서비스가 제공되어야 함을 전제로 해야 한다.

따라서 다음의 4가지 사항은 제한환경의 최소화 원칙을 수행하기 위한 가장 기본적인 실천사항이다.

(1) 개인의 능력에 대한 정확한 사전 평가
 ◆ 최소 1년에 1회
 ◆ 개별화교육계획(IEP)에 근거
(2) 사전 평가에 대한 명확한 분류기준
(3) 다양한 단계별 통합과정 수준 제시
(4) 수준과 단계에 따른 제반서비스의 다양화

이와 더불어, Yell(1995)이 제시한 제한환경의 최소화를 결정하는데 도움을 주는 지침을 살펴보면 다음과 같다.

첫째, 최소제한은 개별 아동의 필요를 근거로 결정되어야 한다.
둘째, 장애아동을 분리해서 교육시키겠다는 결정을 하기 전에 통합환경에 지속적으로 배치하기 위한 진정한 의미에서의 노력이 필요하다.
셋째, 제한환경을 최소화하기 위해 개별 아동이 필요로 하는 수준에 따라 특수교육 서비스가 연계·운영되어야 한다.
넷째, 제한환경의 최소화를 결정함에 있어서 또래 친구들도 함께 고려해야 하며, 장애 정도나 특성에 따라서 또래 친구들의 권리를 침해하는 경우도 있을 수 있다는 사실을 인식해야 한다.
다섯째, 아동이 보다 더 제한된 환경에 배치될 때에는 적절한 범위 내에서 최대한 통합교육을 제공해야 한다.

3) 특수체육에서 제한환경의 최소화

주류화의 상황이 제대로 갖추어져 있지 않은 현 시점에서 제한환경의 최소화 개념을 원론적으로 적용하는 데에는 한계가 있다. 따라서 우리의 경우 제한환경의 최소화는 아동들의 수준에 따른 배치의 문제보다는 아동이 참여하고 있는 학교나 복지관, 사설 체육교실에서 필요한 서비스들을 적절히 제공하고 있는가? 라는 점에 초점을 맞추어야 할 것이다. 예를 들어, 지체장애를 가진 아동을 위해 체육시설의 접근이 용이하게 되어 있는지 혹은 지도에 필요한 기구들을 갖추어 놓고 있는지, 교사들은 다양한 장애아동들의 요구를 수용할 수 있는 능력을 갖추고 있는지 등에 관련된 문제를 해결하기 위해 제한환경의 최소화가 반드시 적용되어야 한다. 더불어 아동들에게 간섭하거나 그들의 수준을 고려하지 못한 채 지나치게 도와주는 문제도 제한환경의 최소화라는 측면에서 고려되어야 할 부분이다.

4. 일반교육주도 교육

일반교육주도 교육(regular education initiative; REI)은 통합이라는 개념이 일반화되면서 지금은 크게 관심을 끌지 못하고 있지만, 현재의 통합이 완전한 개념 구조를 갖추기 이전에 주류화에 의한 단계적 배치를 거부하면서 장애아동을 처음부터 일반교육 환경에서 교육시켜야 한다는 것을 주요 내용으로 하고 있다.

1) 정의

일반교육주도 교육은 특수교육과 일반교육의 이중체계를 단일체계로 합치려는 의도를 포함하며, 아동들의 교육은 장애유형이나 정도에 관계없이 처음부터 일반학교 상황에서 시행해야 한다는 교육 시스템이다. 이전까지의 분리된 교육의 형태를 완전히 거부하고 장애학생들을 일반학급에서 모두 수용하는 형태를 취하면서 특수교육에서 담당했던 서비스를 일반학급 안으로 끌어들여 교육하는 방식을 취하고 있다.

일반교육주도 교육은 두 가지 형태를 바탕으로 시행된다. 첫째는 아직까지 특수교육의 대상으로 판정을 받지 않은 학생을 처음부터 일반학급으로 수용하고 교육함으로써 특수교육으로의 판정을 피하는 것이며, 둘째는 이미 특수교육을 시행하는 학생들의 제한환경을 최소화하여 일반학급 상황에서 교육을 시행하는 것이다. 결국 교육의 우선 순위가 분리교육이 될 수 없다는 의지를 강력히 표명하는 것이며, 이러한 과정에서 가장 중요한 것은 장애아동과 비장애아동 모두의 요구를 충족시킬 수 있는 제한환경을 구체적으로 마련하는데 있다.

일반교육주도 교육에서 사용할 수 있는 구체적인 전략으로는 교육조직의 재구조화와 연속적인 서비스의 개념 수정을 들 수 있다. 교육조직의 재구조화는 앞에서 언급한 바와 같이 일반교육과 특수교육의 통합체계를 구축하여 특수교육 예산을 보다 다양한 방법으로 사용하고, 특수교사가 일반학교에서 자문 및 직접교수를 담당할 수 있도록 교육의 조직을 재구조화하는 것이다. 연속적인 서비스의 수정 개념은 그 이전에 주류화의 원칙에 따라 단계별로 제공되던 서비스의 양과 질의 차이를 통합하여 모든 일반학급으로 제공하는 것을 의미한다.

일반교육주도 교육은 적어도 세 가지 교육적 요소를 포함하고 있다(Davis & Maheady, 1991). 첫째, 일반교사와 특수교사 및 보조교사들이 팀 지도, 상담 및 지원팀을 구성하여 장애아동을 도와주는 서비스 모델이다. 둘째, 일반교육과 특수교육 및 보상교육 프로그램에 필요한 재정과 자료 및 인사에 관한 모든 사항은 학교장이 지원한다. 셋째, 특별한 학습 요구를 가진 장애아동의 일반학급 배치를 촉진시키는 행정 정책을 개발한다. 이러한 경향은 최근에 이르러 일반교육 환경에 장애아동을 배치하고 그들의 교육적 요구에 따라 필요한 부분에 대해서만 특수교육을 지원하는 것이 바람직하다는 완전통합 개념으로 발전하였다.

2) 역사적 배경

REI는 1980년대 중반 미국의 Madeline Will에 의해 처음 제기되었다. 이는 일반교육과 특수교육을 하나의 교육 체계로 통일함으로써 교육적인 개혁을 시도하겠다는 주장으로 주류화를 주창하였던 Reynolds가 장애아동의 단계적 배치 체계를 거부하고 일반학급으로 통합된 형태를 새롭게 주장하면서 그 입지가 더욱 높아졌다. 이후 일반교육주도 교육은 당시 레이건 정부의 공식적인 인정을 받으면서 통합교육의 새로운 방향으로 제시되기도 하였다. 이러한 일반교육주도 교육은 그 당시에 혁신적인 내용으로 받아들여졌지만 실질적으로 활성화되지는 못했다. 그 이유는 일반교육주도 교육이 그 동안 분리된 상황에서 제공하던 서비스들을 일반학교로 충분히 끌어들이지 못하면서 교사나 비장애아동, 장애아동 모두에게 부담스러운 상황을 제공하는 역효과를 나타냈기 때문이었다. 그 의도는 분리교육의 제거라는 이상적인 목적을 갖고 있었지만 결과적으로는 통합에 대한 불만의 목소리를 높이게 되는 하나의 원인이 되었다. 이후 1990년대에 통합이라는 개념이 대두되면서 형태상으로 일반교육주도 교육과 유사하지만 내면적인 측면에서 교사, 프로그램 및 지원 서비스의 완벽한 제공을 뒷받침하였다는 것이 큰 차이다.

우리 나라의 경우도 마치 미국에서 일반교육주도 교육이 처음 제기되었던 시기처럼 통합에 대한 제안들이 특수교육 각계에서 나타나고 있다. 미국에서와 같은 제반 여건의 미비로 인한 문제가 발생하지 않고 성공적인 통합을 이루기 위해서는 필요한 준비 조건들을 먼저 마련하기 위한 계획과 실천이 무엇보다도 중요하다 할 수 있다.

5. 통합

통합(inclusion)은 많은 선진국에서 강조되고 있는 교수-학습 서비스 전달의 최근 경향이며, 그 영역은 빠른 속도로 확대되고 있다(DePauw & Doll-Tepper, 2000; Lienert, Sherrill, & Myers, 2001). 현 시점에서 통합은 장애아동의 교육과 생활에서 가장 핵심적인 시행 원리일 뿐 아니라 정상화를 달성하기 위한 구체적인 방안으로 인식되고 있다. 이러한 인식에도 불구하고, 우리 나라의 경우 이에 대한 치밀한 계획과 제반 여건이 마련되지 못하여 효과적인 통합을 시행하지 못하고 있는 실정이다.

1) 통합의 의미

통합은 정상화의 기본 원리를 사회와 교육 전반에 시행하는 실천적 의미를 담고 있다. 먼저 초기 단계의 통합(integration)은 장애인과 비장애인이 동일한 환경에서 함께 생활하고 교육받도록 하는 물리적 개념의 통합을 강조하였으나, 최근에 제시된 통합(inclusion)은 단순한 물리적 통합만이 아닌 필요한 제반 여건들을 충분히 갖추어 장애인과 비장애인 모두에게 효과적인 삶을 영위할 수 있도록 하는 제도적 체제를 조성하도록 요구하고 있다. 즉, 장애아동을 가능한 일반학교에 배치하고, 적절한 교육프로그램을 제공하되, 장애아동이 일반학교에서 안전하게 교육받을 수 없는 경우에만 분리교육을 시키도록 하는 것이다. 따라서 이 용어는 일반교육주도 교육(REI)보다 한층 진보된 개념이며, 초기의 통합(integration) 개념보다 더 포괄적인 용어로서 장애아동의 교육권을 보장하고 있다. 최근에 제시된 통합(inclusion)의 개념은 이전의 주류화에서 다루지 못했던 교육내용 및 교육과정상에서 나타난 문제점 등을 좀 더 보완하였으며, 중증 장애아동에게도 장애정도를 고려하여 최선의 교육배치를 하도록 한다는 점에서 큰 의의가 있다.

통합은 교육 분야에서 두드러지게 나타나고 있는데, 미국의 경우 학령기 장애아동의 93% 이상이 통합교육 환경에서 교육을 받고 있다(Liberman & Houston-Wilson, 2002). 그러나 우리 나라는 아직 몇몇 학교나 교육기관에서 시범적으로 통합교육을 시행하고 있는 수준이다. 통합교육이 단순히 장애아동과 비장애아동을 한 장소에서 교육한다는 형식적인 것만으로는 통합이 추구하는 궁극적인 목적을 이루기는 어려우며, 이를 위해서는 교육행정, 교사, 프로그램 모두 질적인 개선이 먼저 이루어져야 한다. 일부 현장에서는 통합의 비효율성을 지적하는 의견들이 제기되고 있지만, 그것은 현재 우리 나라의 상황이 통합을 시행하기 위한 준비가 미흡하다는 것이지 통합이라는 개념 자체를 놓고 가치여부를 판단할 문제는 아니다. 왜냐하면 장애를 가지고 있다는 것이 일반인들과 평생 동안 분리되어 살아야만 하는 이유가 될 수 없으며, 장애인들도 똑같은 인간으로서 그들의 능력을 최대한 발휘하여 그들의 자아를 최대한 실현시킬 수 있는 기회를 보장받아야 하기 때문이다. 현 시점에서 우리는 통합의 가치여부를 비판하는 것보다 어떻게 통합이라는 것을 효과적으로 시행할 수 있을 것인가에 대해 관심을 기울이고 노력해야 한다. 선진외국 역시 우리가 갖는 문제들을 고민하고 적지 않은 실수를 통해 통합의 틀을 갖추어 가고 있다. 이제 우리 나라도 통합의 문제가 바로 준비의 문제라는 것을 깨달아야 하며, 이를 위해 먼저 장애아동 혹은 비장애아동의 부모들이 통합교육의 필요성을 충분히 이해할 수 있는 사회적인 홍보가 필요하다. 더불어 교사와 행정기관도 통합의 가치와 상황을 잘 이해하여 그에 따른 제도적인 준비를 철저히 해야 한다. 미국 역시 통합을 위한 부모들의 노력[3]과 국가차원에서의 법률 제정[4]을 통해 실질적인 통합교육의 기반을 마련하였다는 것을 익히 알고 있다. 통합은 시간이 지나면 누군가가 가져다 줄 안일한 문제가 아니며 국가와 교사 그리고 부모들이 서로 치열한 노력을 통해 만들어 가야 하는 실천이다.

2) 통합교육의 법률적 배경

최근의 특수교육은 장애를 하나의 개성으로 받아들여 모든 학생이 더불어 생활하는

---

[3] 미국은 장애아동의 통합교육을 위한 부모들의 노력이 법적 소송이라는 방법을 통해 가시화되었다. 1979년 중증 장애아동이 여름 교육캠프에 참가할 권리를 인정한 Armstrong 대 Kline의 판례, 1981년 환경의 제한이 최소화되어 있는 곳에서 장애아동이 교육을 받을 수 있도록 한 Roncker 대 Walrer의 판례 등은 그러한 노력의 예이다.

[4] 미국의 특수교육 법률은 항상 변화의 시작점이 되어 왔다. 특히, 1975년 전장애아동교육법(Education for All Handicapped Children Act ; P.L. 94-142)과 1990년 장애인교육법(Individuals with Disabilities Education Act, IDEA, P.L. 101-476)은 특수교육과 특수체육의 활성화를 주도한 획기적인 국가기관의 조치로 받아들여지고 있다.

가운데 사회적응력이 향상될 수 있도록 통합하여 교육하는 방법과 학습능력, 지적능력 및 장애 정도에 관계없이 통합상황에서 비장애인과 함께 교육받고 생활하여야 한다는 점을 강조하고 있다.

미국의 장애인교육법에서 장애아동을 특수학급이나 분리된 특수학교에 배치하는 것은 장애가 중증이거나 그 특성에 해당하는 교육 조치나 서비스를 제공하여도 일반학급에서 교육을 받을 수 없을 때에만 해야 한다는 '제한환경의 최소화'를 문서화함으로써 특수교육 대상자를 일반학급 안으로 끌어들이는 통합을 지향하고 있다. 최근에는 통합(inclusion)의 용어가 완전통합(full inclusion)이라는 용어와 병행하여 사용되는 경향을 보이지만 학계나 현장에서는 특별한 의미의 차이를 두지 않고 사용되고 있다.

우리 나라의 장애인 등에 대한 특수교육법에서는 통합교육을 '특수교육대상자가 일반학교에서 장애유형·장애정도에 따라 차별을 받지 아니하고 또래와 함께 개개인의 교육적 요구에 적합한 교육을 받는 것을 말한다'(장애인 등에 대한 특수교육법 제2조 제6항)' 로 정의하고 있다. 즉, 통합교육은 일반학교의 일반학급과 특수학급 또는 특수학교 재학생이 일반학교의 일반학급 학생과 함께 교육받는 것을 말한다. 일반학교의 장은 특수교육대상자 또는 그의 보호자나 특수교육기관의 장이 통합교육을 요구할 때에는 특별한 사유가 없는 한 이에 응해야 하며, 일반학교의 장은 통합교육을 실시하는 경우에는 제27조의 기준에 따라 특수학급을 설치·운영하고, 대통령령이 정하는 시설·설비 및 교재·교구를 갖추어야 한다(장애인 등에 대한 특수교육법 제21조 제3항). 또한, 일반학교의 장은 통합교육을 실시하기 위하여 다음과 같이 특수학급을 설치하여야 한다.

제27조 (특수학교의 학급 및 각급학교의 특수학급 설치 기준) ① 특수학교와 각급학교의 장은 다음 각 호의 기준에 따라 학급 및 특수학급을 설치하여야 한다.
1. 유치원 과정의 경우: 특수교육대상자가 1인 이상 4인 이하인 경우 1학급을 설치하고, 4인을 초과하는 경우 2개 이상의 학급을 설치한다.
2. 초등학교·중학교 과정의 경우: 특수교육대상자가 1인 이상 6인 이하인 경우 1학급을 설치하고, 6인을 초과하는 경우 2개 이상의 학급을 설치한다.
3. 고등학교 과정의 경우: 특수교육대상자가 1인 이상 7인 이하인 경우 1학급을 설치하고, 7인을 초과하는 경우 2개 이상의 학급을 설치한다.
② 교육감은 제1항에도 불구하고 순회교육의 경우 장애의 정도와 유형에 따라 학급 설치 기준을 하향 조정할 수 있다.
③ 특수학교와 특수학급에 두는 특수교육교원의 배치기준은 대통령령으로 정한다.(장애인 등에 대한 특수교육법, 2007. 10. 17)

3) 통합교육과 체육

체육에서의 통합은 모든 장애학생이 교육의 효율을 높이기 위한 특별한 지원을 받아 일반체육수업의 현장에 참여하는 것으로 정의된다(Block & Vogler, 1994). 이러한 정의를 소극적으로 해석할 때 가장 자주 발생하는 오류는 장애학생이 비장애학생과 똑같은 체육활동에 참여해야 하고, 같은 기구를 사용해야 하며, 같은 교수법으로 지도 받아야한다고 생각하는 것이다(Block & Etz, 1995). 통합교육의 흐름은 장애인들도 하나의 존엄한 인간으로서 다른 사회구성원들과 함께 살아갈 권리가 있다는 것으로부터 출발하고 있으며, 이러한 통합교육을 시행하는데 있어 체육은 그 어떤 과목보다도 가치 있게 받아들여지고 있다. 왜냐하면 체육은 다른 과목과 달리 특정부분의 발달만을 추구하기보다 신체적, 정서적, 인지적 발달을 동시에 꾀할 수 있고 청소년기 이후에 사회통합을 위한 가장 적극적이고 효과적인 활동들을 할 수 있기 때문이다. 이렇듯 통합된 체육수업이 높은 가치를 가지고 있기는 하지만 효과적인 수업을 위해서는 다른 과목에 비해 더 많은 준비와 노력이 필요하다는 것이 피할 수 없는 상황이다.

4) 우리 나라 통합교육의 문제점 및 장애 요인

특수교육진흥법의 제정은 정부가 장애아동을 일반교육 환경에서 교육시키려는 의지를 보여준 중요한 계기가 된다. 이는 우리 나라의 특수교육이 분리교육 차원에서 통합교육을 함께 지향함과 동시에 학생 개개인의 교육적 욕구를 적절히 보장해줌으로써 특수교육의 질적 향상을 도모하려는 국가적 의지라고 할 수 있다. 이와 같이 우리 나라는 통합교육을 위한 법적 근거는 마련하였으나, 통합교육의 철학적 토대나 교육여건이 조성되어 있지 못할 뿐 아니라 우리의 현실에 맞는 교육모델을 제시하고자 하는 논쟁도 활발하지 못하다. 우리 나라 통합교육의 문제점을 구체적으로 살펴보면 다음과 같다.

- ◆ 지난 20여 년 동안 우리 나라가 실시해 왔던 특수학급 체제에 많은 문제가 있다는 점을 들 수 있다. 특수학급 현장에서 발견되는 중요한 문제들로는 일반학생과 교사의 장애학생에 대한 줄어들지 않는 편견, 특수학급 내에서의 특수교육의 질 저하 문제, 통합교육 현장에서의 장애학생 방치와 무관심, 일반교사와 특수학급 교사간의 비협조적 관계 등을 들 수 있다. 그 이유로는 특수학급이 장애학생의 교육기회 확대책의 일환으로 시도됨으로써 이들의 사회통합과 적응에 관한 것이 적절히 고려되지 못하여 결국 무계획적이고 비의도적인 물리적 통합형태를 취한 결과가 되었다. 그러나 여기서 빠뜨릴 수 없는 원인으로는, 통합을 해야 할 당사자 개인들에게도 문제가 없진 않지만, 특수학급 체제 내에 통합교육에 필요한 제반 전제조건들을 고려하지 않고 계속 양적인 확대정책을 추구한 오류도 있다.

- 일반교사가 장애아동을 가르치기에는 적절한 전문적 자질을 갖추지 못했다는 점을 들 수 있다. 대부분의 대학 교사양성 프로그램에 특수교육과 관련된 교육이 적절하게 이루어지지 않고 있다. 그리고 일반교사들은 초등학교와 중학교에서 장애아동을 접하기는 하지만 자신들의 영역이 아니기 때문에 특수교육과 관련된 공부를 거의 하지 않는다. 따라서 통합교육을 실행하기 위해 중요한 요인 중의 하나는 통합교육을 직접 실행할 일반교사의 관심과 참여 의지이다.
- 일반교육의 통합교육 준비부족을 들 수 있다. 통합교육을 성공적으로 수행하기 위해서는 일반교육의 준비, 즉 구체적으로 직접 장애학생을 지도하는 교사나 보조교사 등의 인적자원, 적절한 물리적 지원, 시간 확보의 여부, 통합으로 인한 장애아동과 비장애아동 모두의 성공 여부와 관련하여 일반교육이 준비되어 있지 않음을 알 수 있다.
- 통합교육에 장애가 되는 요인으로 첫째, 통합교육에 대한 또래, 학부모, 교육자 및 사회의 이해 부족, 둘째, 경직된 사회체제와 학교조직, 셋째, 사회와 학교의 부적절한 물리적 환경, 넷째, 일반교사와 특수교사의 훈련 부족, 다섯째, 장애학생의 특수교육, 직업재활 그리고 생애를 통한 복지에 투여되는 막대한 재정 등을 들 수 있다(김정권, 1997).
- 일반교사, 특수교사 및 전문가에게 실시한 설문 결과, 통합교육을 어렵게 하는 요인으로는 장애아동에 대한 일반학급 교사 및 아동의 이해 부족(42%), 주류학급의 학급당 아동수 과다 및 보조교사 부재(27%), 부모의 협조 및 지원부족(23%) 등을 보고하였다(김승국, 1999).

이와 같은 통합교육의 문제점과 장애요인을 최소화하기 위한 고려사항은 다음과 같다(신진숙, 2000).

- 일방적으로 통합교육을 추진하기보다는 학생을 최우선으로 고려해서 배치해야 하고, 일단 결정된 프로그램이라도 계속적으로 수정하고 피드백하여 발달을 점검해야 한다.
- 통합교육을 실행하기 위한 선택권 면에서 일방적인 행정지시가 아닌 이를 수행할 교사가 선택할 수 있는 권리가 부여되어야 한다.
- 통합교육을 실행하기 위해 강력한 행정적인 지원이 있어야 한다.
- 연속적인 서비스를 제공하기 위해 학습도움실과 같은 아동의 독특한 욕구를 충족시켜 줄 수 있는 여건이 제공되어야 한다.
- 최일선에서 교육을 수행하는 교사들의 적극적인 태도와 의지가 있어야 하며, 이를 위해 자질함양의 기회가 제공되어야 한다.
- 우리의 현실에서 왜 통합교육을 실행해야 하는가에 대한 당위성과 그 학교 실정에 맞는 통합교육 모델 개발을 위한 전문가간의 협력체계가 형성되어야 한다.

특히 주로 견학의 형태로 수업에 참여하고 있는 우리 나라의 통합 체육수업에서는 장애학생에게 더 나은 환경을 제공하기 위해 체육시설과 기구의 배치, 교사가 지도할 수 있는 장애학생 수, 체육교사의 자질 등을 반드시 고려해야 한다(홍양자, 홍려교, 1999).

6. 교육팀 협력체계

교육팀 협력체계(team approaching)는 환경, 대상, 과제간 상호작용의 중요성을 강조하고 있는 생태학적 접근(ecological approaching)과 매우 밀접한 관계를 갖고 있다. 이것은 한 대상자를 둘러싸고 있는 모든 환경이 시간의 흐름에 따라 변하면서 대상자에게 새로운 변화의 가능성을 제공할 수 있다는 의미이다. 또한 교사가 아동을 효과적으로 지도하는 데에는 단순히 한 가지 분야의 지식만으로는 부족하다. 따라서 아동의 교육과정에서 교육 목표 달성에 긍정적인 효과를 줄 수 있는 모든 분야의 지식이 요구되는 것이다. 특별히 장애아동을 지도하는 과정에서는 이러한 교육팀 협력체계가 더욱 절실히 요구된다고 할 수 있다. 다시 말해, 단일화된 교육적 접근보다 다각적인 측면에서 아동의 교육 목표를 이루기 위한 노력을 수행하여 장애아동의 정상화를 극대화시킬 수 있는 총체적지원(cross-disciplinary) 협력체계가 필요하다는 것이다.

1) 정의

교육팀 협력체계는 아동들의 교육 효과를 극대화시키기 위하여 각 분야의 전문가들이 그들의 지식을 공유하는 방식을 내포하고 있다. 이미 여러 이론적 배경에서 장애아동에 대한 교육적 접근에 대하여 언급한 것과 같이 획일적인 접근이나 독단적인 방식으로는 효과적인 교육을 할 수 없을 뿐 아니라 정상화나 통합과 같은 장애인 교육의 궁극적인 목적을 효율적으로 성취하기도 어렵다. 즉, 특수체육의 범위와 목적이 광범위해지면서 단순히 체육학적 접근만으로는 아동들의 폭넓은 삶의 질 향상이라는 측면을 충족시킬 수 없다. 이러한 추세에 따라 특수교육 분야에서는 피교육자에 대하여 여러 분야의 전문가들이 함께 계획하고 지도하며, 평가하는 공동의 협력체계를 중요시하고 있다. 이렇게 장애아동의 교육과정에서 필요한 전문가들이 함께 그 교육을 계획하고 수행할 수 있는 시스템을 '교육팀 협력체계'라고 한다.

우리 나라의 경우에는 아직까지 교육팀 협력체계에 대한 인식이 부족하여 전문가들 간의 교류가 부족하고 긴밀한 상호작용이 어려운 것이 현실이지만, 특수체육의 시행이 가장 활성화되어 있는 미국의 경우에는 해당 아동을 실질적으로 지도하고 있는 교사 외에도 상담가, 물리치료사, 외과 전문의, 신경정신과 전문의, 교육행정가, 놀이치료 전문가, 레크리에이션 전문가, 감각운동 전문가, 심리치료사 등 아동의 교육과정에서 목표 달성에 긍정적 효과를 줄 수 있는 모든 분야의 전문가들로 이루어진 교육팀 협력체계가 정착되어 있다. 간혹 전문가 모임의 가장 중요한 부모의 역할을 간과하는 경우가 있는데, 부모만큼 아동에 대해 잘 아는 사람이 없기 때문에 전문가 모임에서 부모는 가장 중요한 역할을 할 수 있는 구성원이다.

2) 교육팀 협력체계의 유형

미국의 경우, 1975년 P.L. 94-142를 통해 장애아동에게 가장 효과적인 서비스를 제공하기 위한 협력팀(cooperative team)의 접근이 필요하다고 명시하였다. 1977년 미 교육부에서는 장애아동의 교육 평가는 다학문적인(multi-disciplinary) 팀 접근을 통해 이루어져야 한다고 규정하고 있다. 하지만 우리 나라의 경우는 아직까지 협력팀의 개념을 활발히 적용하지 못하고 있으며, 일부 기관에서 유사한 접근 방식을 도입하고는 있으나 그 전문가의 범위가 매우 한정되어 있다.

지금까지 특수체육을 연구하는 많은 학자들도 이러한 교육팀 협력체계의 중요성을 언급하고 있으며, 최근에는 단순히 개념적 협력관계를 초월한 긴밀하고 포괄적인 상호작용(협력적 교육팀 또는 총체적지원 교육팀)의 필요성을 주장하고 있다(Auxter, Pyfer, & Huettig, 2001; Dunn, 1984; Sherrill, 1998; Wiseman, 1982).

표 2-1. 교육팀 협력체계의 유형

	다학문적 교육팀	협력적 교육팀	총체적지원 교육팀
상호작용 관계	담임교사가 아동의 교육과정과 관련하여 전문가들에게 의뢰하면 그 내용에 대해서만 정보를 제공해 주는 1:1의 단순관계 유지	담임교사와 전문가가 1:1 관계로 정보를 공유하고, 각 분야의 전문가들 사이에도 정보공유를 하지만 형식적인 관계 유지	담임교사와 함께 학생들에게 필요한 서비스를 제공하며, 각 분야의 전문가들은 서로 더욱 많은 정보를 공유하는 긴밀한 관계 유지
정보 수준	전문가들은 소극적으로 담당교사가 의뢰하는 것에 대한 기본적인 정보만을 제공하는 수준으로 주로 최초 사정 결과나 교육계획에만 관여	기본적인 정보 외에 체육활동 시의 주의점 및 권장활동의 유형, 병행 치료법 등 체육활동 이외의 중재 방법을 제공하여 보다 실질적인 면에서의 정보를 제공	전문가들이 다각적인 측면에서 아동의 교육 목표를 이루기 위해 실제로 중재를 실시하며, 아동의 전 교육과정에 필요한 정보 및 지원을 지속적으로 제공
피드백 및 책임성	최초 사정과 교육계획 이외에는 피드백이 없으며, 전문가에게는 모든 과정에서 책임이 부여되지 않음	피드백이 연속적이지 않으며, 전문가에게는 책임이 부여되지 않음	지속적인 협의와 피드백이 이루어지며, 전문가에게도 모든 과정에서 교사와 동등하게 책임이 부여됨

교육팀 협력체계는 교육 대상자와 각각의 전문가들 사이의 관계와 영향에 따라 다학문적 교육팀(multidisciplinary team), 협력적 교육팀(interdisciplinary team), 총체적지원 교육팀(transdisciplinary 또는 crossdisciplinary team)으로 구분된다. 상기 열거된 순서는 교육팀 협력체계의 시대적인 발달 순서이며 각각의 개념은 기본적으로 아동의 교육에서

전문가들의 개입을 의도하고 있지만, 그 개입의 강도와 상호관계 정도에 따라 세부적인 의미의 차이가 있다(표 2-1 참조).

지금까지 살펴본 내용들은 특수체육을 시행하는데 필요한 방법론적 이론, 특히 장애아동과 비장애아동이 함께 어울려서 교육을 받을 수 있는 통합을 이루기 위한 밑바탕이며, 그와 관련된 필수 개념이다.

☞ **생각해 봅시다 !!**

1. 특수체육의 측면에서 통합의 바람직한 방향에 대해 토론해 봅시다.
2. 통합의 활성화에서 통합의 저해요인과 해결 방안에 대해 알아봅시다.

참고문헌

김승국(1999). **장애학생의 통합교육.** 서울: 교육과학사.
김정권(1997). **완전통합교육과 학교교육의 재구조화.** 서울: 특수교육.
대한특수교육학회(1993). **특수교육용어사전.** 대구: 대구대학교출판부.
신진숙(2000). 통합교육의 문제점과 전제 조건 탐색. **특수교육연구, 34**(3), 49-67.
장애인 등에 대한 특수교육법. 법률 제8483호(2007. 05. 25).
특수교육진흥법. 법률 제6217호(2000. 01. 28).
특수교육진흥법시행령. 대통령령 제15967호(1998. 12. 31).
홍양자, 홍려교(1999). 장애학생의 체육통합교육에 관한 소고. **한국특수체육학회지, 7**(2), 139-146.
Auxter, D., Pyfer, J., & Huettig, C. (2001). *Principles and methods of adapted physical education and recreation(9th ed.).* New York: McGraw-Hill Company.
Block, E. M. (1991). *Integration of individuals with disabilities into the traditional physical education program.* Paper presented at the annual meeting of Illinois Association for Health, Physical Education, Recreation, and Dance. Arlington Heights, IL.
Block, E. M., & Etz, K. (1995). Using a pocket reference to facilitate inclusion of students with disabilities in regular physical education. *Journal of Physical Education, Recreation, and Dance, 66*(3), 47-51.
Block, E. M., & Vogler, E. W. (1994). Including children with disabilities in regular physical education: The research base. *Journal of Physical Education, Recreation, & Dance, 65*(1), 40-44.
Davis, J. C., & Maheady, L. (1991). The regular education initiative: What do three groups of education professionals think? *Teacher Education & Special Education, 14*(2), 211-220.
DePauw, K. P., & Doll-Tepper, G. (2000). Toward progressive inclusion and acceptance: myth or reality? The inclusion debate and bandwagon discourse. *Adapted Physical Activity Quarterly, 17*(2), 135-143.
Dunn, J. M. (1984). *Current trends and new perspectives in special physical education.* Proceedings of the 13th National Conference of Physical Activity for the Exceptional Individual, 13, 69-73.
Lieberman, J. L., & Houston-Wilson, C. (2002). *Strategies for inclusion.* Champaign, IL: Human Kinetics.
Lienert, C., Sherrill, C., & Myers, B. (2001). Physical educators concerns about

integrating children with disabilities: A cross-cultural comparison. *Adapted Physical Activity Quarterly, 18*(1), 1-17.

Nirje, B. (1969). The normalization principle and its human management implication. In R. Kugel & W. Wolfensberger(Eds.), *Changing patterns in residential services for the mentally retarded*. Washington, D. C. : President's Committee on Mental Retardation.

Nirje, B. (1980). The normalization principle. In R. Flynn & K. Nitsch(Eds.), *Normalization, social integration, and community services*. Baltimore: University Park Press, 31-49.

Sherrill, C. (1998). *Adapted physical activity, recreation, and sport: Cross-disciplinary and lifespan(5th ed.)*. Boston: WCB/McGraw-Hill.

U.S. Department of Education. (1992). *To assure the free appropriate public education of all children with disabilities: Fourteenth annual report to Congress on the implementation of the Individuals with Disabilities Education Act*. Washington, DC: Author.

U.S. Office of Education. (1977). *Federal register, Public Law 94-142: The Education For All Handicapped Children Act, 42*. Washington, DC: Author.

Wiseman, D. C. (1982). *A practical approach to adapted physical education*. Reading, MA: Addison-Wesly.

Wolfensberger, W. (1972). *The principle of normalization in human service*. Toronto, Canada: National Institute on Mental Retardation.

Wolfensberger, W. (1983). Social role valorization: A proposed new term for the principle of normalization. *Mental Retardation, 21*, 234-239.

Wolfensberger, W., & Thomas, S. (1983). *Program analysis of service systems implementation of normalization goals(PASSING): Normalization criteria and ratings manual(2nd ed.)*. Toronto, Canada: National Institute on Mental Retardation.

Yell, M. L. (1995). Least restrictive environment, inclusion, and students with disabilities: a legal analysis. *Journal of Special Education, 28*(4), 389-404.

제 3 장

개별화교육계획

1. 개별화 교육의 이해
2. 개별화교육계획의 정의
3. 개별화교육계획의 목적
4. 개별화교육계획의 기능
5. 개별화교육계획 작성의 실제
6. 우리 나라의 시행 현황

1. 개별화 교육의 이해

'개별화 교육'이라는 단어를 들었을 때 적지 않은 사람들이 장애학생을 지도하는 교수법 중 개인교습과 비슷한 1:1 교수학습의 개념으로 혼동한다. 물론 장애학생을 지도하는 현장에서 1:1 교수학습의 형태가 빈번하게 이루어지고 있긴 하지만 여기에서 논하고자 하는 '개별화 교육'은 1:1 교수학습을 의미하지는 않는다. 개별화 교육은 특별한 요구를 가지고 있는 아동 개개인의 학습능력에 맞도록 조정된 교육내용과 그것을 지도하는 과정을 포함하고 있다.

다음에 제시되는 예는 일반학교의 통합 체육수업에서 이루어지는 상황으로 이 내용을 통해 '개별화 교육'의 개념을 어느 정도는 이해할 수 있을 것이다.

김보라 선생님은 일반 중학교에서 체육을 전담하고 있는 체육교사이다. 김 선생님은 방과 후 활동으로 특수학급 아동들의 체육시간을 담당하게 되었다. 초임교사인 김 선생님은 먼저 농구를 가르치기로 계획하고 나름대로 치밀한 지도안을 작성하고 필요한 기구를 마련하는 등 수업을 위해 열심히 준비를 하였다. 방과 후 활동 첫 날, 대상아동 7명의 신상 명세는 아래와 같았다.

> 김영철: 정신지체, 14세, 남
> 노수정: 정서장애, 15세, 여
> 여민수: 뇌성마비, 16세, 남
> 김민철: 뇌성마비, 15세, 남
> 장석진: 정신지체, 15세, 남
> 이은정: 척수장애, 14세, 여
> 박아름: 정신지체, 17세, 여

그 날 김 선생님은 아이들을 운동장 한 곳에 모으는 데에만 40분이 걸렸다. 민수, 은정이의 휠체어를 밀어 농구장으로 이동하는 동안 영철이와 아름이는 어디로 갔는지 보이질 않고, 수정이는 어느새 모래밭에 앉아 하늘에 떠가는 구름만 정신 없이 쳐다보고 있었다. 다행히 경도 장애를 가진 석진이에게 수정이를 맡기고, 보행기를 사용하는 민철이에게 자리를 지키도록 지시한 후, 영철이는 화장실에서, 아름이는 구내 매점에서 찾아 농구장에 데리고 왔다. 결국 김 선생님은 아이들에게 농구공도 한 번 만지게 할 여유도 없이 첫 시간을 그렇게 보냈다.
다음 주에 김 선생님은 각 아동들의 담임 선생님들에게 농구장으로 아이들을 데려다 줄 것을 요청했다. 아이들이 제 시간에 농구장에 모이기는 했지만 휠체어에 앉아 있는 아이, 보행기를 이용하는 아이, 여기 저기 돌아다니는 아이, 아무 생각 없이 앉아만 있는 아이들에게 김 선생님이 가르칠 수 있는 것은 아무 것도 없었다.
결국 김 선생님은 좀 더 구체적이고 실제적인 계획이 필요하다는 것을 느꼈다. 아동들 하나하나의 신체적, 정신적 특성과 능력이 고려된 시행 가능한 계획이 필요하다는 것을 느꼈다.

또한 혼자서는 아이들에게 효과적인 체육활동을 시킬 수 없다는 결론에 도달하였다. 그래서 나온 계획이 바로 김 선생님의 개별화교육계획이다. 여기에는 민수와 은정이를 위해 휠체어를 타고서도 농구를 연습할 수 있는 방법과 보행기를 사용하는 민철이를 위한 농구 연습법, 수정이를 적극적으로 참여시키기 위한 자원활동 선생님의 참여, 영철이와 아름이를 도와 함께 농구를 할 친구들의 이름이 모두 기록되어 있다. 그 날 이후로 김 선생님은 완벽한 수업의 형태는 아니더라도 학생들에게 농구를 경험시킬 수 있는 기회를 갖게 되었다.

상기의 예에서 살펴 본 바와 같이, 김 선생님이 세운 계획은 약식으로 작성된 개별화교육계획이 될 수 있지만 실제 현장에서는 그보다 훨씬 많은 것들이 고려되어야 한다. 따라서 실제 현장에 적용하기 위한 개별화교육의 세부적인 내용을 알아보도록 한다.

2. 개별화교육계획의 정의

개별화교육계획(IEP)이라는 용어는 세계 여러 나라에서 공통으로 사용되고 있지만, 그 실체가 반드시 동일한 것은 아니다. 예컨대, IEP는 'Individualized Education Program'이라는 약칭으로 개별화 교육에 관련된 전반적인 프로그램 과정을 의미하기도 하지만, 'Individualized Education Plan'의 의미로 개별화교육계획 및 그러한 계획을 문서화한 계획서를 지칭하기도 한다. 일본에서는 IEP를 '개별 지도계획'으로 번역하여 사용하고 있으며, 우리 나라의 경우는 개별화교육계획, 개별화교육 프로그램, 개별화 지도계획, 개별화지도 프로그램 등 다양한 명칭으로 사용하고 있다.

미국은 1975년에 제정된 장애아동교육법(P.L. 94-142)에서 모든 장애학생에게 무상의 적절한 공교육을 제공한다는 측면에서 개별화교육 프로그램, 즉 IEP라는 용어가 채택되었다. 미국에서는 이 IEP라는 용어가 '문서'와 '과정' 모두를 지칭하는 말로 널리 사용되고 있다. P.L. 94-142에 진술되어 있는 IEP 규정은 두 가지 중요한 요소를 가지고 있는데, 그 하나는 IEP 회의에서 결정된 사항을 자세히 기록한 문서라는 것과 IEP 모임이나 회의, 문서 개발 및 시행을 포함하는 과정이라는 것이다. 그리고 이 IEP는 개개 학생의 요구에 부응한 특별한 교육계획서를 의미하는 것으로서 학교의 전체 교육계획이 아닌 대상아동 개개인에 대한 교육계획을 문서화한 것으로 정의하고 있다.

한편, 일본에서는 IEP를 도입하면서 그것이 교육계획을 의미하는 것인지, 아니면 지도계획을 의미하는 것인지에 대한 논란이 일고 있는 가운데, 최근 개별화 지도계획으로 통일하는 경향이 강하다. 예컨대, 일본에서는 일반적인 교육방법에 따라 각 교과 등의 교육내용을 전학년에 걸쳐 전체적·조직적으로 작성한 것을 '교육계획(학교 교육과정)'이라고 하고 있으며, 각 교과, 도덕, 특별활동, 양호·훈련 등 각 영역별 교육계획을 '지도계획'으로 구별하여 사용하고 있다. 따라서 학교의 전체 교육계획과의 혼란을 피하기 위해 지도계획이라는 용어를 사용하고 있다. 그리고 이 '개별화 지도계획'에는 1:1의 지도만이 아닌 그룹지도, 집단지도 등 다양한 지도형태가 있을 수 있으며, 이 지도계획에서 매시간의 수업지도안까지는 포함시키지 않고 있다.

우리 나라의 경우 특수교육진흥법시행령(1998) 제14조에 개별화 교육의 효율적 실시를 위하여 특수교육 대상자 개개인에 대한 교육방법이 포함된 개별화교육계획을 작성하도록 하고 있고, 1998년 6월 30일 개정·고시된 제7차 특수학교 교육과정의 지역 및 학교에서의 편성·운영에 대한 '특별지침'에서는 학급의 공통 교육과정으로 집단 학습이 어려운 학생은 해당 과목에 대해서 개별화교육계획을 구안하여 수행하도록 하고 있다. 또 장애인 등에 대한 특수교육법 제22조에 개별화교육에 대하여 다음과 같이 정하고 있다.

제22조 (개별화교육) ① 각급학교의 장은 특수교육대상자의 교육적 요구에 적합한 교육을 제공하기 위하여 보호자, 특수교육교원, 일반교육교원, 진로 및 직업교육 담당 교원, 특수교육 관련서비스 담당 인력 등으로 개별화교육지원팀을 구성한다.
② 개별화교육지원팀은 매 학기 마다 특수교육대상자에 대한 개별화교육계획을 작성하여야 한다.
③ 특수교육대상자가 다른 학교로 전학할 경우 또는 상급학교로 진학할 경우에는 전출학교는 전입학교에 개별화교육계획을 14일 이내에 송부하여야 한다.
④ 특수교육교원은 제1항부터 제3항까지의 규정에 따른 업무를 수행하기 위하여 각 업무를 지원하고 조정한다.
⑤ 제1항에 따른 개별화교육지원팀의 구성, 제2항에 따른 개별화교육계획의 수립·실시 등에 관하여 필요한 사항은 교육인적자원부령으로 정한다.(장애인 등에 대한 특수교육법, 2007. 5. 25)

한편, Abeson과 Weintraub(1977)은 개별화교육 프로그램(individualized education program)을 다음 세 단어로 약술하고 있다. 즉, '개별화(individualized)'는 한 학생의 교육적 요구를 의미하며, '교육(education)'은 특수교육 및 관련 서비스를 의미하고, '프로그램(program)'은 학생에게 실제로 무엇을 제공할 것인가에 대한 진술을 의미하는 것으로 설명하고 있다. Butt와 Scott(1994)도 IEP를 "목표의 재설정이 용이하도록 주기적으로 검토되고 평가되는 개별화 교육과정을 상세화한 일련의 계획"으로 요약하고 있다.

이상에서 보는 바와 같이, IEP는 장애학생의 적절한 교육을 보장하기 위한 교육경영 도구의 하나로 작성된 외형적인 문서라는 의미와 그러한 문서를 작성하는데 있어 다양한 구성원들이 상호 협력하는 과정이라는 두 가지의 의미를 내포하고 있다. 따라서 IEP를 단순히 작성된 문서로만 보아서는 안 되며, 그러한 문서를 작성하는데 참여하는 인사, 협력적 작업 등 작성과정까지도 포함한 것으로 이해해야 한다. 그리고 이 IEP는 개별 학생에 대해 학급의 공통 교육과정으로 집단학습이 어려운 과목에 대해 특별히 설계된 지도계획이라 볼 수 있다(이유훈, 권주석, 김요한, 1999).

3. 개별화교육계획의 목적

장애학생의 교육에서 IEP가 왜 필요한가? 이에 대해서는 먼저 다음 두 가지를 생각해 볼 필요가 있다. 그것은 학교 및 가정의 역할과 연대의 필요 그리고 개개 학생의 능력과 적성에 적합한 교육이라 할 수 있다.

첫째, '학교 및 가정의 역할과 연대의 필요성'에서 학생의 교육은 학교만이 아니라 부모도 가정에서 학생의 교육과 관련하여 무엇인가의 역할을 하여야 한다는 것을 생각해 볼 필요가 있다. 미국 IDEA Part B에서는 IEP의 목적으로서 IEP 회의는 부모와 학교간의 의사소통 매개수단으로 도움이 되며, 부모의 동등한 참여가 가능하고 학생에게 필요한 것이 무엇이며, 그 필요에 맞는 서비스는 어떤 것을 준비하고 어떤 결과를 기대할 수 있는가를 공동으로 결정하도록 제시하고 있다. 또한 교사와 부모간에 학생의 교육적 필요와 이를 위한 서비스에 대한 의견이 다를 수 있으므로 IEP 회의 또는 필요한 경우에는 적법절차(due process)를 통해 이러한 차이에 대하여 토의하고 합의를 이룰 수 있는 기회를 제공해 주는데 있다고 명시하고 있다(이소현, 박은혜, 2000).

특히, 장애학생의 경우 가정에서 이루어지는 기본 생활기능의 습득 등이 학교 교육의 주요 내용이 되는 경우가 많다. 따라서 장애정도나 발달단계에 따라 가정교육의 내용이 학교교육의 중요한 기초가 되므로 학교와 가정이 공동으로 노력하여 학생의 교육에 임하는 체제의 구축이 요구된다. 즉, 학교에서 맡아야 할 부분, 가정에서 맡아야 할 부분, 그리고 가정과 학교가 협력해야 할 부분 등의 역할 분담을 통하여 교육에 대한 공동 책임체제의 확립이 보다 더 필요하게 된다. 따라서 IEP는 학교와 가정간의 연대·협력을 확립하는데 있어 매우 중요한 중개역할을 할 수 있다.

둘째, 개개 학생의 능력과 적성에 따른 교육이 구체적으로 전개되기 위해서는 교육과정을 탄력적으로 운영할 필요가 있다. 즉, 개별 학생의 특성에 따른 교육을 보장하기 위해서는 학습내용이나 지도목표 등이 개별 학생에 따라 특별히 설계된 IEP가 필연적으로 요구된다. 이 IEP를 수립하기 위해서는 학생의 바른 이해를 위한 평가, 지도과정의 평가, 목표 달성과정의 평가에 대한 적절한 평가활동이 필요하다. 계획을 뒷받침하는 다양한 평가활동이 없다면 지도의 적절성이나 연속성 그리고 적시성도 유지할 수 없기 때문이다. 이러한 것을 문서화하여 지도의 일관성과 적절성을 확보하는 수단으로서 IEP의 역할은 매우 중요하다. 특히, 각기 다른 발달단계나 장애 특성을 나타내는 장애학생의 교육에서 개별 학생에 대하여 적절한 교육을 효과적으로 수행한다는 차원에서도 이 개별 학생의 능력과 특성에 따른 특별한 지도계획을 보장할 의무가 있다.

이처럼 학교와 가정의 연대·협력 강화 및 양자 간의 의사소통이나 의견조정 그리고 장애학생에게 적절한 교육을 보장한다는 점을 감안한다면 IEP의 목적은 다음의 두 가지로 집약할 수 있다.

- 개개 학생의 능력과 특성에 따른 적절한 교육 보장
- 학교와 가정의 의사소통이나 연대 및 협력 지원

4. 개별화교육계획의 기능

IEP의 기능에 대해 여러 학자들이 주장하고 있는 내용을 요약해 보면 다음과 같다.

첫째, IEP는 부모, 교사 및 행정가가 특정 학생에게 어떤 교육적 서비스와 관련 서비스가 시행되고 있는지를 파악할 수 있게 하는 '관리도구(management tool)'로서 기능을 한다(Hayes & Higgins, 1978; Morgan, 1981). 특히, IEP는 정부가 학생에 대한 적절한 교육이 학교에서 실제로 이루어지고 있는지를 점검하기 위해서도 사용할 수 있다(Morgan, 1981).

둘째, 서비스 제공의 효율성 및 자원의 효과적인 사용을 평가하는데 도움을 줄 수 있는 '점검 도구(monitoring tool)'로서의 기능을 한다(Butt & Scott, 1994). 이 두 가지 목적은 기본적으로 교육 프로그램을 보다 책임 있게 시행하도록 하는 IEP의 행정적 기능을 언급하고 있다.

셋째, IEP는 계획된 목표와 학생의 진보가 어느 정도 일치하고 있는가를 확인하기 위한 '평가 도구'로서의 기능을 한다(Morgan, 1981).

넷째, IEP 팀 협의회는 부모와 학교 직원들 간에 '의사소통의 수단'으로서의 기능을 하며, 의사결정을 할 때 이들에게 동등한 참여기회를 부여한다. 이 두 가지 목적은 IEP의 교수적 기능을 언급하는 것으로서 교수의 개별성, 개별 학생에 대한 진보정도의 점검 그리고 프로그램의 효과를 강조하고 있다(Morgan, 1981).

Morrisey와 Safer(1977)는 사람들은 각자의 역할에 따라 IEP의 목적에 대해 다양한 의견을 가질 수 있다고 한다. 예컨대, 학급을 담당하는 교사는 교수적 기능에 대해 더 많은 관심을 기울일 것이며, 학교 경영자들은 행정적 측면에 더 많은 관심을 가질 것이다. 그러나 Morgan(1981)은 IEP의 행정적, 교수적 기능 모두가 특수교육에서 중요하다고 지적하고 있다.

Polloway와 Patton(1993)은 IEP가 다양한 목적을 만족시킬지라도 다음 세 가지 목적이 가장 지배적이라고 지적하고 있다.

첫째, IEP는 교수의 방향을 제시해 준다.

둘째, IEP는 평가의 기초로서 기능을 한다. 이 때 연간목표는 학생의 진보와 교사의 유효성과 효율성을 판단하는 척도가 된다.

셋째, IEP는 팀 구성원간의 의사소통을 증진시킬 수 있다. IEP는 학교직원, 교사, 부모 그리고 교사와 학생간에 프로그램을 계획하고 수행하는 것을 도와준다(이유훈, 권주석, 김요한, 1999).

한편, Fiscus와 Mandell(1983)은 네 가지 관점에서 IEP의 유용성을 설명하고 있다. 학생의 관점에서 볼 때, IEP는 개별적이며, 논리적이고 공평하다는 것이다. IEP는 그 학생의 요구를 인정하고, 이러한 요구를 어떻게 만족시킬 것인가를 승인하는 것이다. 부모들의 관점에서 볼 때, IEP는 계획수립에 있어 부모들의 발언권을 보장하며, 일시적인 서비스와 부모에 대한 비용부담의 보호장치로서 기능을 한다. 교사들의 관점에서 볼 때 IEP는 이용 가능한 자료를 제공하여 주며, 지원 인력과의 연계를 제공한다. IEP는 또한 매일 매일의 수업계획에 대한 기초가 된다. 사회의 관점에서 볼 때 IEP는 법을 이행하는 것이 되며, 자원의 적절하고 효과적인 사용을 보장할 수 있다.

그러나 이러한 IEP의 다양한 기능에도 불구하고 일부 연구에서는 IEP가 교수의 지침으로 활용되기보다는 명령에 대한 추종에 불과하며, 작성되었다 하더라도 교수계획으로 사용되지 않는다는 부정적인 시각도 제기되고 있다(Dudley-Marling, 1985; Smith & Simpson, 1989).

하지만 Turnbull, Strickland 그리고 Brantley(1978)는 IEP를 작성하고 수행하는 일이 부담스럽거나 무의미한 일이기보다는 개개 학생의 적절한 교육을 보장하기 위한 촉매제로서 역할하기 때문에 매우 중요하다고 주장한다. 그리고 교사들은 IEP를 서류작업으로 여기는 고정된 관념에서 벗어나 IEP를 교육적 요구를 충족시키기 위해 특별히 설계된 프로그램이라는 인식을 가질 필요가 있다고 주장한다.

5. 개별화교육계획 작성의 실제

IEP는 아동 교육에 관한 종합 정보지로서 개별화된 교육계획을 체계적으로 문서화한 것이다. IEP는 아동을 담당하는 교사가 가장 많은 관여를 하지만 바람직하고 실행 가능한 교육과정을 수립하기 위해서 교육 기관장과 보조서비스 전문가, 부모 및 해당아동의 의견이 모두 반영되어야 한다. 때때로 이러한 IEP가 보여주기 위한 문서로 끝나고 마는 경우도 있는데, IEP는 시행을 전제로 할 때 가치가 있는 것이며, 독단적이거나 획일적인 것이 되어서는 안 된다.

1) 개별화교육계획 작성을 위한 준비

IEP는 아동의 수준을 파악한 후 무엇을 가르치고 어느 수준에서 가르쳐야 할지 혹은 필요한 보조서비스를 구체적으로 문서화하는 과정이라고 볼 수 있다. 미국의 경우는 이러한 과정에서 IEP 팀 협의회를 갖는다. 해당 아동의 효과적인 교육계획 작성을 위해 담당교사, 사정전문가, 관련 보조서비스 제공자(물리치료사, 전문의, 상담 전문가, 치료 레크리에이션 전문가 등), 운영자, 부모 등의 구성원이 사전 검사자료를 근거로 철저한 계획을 세우고 확인하는 과정을 거친다. 그러나 우리 나라 상황에서는 미국과 같은 IEP 팀 협의회를 모든 학생에게 적용한다는 것이 어렵다. 우선 보조서비스에 대한 자원이 없는 실정이며, 전문가들을 소집할 수 있는 법률적 근거도 없다. 더욱 중요한 것은 담당교사들이 IEP 팀 협의회에 대한 개념이나 중요성을 인식하지 못하고 있다는 점이다.

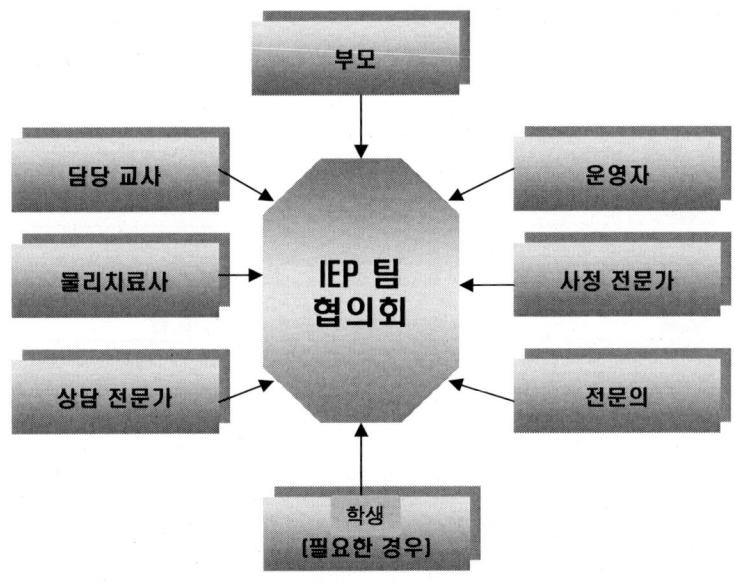

그림 3-1. 개별화교육계획서 작성을 위한 준비 모임

2) 개별화교육계획의 개발 절차

IEP는 특수교육에 있어 중요한 부분인 만큼 장애아동과 관련이 있는 많은 사람들에 의해 신중히 판단·실행되어야 한다. 따라서 IEP는 아동에게 특수교육이 필요한지의 여부에서 실행까지 몇 단계가 필요하며(이한우, 2000), 그 절차는 다음의 그림 3-2와 같다.

(1) 의뢰

의뢰의 단계는 아동의 특수교육 여부를 확인하고자 하는 첫 번째 단계이고 일반학급 교사나 부모 혹은 그 이외의 사람들에 의해 이루어질 수 있으며 주로 아동과 많은 시간을 갖는 부모 또는 교사에 의해 이루어지는 경우가 많다.

(2) 관찰 및 부모면담

교사에게 의뢰된 아동에 대한 의뢰결정의 자료 수집 및 평가를 통해서 교사는 대상아동의 문제 유형과 정도에 따라 여러 자료를 관찰한 뒤 아동의 학업성취도, 표준화된 검사결과와 부모면담을 통해 특수교육 및 관련 서비스 제공 여부를 판단한다.

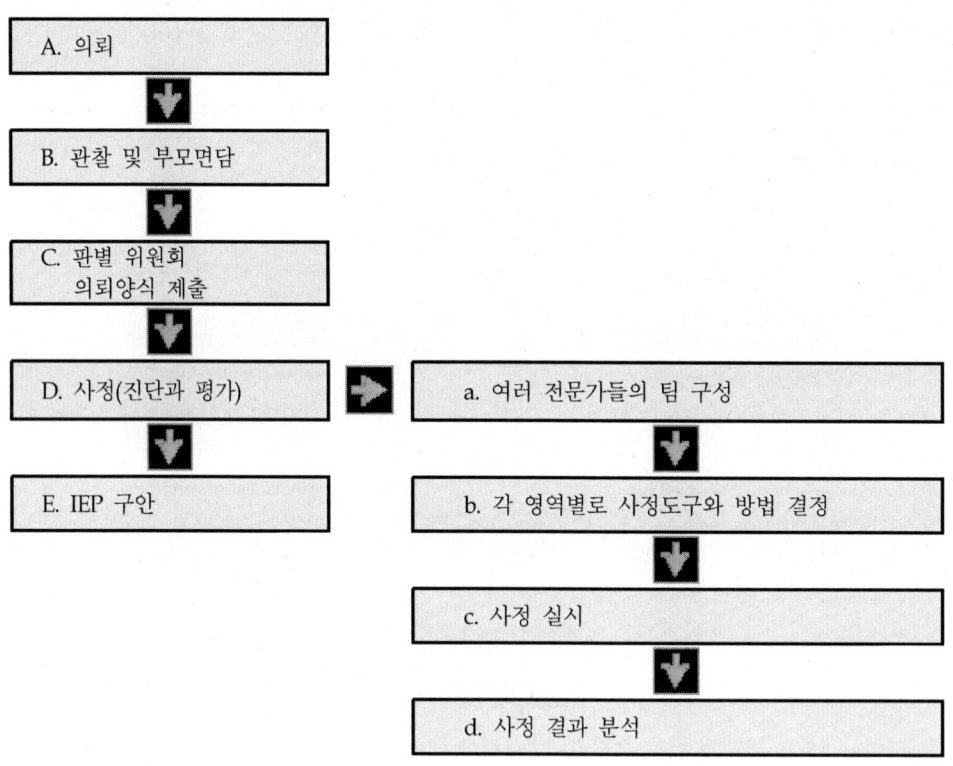

그림 3-2. IEP의 개발 절차

(3) 판별위원회 의뢰양식 제출

위 아동의 관찰 및 부모면담의 결과를 통해서 특수교육이 필요하다고 판단이 되는 경우 의뢰양식을 작성하여 특수교육 대상자의 판별위원회에 제출하도록 하며, 이 때 의뢰양식은 되도록 자세히 작성하고 대상아동 및 의뢰교사의 인적사항과 건강 및 발달사항과 함께 의뢰사유를 기입한다.

(4) 진단 및 평가

특수교육대상자의 진단은 아동을 단지 장애아동이냐 아니냐를 구분하는 것이 아니라 장애를 가진 아동이라 할지라도 그 개인이 갖고 있는 교육적 강점과 약점, 교육적인 욕구를 파악하여 그의 욕구와 필요에 맞는 교육계획을 수립하는 기초가 된다는 점에서 중요하다. 평가자는 교사와 부모뿐 아니라 여러 전문가들로 이루어진 팀으로 하는 것이 바람직하다.

(5) IEP 구안

위의 단계를 거쳐 아동에게 특수교육이 필요하다고 판단되면 팀 구성원들이 평가자료를 분석하여 아동의 강점과 약점을 기초자료로 IEP를 구안한다. 즉, IEP는 한 아동의 교육목적을 효과적으로 달성하기 위해 많은 사람들이 추진하는 공동의 협력작업이라고 할 수 있다.

위의 단계를 거쳐 IEP를 제공 받아야 할 아동이 선별되면 IEP는 신학년이 시작되기 전까지 구성되어야 하며, 신학년이 시작된 이후에 특수교육을 의뢰한 아동은 30일 이내 특수교육 및 관련 교육활동의 필요 유무를 결정해야 한다. 또한 이미 특수교육을 받고 있는 아동은 매 학년초까지 재구성하여야 한다. 이러한 이유로 IEP는 일반적으로 매 학년 방학 혹은 신학기 직후에 작성된다. IEP는 1년에 적어도 1회 이상의 수정을 위한 검토가 이루어져야 한다.

3) IEP의 구성요소와 세부 작성법

아동들의 수준과 능력이 다양하듯 신체활동 지도를 효과적으로 진행하기 위한 계획도 매우 다양하다. 교사는 교육목적을 가장 효율적으로 수행할 수 있는 IEP 양식을 선택하고, 그것을 바탕으로 교육을 진행할 수가 있다. 우리 나라의 경우 IEP에 포함되는 기본 구성항목에 대해 공식적으로 제시한 바는 없지만, 미국의 경우 장애아동교육법(Individuals with Disabilities Education Act, IDEA)을 통해 명확히 제시하고 있으며, 반드시 계획서에 포함시키고 그 내용을 부모에게 확인 받도록 규정하고 있다. 개별화교육계획서에 포함되는 기본 구성항목은 다음과 같다.

- 아동, 부모 및 교사의 인적사항(장애유형 및 판정등급 포함)
- 아동의 현재 수행능력 수준
- 측정이 가능한 구체적인 연간목표와 단기목표
- 제공 가능한 관련 보조서비스(담당자 인적사항 포함)
- 개별화 교육의 기간과 예상되는 보조서비스의 시작 일자, 기간, 빈도
- 장기(연간)목표를 수행하는 과정에서 향상 결과의 측정방법(타당도와 신뢰도가 인증된 검사도구)

- 부모에 대한 정기적인 통지 방법
- 14세 이후 전환교육 및 활동
- 부모의 승인

IEP의 기본적 구성요소에는 단순히 제시하기만 하면 되는 항목들도 있지만 현재 수행 능력 수준과 연간 및 단기목표 설정, 보조서비스 제공과 같은 내용은 작성방법에 몇 가지 유의할 점이 있다.

(1) 아동의 현재 수행능력 수준 제시

이 부분에서 요구하는 것은 바로 진단 결과에 대한 자료이다. 아동에게 실질적인 교육을 제공하기 위해 신체적, 정의적, 인지적 영역의 진단 결과를 IEP에 제시하고 이를 기초선으로 설정하여 목표를 세우며 구체적인 프로그램을 선정하게 된다. 진단은 '측정 가능'하고 '관찰 가능'한 형식으로 제시된 것이어야 한다. 예를 들어, 신체적 영역에서 체력의 현재 수준을 제시할 때 단순히 '근력 및 근지구력이 매우 약함'이라고 제시되는 자료는 큰 의미를 갖기 어려우며 다음과 같은 형태로 표현하여야 한다.

아래의 예는 아동의 현재 수행능력 중 단편적인 것으로, 가능한 많은 영역의 진단 자료가 제시되는 것이 바람직하다. 더불어 통합교육이 이루어지는 일반학교에서는 해당 아동의 장애로 인해 정규 교과과정 참여에 영향을 미칠 수 있는 부분을 이 과정에서 반드시 명시해야 한다.

영역: 근력 및 근지구력   검사도구: BPFT   아동명: 김철수

검사 종목	측정 단위	측정 점수	변형 준거 점수	최소 한도 수준	적정 권장 수준
앉아 팔 버티기	초	2	5		
응용 윗몸일으키기	회수	6	11	18	36

근력 및 근지구력을 검사하는 앉아 팔 버티기는 최소 건강 기준 5초에 대하여 2초를 기록하여 상지 근력의 수준이 낮게 나타났으며, 복부 근력을 검사하는 응용 윗몸 일으키기에서도 최소 기준 11회의 50% 정도 수준인 6회 시행으로 근력 및 근지구력 수준이 매우 떨어지는 것을 알 수 있다.

그림 3-3. 현재 수행수준 작성 예

(2) 장기(연간)목표와 단기목표 제시

IEP의 목표설정은 사전 측정자료를 바탕으로 해당 아동에게 무엇을 어느 정도까지 가

르쳐야 하는가를 선정하는 단계이다. 여기서 교사는 구체적으로 '무엇'에 해당하는 과제를 선정하게 되며, 현명한 교사라면 해당 아동에게 절실히 요구되는 체력이나 운동기술과 관련된 과제를 선택하게 될 것이다. 또 다른 관점에서는 가장 부족한 부분을 목표로 선정하는 교사도 있을 수 있다. 중요한 것은 교사가 신체활동 지도에 대한 철학을 가지고 신뢰할 수 있는 자료를 근거로 하여 해당 아동에 대한 교육목표를 선정하는 과정을 거쳐야 한다는 것이다.

교육목표를 선정한다는 것은 앞으로 아동에게 시행하는 프로그램의 주요 방향을 설정한다는 것이지 반드시 그것에만 관련된 활동을 한다는 활동의 제한성을 나타내는 것이 아니다. 자칫 이러한 목표선정이 아동을 지루한 반복에 빠뜨리거나 기계적인 효과 검증의 대상이 되도록 하는 것은 아닌가라는 우려를 하는 이들도 있지만 이러한 걱정은 개별화 교육의 의미를 지나치게 경직된 개념으로 해석할 때 발생한다. 장애아동의 신체활동은 다양한 움직임을 경험함으로써 즐거움을 느끼고 전반적 발달을 경험하는 것이 궁극적인 목표임을 잊어서는 안 된다. 그러한 가운데 신체활동의 지도가 일반적인 놀이방 활동이나 감각적 유희 형태에 머무르는 것을 미연에 방지하기 위해서는 아동의 특성과 수준에 따른 구체적인 교육의 방향을 선정하는 것이 필요하다. 현재 수행능력 제시 단계에서도 그러했듯이 목표선정에도 구체적인 내용이 제시되어야 한다.

처음 자원봉사에 참여하는 교사의 IEP를 확인하는 과정에서 목표를 "○○는 야구 기술을 능숙하게 발휘하여 즐겁게 게임에 참여할 수 있다."라고 작성한 문구를 보았던 적이 있다. 어쩌면 흔히 볼 수 있는 지도목표일 수도 있지만 몇 가지 문제점을 지적하지 않을 수 없다. '야구 기술'이라면 그 수많은 야구 기술들 중 어떤 것을 의미하는 것일까? 또한 '능숙하게'는 어느 정도 수행하는 것이 능숙하게 수행했다고 할 수 있는 것일까? 개별화교육계획서에서 이런 애매한 문구는 단순히 작성했다는 것에 의의가 있을 뿐이지 실제 아동을 교육하는 과정에서 도움이 되지 않는다. 따라서 장기목표나 단기목표는 구체적이어야 한다. 위의 예에서 볼 수 있듯이, 목표를 선정할 때는 측정 가능하고 관찰 가능한 목표를 선정하는 것이 목표를 기술하는 첫 번째 원칙이다. 더불어 무엇을 지도할 것인가에 '무엇'에 해당하는 '동작'을 구체적으로 명시해야 한다.

교사가 충분한 자료를 토대로 목표를 선정했는가의 문제는 '합리적'이고 '실행 가능'한 목표선정과 밀접한 관련이 있다. 지나치게 높은 목표를 선정하거나 반대로 낮은 목표를 선정하는 것은 아동을 지치게 하거나 나태하게 하는 원인이 된다.

장기목표와 단기목표는 서로 밀접한 연관성을 갖도록 작성해야 한다. 서로의 목표는 별개의 내용을 정하는 것이 아니며 장기목표를 달성하기 위한 과정의 단계적인 목표들이 단기목표가 된다. 즉, 현재 수준에서 장기목표에 이르는 세부적인 중간 목표들이 단기목표로 선정되어야 일관성 있는 프로그램이 유지될 수 있다.

다음에 제시되는 표 3-1은 △교사가 선정한 장·단기 목표의 예로 심폐지구력과 관련되어 있다.

표 3-1. 장·단기목표의 예

목표	기술
장기목표	철수는 다른 사람의 보조 없이 트랙을 벗어나지 않고 달리기를 지속하여 5분 30초 내에 1.6km를 완주할 수 있다.
단기목표 ①	철수는 지도교사의 보조를 받아 달리기 또는 걷기를 지속하여 400m 트랙을 벗어나지 않고 1분 30초 내에 한 바퀴를 완주할 수 있다.
단기목표 ②	철수는 다른 사람의 보조 없이 달리기 또는 걷기를 지속하여 400m 트랙을 벗어나지 않고 3분 내에 800m를 완주할 수 있다.
단기목표 ③	철수는 다른 사람의 보조 없이 트랙을 벗어나지 않고 달리기를 지속하여 6분 내에 1.5km를 완주할 수 있다.

철수는 중등도(中等度) 정신지체 남학생이며 BPFT 건강체력 검사(Brockport physical fitness test)를 통해 심폐능력 측정 결과가 건강 기준치에 매우 뒤쳐지는 것으로 나타났다. 따라서 △△교사는 건강체력 영역에서 철수가 스스로 트랙을 벗어나지 않고 달리기를 지속하는 것과 달리기 시간에 초점을 두고 장기목표를 선정하였으며, 장기목표를 달성하기 위한 과정의 단계를 단기목표로 선정하였다. 이 외에도 △△교사는 운동체력 영역에서는 평형성에 대하여 장·단기 목표를 세우고 운동기술 영역에서는 던지기 기술에 대한 목표들을 따로 선정하였다. 마지막으로 장·단기목표를 기술할 때에는 동작, 상황, 기준을 반드시 고려하여야 한다(그림 3-4).

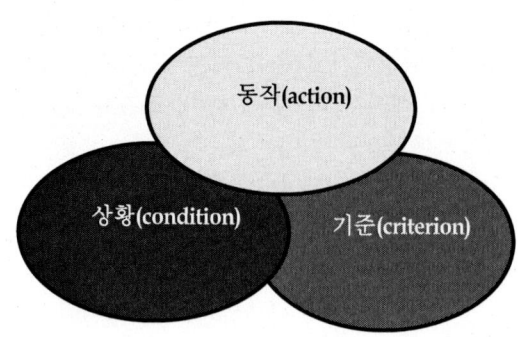

그림 3-4. 장·단기목표 기술의 필수 요소

상황(condition)은 과업을 수행할 때 사용하는 기구, 도구, 시설, 참관인 등의 주변 조건 등을 의미한다. 일반적으로 상황은 언제, 어디서, 무엇을, 누가, 왜, 어떻게 라는 6하 원칙을 적용하여 서술한다.

기준(criterion)은 동작 수행의 질이 어떤 정도에 속하는가를 가늠하는 표준점을 의미한다. 이러한 조건은 객관성 있게 서술하여야 하며, 능력이 향상될 때에는 그 능력 향상의 정도가 확인될 수 있도록 표현해야 한다.

동작(action)은 대상자가 수행하는 신체적인 움직임을 뜻하며 객관적으로 측정·관찰이 가능한 것을 의미한다. 개별화교육계획서에 나타나는 동작들은 일반적으로 각각 다른 유형이지만 전체 동작들을 순차적으로 나열할 때 한 가지 과업이 형성된다는 특징이 있다. 개별화교육계획서를 작성할 때의 상황, 기준 및 동작을 표현하는 방법은 다음과 같다(표 3-2 참조).

표 3-2. IEP 작성 시 표현 방법

상황에 관한 표현 방법	기준을 표현하는 방법	동작에 관한 표현 방법
• 주어진 상황에서...	• 자세를 유지하며...	• 이야기한다.
• 시작이라는 말에 의해...	• 5회 가운데 3회를 ...	• 구른다.
• 1:1 학습법을 사용하여...	• 실패하지 않고....	• 본다.
• 신체적인 접촉을 피하면서....	• 시간적인 제한없이...	• 지적한다.
• 눈맞춤이 없을 경우....	• 50%가 ...	• 비교한다.
• 선택할 수 있도록....	• 10월까지 5%를 ...	• 명령한다.
• 교사의 도움없이...	• 5초 동안 60명이 ...	• 수행한다
• 잘 튀기는 고무공으로....	• 1분 동안 60회 이상...	• 튀긴다.

IEP 작성 시에는 아동의 현재 상태나 장애등급 등을 기술하기보다는 능력 측면을 고려하여 기술하여야 한다.

(3) 관련 보조서비스 제시

보조 서비스 분야에 대한 개념과 시행을 제시한다는 것이 현재 우리의 상황에서 얼마나 현실성이 있는지는 확신할 수 없지만 체계적인 신체활동 교육환경을 마련하기 위해서는 반드시 필요한 부분이다. 교사는 아동의 IEP를 작성하면서 자신이 갖고 있는 지식 이외의 분야에서 아동에게 적용할 수 있는 활동의 필요성을 느낄 수가 있다. 예를 들면, 지체장애 아동을 지도하는 과정에 외과의사의 전문적인 진단이나 물리치료가 필요한 경우나 정서장애 아동을 위한 무용치료 등은 전문가의 경험과 지식이 요구되는 것이다. 지금까지 우리는 이러한 보조서비스에 대하여 관심을 갖지 못했거나 서로 별개의 분야로 생각하며 협력이나 지원의 여지를 생각해보지 못했다. 하지만 아동의 교육목표를 이루는 데 효과적이라면 이러한 보조서비스들을 IEP에 기술하고 IEP 팀 협의회를 통하여 실제 적용할 수 있는 방안을 마련해야 한다. 관련 보조서비스를 기술할 때에는 서비스가 필요한 기간 및 일자, 담당 전문가, 전문가의 연락처 등이 세부적으로 제시되어야 한다. 미국의 경우에는 법률적으로 보조서비스의 제공을 의무화하고 있지만, 현재 우리 나라에서는 전문가들의 자발적인 협조를 얻어내야 한다는 어려움이 있다.

표 3-3. IEP의 보조서비스 항목 기술 방식 예

항목	시행일자	시간	담당 전문가	연락처
보조서비스 (1) 정형외과 의사	2001년 3월 10일	10:00~11:00	김○○ (우정외과)	011-907-0000
보조서비스 (2) 물리치료사	2001년 5월 1일 2001년 6월 1일	10:00~11:00	김○○ (금호대 병원)	019-907-0000
보조서비스 (3) 치료레크리에이션 전문가	2001년 5월 18일	11:00~12:00	임○○ (치료레크리에이션협회)	018-907-0000

(4) 전환에 대한 계획과 준비

1997년 개정된 IDEA에서 특별히 강조된 개별화 교육내용은 전환(transition)과 부모의 참여에 관한 것이다. 결국 장애아동의 사회통합이라는 목적을 달성하기 위한 구체적인 시행 방법으로 미국 정부는 14세 이상의 장애아동 IEP 내에 전환과 관련된 내용을 포함하도록 규정하고 있다. 전환은 학령기에 있는 장애아동이 상급 교육기관으로 이동하거나 교육기관에서의 교육과정이 끝날 경우 사회기관이나 취업 등의 차후 진로로의 이동을 의미한다. 따라서 신체활동 지도와 관련된 IEP에서도 이와 관련된 내용을 제시하여야 한다. 우리의 상황과는 다르지만 전환의 개념과 이것이 어떻게 IEP 안에 기술될 수 있는지를 고민할 필요가 있다. 예를 들어, 17세 경도정신지체 학생인 영수의 IEP에 졸업 후 예정된 포장회사로의 효과적인 전환을 위해 이와 관련된 소근운동 프로그램을 지속적으로 계획하고 시행하는 것은 영수의 사회통합을 보다 더 용이하게 할 수 있는 신체활동 교육방법이 되는 것이다.

(5) 부모의 승인 및 시행결과 제공 방법 제시

미국에서는 과거부터 개별화교육계획의 시행을 위해서는 최종적인 부모의 승인이 있어야 가능했다. 더불어 최근 개정된 법률에서는 IEP 내에 계획을 시행하는 도중과 끝에 필요한 결과를 부모에게 통보할 수 있도록 시기와 방법을 명확히 제시하도록 규정하고 있다. 우리 나라에서는 IEP를 체계적으로 작성하거나 IEP 팀 협의회를 구성하는 기관이 많지 않은 이유로 부모의 공식적인 참여나 승인에 대한 것이 아동을 지도하는 데 중요한 관건이 되고 있지 않다. 우리 상황에서 일일이 지도 내용을 부모에게 승인 받는다는 것은 좀처럼 쉽지가 않다. 하지만 교육이 시작되면서 시행된 교육의 결과를 부모와 상의하거나 정보를 제공하는 것은 교사의 교육 효율성 측면에서도 매우 가치가 있다.

4) IEP의 예

복지관, 특수학교 그리고 장애아동 체육교실에서 사용하고 있는 개별화교육계획 양식을 소개하면 다음과 같다.

00복지관 개별화교육계획

이　　름: 공 철 수　　　　　　　　　교　　사: ○○○
생년월일: 1986년 3월 5일　　　　　작성일자: 2001년 3월 5일
장애유형: 정신지체 2급

- **수업에 관한 주의 사항**
  철수에게 특수체육 프로그램 참여를 권장한다. 철수의 경우 복근과 배근력을 강화시킬 필요가 있다. 의사소통은 능숙하지 않지만 의미의 교환이 가능하다.

- **연간 목표**
  1. 윗몸일으키기 등 기타 근력운동을 통해 근력을 향상시킨다.
  2. 간이 게임에 참여하여 친구들과 의사소통할 수 있는 사회성을 기를 수 있다.

- **현재 수행력 수준**
  1. 배근력기 측정 기록이 67kg이다.
  2. 머리 뒤에 손을 대고 윗몸일으키기를 1분 동안 6회 할 수 있다.
  3. 친구들과의 의사소통이 원활하지 못하다.

- **단기 목표**
  1. 철수의 근력이 향상되어 배근력기 측정 기록이 80kg의 결과를 나타낼 수 있다.
  2. 윗몸일으키기를 1분에 10회 할 수 있다.
  3. 간이 축구에 참여하여 친구들과 의사소통할 수 있는 사회성과 게임운영 능력을 기를 수 있다.

◆ **프로그램 1(윗몸일으키기)**
- 실행 1. 철수는 벽에 발을 대고 바로 누운 자세에서 상체와 무릎을 구부려 벽을 만진다(20초 동안 10회를 실시한다).
- 실행 2. 철수는 무릎을 굽히고 바로 누운 자세에서 윗몸을 일으켜 무릎을 손으로 만진다(10회 중 8회를 성공한다).
- 실행 3. 철수는 무릎과 팔을 펴고 누웠다가 팔과 무릎을 수직으로 들어 무릎 잡기를 연속으로 10회 실시한다(10회 중 9회를 성공한다).
- 실행 4. 철수는 팔과 무릎을 굽히고 누웠다가 윗몸일으키기를 시행하여 무릎과 머리를 댄다(10회를 실시하여 8회를 성공한다).

그림 3-5. 복지관 IEP의 예

미국 특수학교 IEP 기본 모형

Ⅰ. 이 름: 김구영   번 호: 32   학 급: 5-2   주소지-연락처: 000-000-0000
   주의점: CP/MR/눈-손 협응력

Ⅱ. 정규 수업 참여: 음악/무용/체육/바른 생활

Ⅲ. 특수교육과 관련 과목

프로그램	빈도	시작일시	끝
1. 보이스카웃	3시간/1주	02. 3. 2	진행중
2. 수영 클럽	2시간/1일	02. 2. 25	진행중

관련 과목			
1. 언어치료	3시간/1일	02. 2. 25	진행중
2. 직업치료	3시간/1일	02. 2. 25	〃
3. 물리치료	3시간/1주	02. 2. 16	〃
4. 청각치료	3시간/1주	02. 8. 5	〃
5. 특수체육	2시간/1일	02. 2. 25	〃
6. 교통지도	3시간/1주	02. 2. 10	〃

Ⅳ. IEP 팀 협의회의 구성원
   1. 부모   ㊞   2. 담임   ㊞
   3. 특수체육 교사   ㊞   4. 물리치료사   ㊞

Ⅴ. 다음 계획(주의 사항)
   특수체육 교사와 담임의 협조 아래 가정에서 필요한 여가 프로그램 작성

Ⅵ. 대화 방법/도구/준비물/장소
   정상적인 대화와 간단한 수화 병행/발판/테니스 공/체육관

Ⅶ. 분 야: 특수체육

* 세부 과목: 공 던지기(심동적 측면)

* 연간 목표: 구영은 테니스 공을 15m 던진다. 구영은 던질 때 양쪽 다리를 적절하게 사용하며, 5m 전방의 1m×1m 목표물을 10회 중 8회 맞힐 수 있다.

* 현재 능력: 구영은 두 다리를 고정하고 오른손으로 테니스 공을 밀듯이 던지며(5회 중 2회 성공), 팔목, 다리, 허리를 사용하지 못한다.

* 단기 목표: 구영은 두 다리를 적절히 사용하고, 허리, 어깨, 손목으로 힘을 전달하며, 던지기를 10회 실시하여 8회 성공할 수 있다.

1. 교수법 ① 발판을 사용하여 다리 자세를 교정한다.
   ② 오른손으로 가장 멀리 던지도록 지시한다(4/5회).

2. 교수법 ① 왼발을 앞으로 디디면서 오른손으로 테니스공을 던진다.

3. 교수법 ① 팔과 다리의 움직임을 수정하기 위해 시범과 언어 지시를 사용한다. 모형 발판을 이용하여 10회 반복한다.

4. 교수법 ① 왼쪽 다리 움직임과 오른손 던지기가 동시에 일어나도록 한다(8/10회 성공).

5. 교수법 ① 오른팔로 던질 때 어깨가 몸통 가까이 회전하도록 교정한다(8/10회 성공).
   ② 오른팔로 던질 때 어깨와 허리가 동시에 회전하도록 교정한다(시범과 언어 지시 사용, 8/10회 성공)

6. 교수법 ① 왼쪽 다리와 오른 팔 그리고 허리의 회전이 동시에 나타나는 던지기를 실시한다(8/10회 성공).
   ② 팔꿈치의 회전에 이어 손목을 사용하도록 지시한다(8/10회 성공).

7. 교수법 ① 던지기에 사용되는 관절의 회전이 이루어진다(8/10회 성공).

Ⅷ. 측정 평가: OSU-Sigma 사용

Ⅸ. 시행 일자: 2002. 3. 9

시행 확인 :   ㊞

그림 3-6. 미국 특수학교 IEP의 예

다음의 예는 S대학교 장애아동 체육교실에서 사용하고 있는 IEP의 예로 기본 IEP(그림 3-7 참조)와 지도 할 때마다 기록되는 개인 지도일지(그림 3-8 참조)로 구성되어 있다.

아동명	생년월일	장애유형	담임교사
김자유	93년 3월 18일	자폐성 장애	김 꾸 준 (880-7790)
부모성명	형제관계	아동 연락처	기타 교육활동
부: 김 ○○ 모: 한 ○○	2녀 중 차녀	537-0000	유치원
아동 특성에 대한 부모 소견	colspan으로 병합		1. 의사소통 능력이 부족함 2. 공격적 성향이 강하며, 고집이 셈 3. 움직임에 대해 흥미가 없으며, 시계추 보는 것을 좋아함 4. 다른 친구들에 대한 관심이 전혀 없음

아동 특성에 대한 부모 소견	1. 의사소통 능력이 부족함 2. 공격적 성향이 강하며, 고집이 셈 3. 움직임에 대해 흥미가 없으며, 시계추 보는 것을 좋아함 4. 다른 친구들에 대한 관심이 전혀 없음		
아동 움직임 특성에 대한 교사 소견	1. 자의적인 움직임 욕구가 희박하며, 심리 상태에 따라 움직임이 달라짐 2. 기분이 좋을 경우 아래 위로 뛰는 형태의 움직임이 보임 3. 손가락을 튀기는 행동이 잦음 4. 뛰거나 달리는 동작이 지속될 경우 주저앉아 버림 5. 새로운 동작을 실시할 때 근육 경직 상태가 빈번히 나타남 6. 매끄러운 동작의 연결이 어려움		
아동의 현재 운동 기능 수준 TGMD(Ulrich, 1985)로 사정	1. 이동 기능	① 달리기	일반적 달리기 기능 수준이나 무릎을 높이 들지 못하고 두 팔을 앞뒤로 흔들지 못함(60% 수행)
		② 겔롭	두 다리를 의도적으로 따로 움직이지 못함(10% 수행)
		③ 홉	한 다리로 버티지 못함(0%)
		④ 립	개별적인 다리 움직임에 대한 인지 능력이 없음(0%)
		⑤ 스킵	개별적인 다리 움직임에 대한 인지 능력이 없음(0%)
		⑥ 두 발 점프	팔과 다리의 협응이 되지 않으며 신체의 무게중심 이동이 없음(20% 수행)
		⑦ 슬라이드	개별적인 다리 움직임에 대한 인지 능력이 없음(0%)
	2. 조작 기능	① 치기	배트를 의도적으로 움직이지 못하고 공을 맞추지 못함(10% 수행)
		② 튀기기	튀기는 느낌에 대한 감각이 없음(0%)
		③ 받기	공을 잡으려는 의도가 없으며 피함(0%)
		④ 차기	협응이 전혀 안 되며, 공을 발로 맞추는 수준(20% 수행)
		⑤ 던지기	공을 잡기는 하나 몸 앞에서 손으로 공을 미는 수준(20% 수행)

연간 목표 (2000. 3월 ~ 2001. 2월)	1. 움직임에 대한 지각 능력을 학습하여 신체 각 부분에 대한 인지능력을 높인다. 2. 이동기능을 향상시켜 동작의 세부 움직임을 발달시킨다. 3. 조작기술 중 공 던지기와 받기 기능을 향상시켜 캐치볼이 가능하도록 한다.
단기 목표	시행 1개월 차(2000년 3월 15일~4월 15일) 1. 손, 발, 무릎, 어깨를 지적하면 해당 부위의 미세한 움직임을 시행할 수 있다. 2. 10m 가량 선을 벗어나지 않고 선따라 걷기를 할 수 있다. 3. 50m를 20초안에 도움받지 않고 달릴 수 있다. 4. 구르는 공을 받고, 다시 굴리는 활동을 10회 반복하여 5회 이상 성공시킬 수 있다.
부가 활동	1. 등산을 통한 이동 기능의 향상 2. 수중운동을 통한 환경 변화 극복 및 신체지각 능력 함양 3. 기본 언어 훈련	1. 매월 마지막 주 토요일 (담당: 여성큼 선생, 관악산) 2. 7월 3, 4주 주 2회 (담당: 노물개 선생, 정진수영장) 3. 그림문자를 통한 언어 향상 프로그램 (PECS)(담당: 한술술 선생, 2001년 3월~6월, 주 2회)
사정 및 평가	TGMD 이용 (2개월 당 1회)	이동기능, 조작기능의 평가 세부평가 내용은 TGMD 이용 ※ 비디오 촬영(다음 주) 촬영 후 촬영 내용 부모 통지
IEP에 대한 부모 소견	1. 만족스러움 2. 언어 능력과 신체 인지에 대한 프로그램을 중점적으로 시행 요망 3. 사회성을 발달시킬 수 있는 운동 내용은? 4. 행동 변화 시 즉시 연락 바람	
부모승인	상기 IEP에 대하여 승인함. 부: (인) 모: (인) 2000년 3월	

그림 3-7. S대학교 장애아동 체육교실 IEP의 예

SNU 장애아동 체육교실 지도일지(아동탐색 기간 6일차)

일 시	담당학생 성명 (생년월일)	장애유형	담임교사 성명	아동 연락처
2002년 6월 20일	김자유 93년 3월 18일	자폐성 장애	김꾸준 800-0000	500-6000
부모와의 협의 사항	☞ 집에서도 다른 사람을 때리거나 꼬집는 공격적인 행동에 대하여 강화 행동을 사용하여 주십시오. 예를 들어, 머리를 잡아뜯을 경우 손을 꼭 잡거나 두드리며, 안 된다는 표현을 반드시 해주세요. 그렇지만 너무 강하게 손을 때리거나 저지할 경우 더욱 반항적이 되니 그 부분만 주의해 주십시오.			
아동 특성	**신체적**	① 리듬운동 및 체조시간에 주저앉는 행동을 거의 보이지 않았다. 오히려 한 동작(뛰며 손을 흔드는 행동)은 스스로 반응하였다. 　→ 지난 시간에 비해 처음부터 자유스러운 분위기를 유도하려고 한 것이 자유에게 거부감을 줄인 것 같다. ② 템포트레이닝 시행에서 음악에 따라 누워서 이완하는 활동 분위기는 인지를 하는 것 같이 보였으나 빠른 템포에 다른 아이들과 같이 뛰어 다니지는 못했다. 분위기를 유도하기 위해 최소한 앉아 손바닥을 마주치며 리듬감을 주입시키는 데 주력했다. 이 후 2~3회는 일어서기까지는 했으나 바로 다시 누워 버렸다. ③ 평균대 걷기에도 진전을 보였으며 아직까지는 옆에서 나의 어깨를 잡고 걷지만 지난번에 비해서는 능숙해 졌다. ④ 옆구르기 동작을 시행하였으며, 구분 동작으로 반 바퀴씩 돌게 하다가 연속적으로 실시하게 하였지만 스스로 하지 못했다. ⑤ 트램폴린은 나와 손을 잡고 뛰며 리듬감을 익히기 시작했다. 어느 정도 리듬감을 가지고 있으며, 좀 더 높이 뛰려고 하면 주저앉았다.		
	정서적	① 지난번까지의 공격적인 행동이 많이 줄었다. 이것이 강화에 따른 결과인지는 아직 판단이 되지 않는다. 그러나 우는 행동도 줄었으며 나에 대한 인지 정도도 많이 향상되었다. 아직까지 타인에 대하여 공격적인 행동이 계속되고 있다. 특히 한 선생님이 손등을 조금 세게 때려 부적 강화를 주었는데 이에 대해 지속적으로 그 선생님을 계속 꼬집는 행동을 보였다. ② 자기 의사표시: 트램폴린을 하고 싶다는 표시(트램폴린으로 가려고 하며 이를 제지하면 제자리에 주저 앉음)		
	사회성	① 자의적으로는 인사를 하지 못하지만 시키면 고개를 숙이는 행동을 보임 ② 출석 체크에 대한 반응을 보이지 않아 이름을 부르면 손을 드는 행동을 가르침		
시행 프로그램 내용	① 리듬운동, 체조(자유스런 분위기를 유지했음) ② 평균대 걷기: 보조받고 발 엇갈리며 걷기 ③ 스트레칭: 비교적 짜증내지 않고 따라함 ④ 옆구르기: 구분 동작 지도 ⑤ 트램폴린: 리듬감 교육			
프로그램 평가 및 차시 계획	♠ 행동관리의 결과 인지는 모르겠지만 공격성과 교사에 대한 인지 향상을 보임 ♤ 행동관리 강화 지속　　　♤ 타인과의 의도적 상호관계 확대 ♤ 세부 동작에 대한 인식 유도　♤ 템포트레이닝의 감각 익히기			

그림 3-8. S대학교 장애아동 체육교실 일일 지도일지

6. 우리 나라의 시행 현황

1) 개별화 교육의 법적 근거

특수교육진흥법(2000) 제16조에 "각급 학교의 장은 특수교육 대상자의 능력 및 특성에 적합한 개별화 교수방법을 강구하여 특수교육 대상자로 하여금 그의 능력을 최대한 계발하도록 하여야 한다"고 규정하고 있으며, 이를 구체화하기 위하여 동법 시행령 제14조에 "각급 학교의 장은 법 제16조의 규정에 의한 개별화 교육의 효율적인 실시를 위하여 특수교육 대상자 개개인에 대한 교육방법이 포함된 개별화교육계획을 작성하여야 한다. 이 경우 당해 특수교육 대상자 또는 그의 보호자에게 의견진술의 기회를 주어야 한다"고 규정하고 있다. 또, 현 장애인 등에 대한 특수교육법(2007) 제22조에서는 각급 학교의 장은 특수교육대상자의 교육적 요구에 적합한 교육을 제공하기 위하여 보호자, 특수교육교원, 일반교육교원, 진로 및 직업교육 담당 교원, 특수교육 관련서비스 담당 인력 등으로 개별화교육지원팀을 구성하고, 개별화교육지원팀은 매 학기 마다 특수교육대상자에 대한 개별화교육계획을 작성하여야 한다고 규정하고 있다.

2) 개별화교육계획의 작성 시기

IEP는 각급 학교의 장이 매 학년이 시작되기 전까지 작성하여야 하고, 특수교육 대상자가 학기 중에 배치된 때에는 배치된 날로부터 30일 이내에 작성하여야 한다고 특수교육진흥법시행령 제14조 제2항에 규정하고 있다. 따라서 재학생의 경우 법적으로 적어도 매 학년이 시작되기 전인 2월말까지는 작성하여야 하고, 신입생의 경우는 3월말까지 그리고 학기 중에 배치된 학생은 배치된 날로부터 30일 이내에 작성하여야 한다.

그러나 재학생의 경우 3월 신학기를 맞아 학년과 반이 재편성되어 담임이 바뀔 경우 학생의 실태를 다시 평가해야 하는 번거로움 때문에 IEP의 작성 시기가 조정되어야 할 것으로 본다. 즉, 3월 한 달 동안 임시 공통 프로그램을 운영하면서 새 담임이 담당 학생의 실태를 파악하고, 거기에 기초하여 공통 교육과정의 적용이 곤란한 학생에 대해서는 수정 교육과정을, 그리고 공통 교육과정으로 학습이 불가능한 학생에 대해서는 대안적 교육과정을 편성함으로써 보다 학생의 능력과 적성에 적합한 교육을 제공할 수 있다.

3) 개별화교육계획의 구성요소

특수교육진흥법시행규칙 제9조에 개별화 교육 운영 등에 대해 상세히 규정하고 있는데, 그 내용은 각급 학교로 하여금 IEP의 효과적인 수립·시행을 위하여 당해 학교에 개별화교육 운영위원회를 설치·운영할 수 있도록 하고 있다. 또한, 동 위원회의 구성, 운영 그리고 IEP의 구성요소 등에 대해 규정하고 있다.

　동 규칙에 제시되어 있는 IEP 구성요소를 보면 대상학생의 인적 사항, 현재의 학습수행 수준, 장·단기 교육목표, 교육의 시작 및 종료시기, 교수의 방법 및 평가계획, 기타 개별화교육 운영위원회가 정하는 사항을 포함하도록 하고 있다.

　이러한 구성요소들은 주요 선진국들에서 제시하고 있는 내용과 유사하나 통합교육과 관련된 내용이 제시되어 있지 않고, 또 전환교육에 대한 내용도 언급되어 있지 않다. 그러나 최근의 특수교육 동향에서 지향하고 있는 통합교육을 보다 활성화하기 위해서는 학교의 실정에 따라 통합·교류교육에 대한 방안도 IEP에 제시되어야 하며, 장애학생의 전환교육에 대한 내용도 IEP에 반드시 포함되어야 한다.

4) 개별화교육계획 적용 시 문제점에 대한 선행연구 탐색

　장애학생에 대한 IEP의 작성과 운영은 이제 선택사항이 아닌 의무사항이 되고 있다. 그러나 이를 효율적으로 실천하기 위한 필요충분조건이 갖추어지지 못한 현실 때문에 우리는 고민하고 있고, 그 해결책을 다각적으로 모색하지 않을 수 없다.

　정대영(1995)은 우리의 학교현장에서 IEP를 작성·운영하는 데에 있어 현실적인 한계를 다음과 같이 지적하고 있다.

- 특수학교(급)의 학급당 학생수 과다
- 특수교육진흥법에 제시된 IEP에 대한 내용과 방법의 구체성 미흡
- 행정가, 학교경영자 및 교사들의 IEP에 대한 이해 부족
- IEP의 모형과 접근방법 등 제 구성요소에 대한 연구 부족

　박희찬(1995)도 우리 나라 특수학교의 IEP 적용 문제점으로 다음과 같은 9가지를 들고 있다.

- 학급당 학생 수 과다
- 교사의 업무량 과다
- 교수·학습자료 준비시간 과다
- IEP를 실제가 아닌 형식적 적용
- 적절한 개별 진단·평가 미흡
- 시행과정의 어려움 무시/IEP를 무리하게 작성하도록 요구하는 분위기
- IEP에 대한 개념과 이해정도 다양
- 행정가들의 IEP에 대한 지식 부족
- IEP에 대한 부모교육이 전무하고 부모의 협력 기대 어려움

이상에서 제기되고 있는 문제들 가운데 학급당 학생 수 과다 등과 같이 행정적으로 처리되어야 할 문제들도 있지만, 그 대부분은 학교 현장의 노력 여하에 따라 적절히 해결될 수 있는 문제라고 본다. 따라서 특수교육을 담당하고 있는 모든 관련자들은 이러한 현실적 문제를 해결하기 위해 다각적인 노력을 시도하여야 한다. 물론 그러한 문제들에 대한 해결은 전적으로 학교 현장에만 일임될 수는 없다. 교육부를 비롯하여 시·도교육청에서 장애학생의 적절한 교육을 보장하기 위한 제도적인 뒷받침과 아울러 IEP의 효율적인 시행을 위한 다양한 교수·학습자료들이 개발·제공되어야 할 것이다. 이제 IEP의 선택에 대한 여부의 문제가 아니라 효율적인 IEP의 작성과 운영을 위한 방법을 모색하고 실천할 시점에 와 있다.

5) 시사점

이상에서 살펴본 바와 같이, 우리 나라의 경우 단순히 IEP에 대한 법적 규정만 제시되어 있을 뿐 IEP를 어떻게 작성하고 운영할 것인가에 대한 구체적인 지침이 제시되어 있지 않기 때문에 학교 현장에서 상당한 어려움을 느끼고 있는 것으로 평가된다. 따라서 IEP에 대한 개념이 우선 분명하게 정립되어야 한다. 또한 학교 현장에서 보다 효율적으로 IEP를 작성·운영할 수 있도록 다른 외국처럼 IEP의 작성·운영에 대한 구체적인 지침이 제시되어야 할 것이다. 그리고 IEP의 보다 효율적인 작성과 운영을 위해 학급당 학생수의 감축을 비롯하여 다양한 교수 및 학습자료가 개발·제공되어야 한다.

☞ 생각해 봅시다 !!

1. 현재 우리 나라에서는 개별화교육계획의 시행 과정 중에 교사의 부담이 이슈화되고 있다. 교사의 부담을 해소시킬 수 있는 방안에 대해 토론해 봅시다.

참고문헌

박희찬(1995). 개별화 교육 프로그램의 일반모형. 제2회 국내 세미나. 개별화 교육 프로그램의 효율적인 수립과 실천방안. 안산: 국립특수교육원.

이소현, 박은혜(2000). 특수아동교육. 서울: 학지사.

이유훈, 권주석, 김요한(1999). 개별화 교육계획 작성·운영지침 개발 연구. 안산: 국립특수교육원.

이한우(2000). 개별화교육프로그램의 작성법. 제19회 정서장애아 및 학습장애아 교육연수 자료집. 220-238.

장애인 등에 대한 특수교육법. 법률 제8483호(2007. 05. 25).

정대영(1995). 개별화 교육의 이론과 배경. 제2회 국내 세미나. 개별화 교육 프로그램의 효율적인 수립과 실천방안. 안산: 국립특수교육원.

특수교육진흥법. 법률 제6217호(2000. 01. 28).

특수교육진흥법시행규칙. 교육부령 제720호(1998. 8. 8).

특수교육진흥법시행령. 대통령령 제15967호(1998. 12. 31).

Abeson, A., & Weintraub, F. (1977). Understanding the IEP. In S. Torres(Ed.). *A primer on IEPs for handicapped children*(pp. 3-8). Reston, VA: Foundation for Exceptional Children.

Butt, N., & Scott, E. M. (1994). Individual education programmes in secondary schools. *Support for Learning, 9*, 9-15.

Dudley-Marling, C. (1985). Perceptions of the usefulness of the IEP by teachers of learning disabled and emotionally disturbed children. *Psychology in the Schools, 22*, 65-67.

Fiscus, E. D., & Mandell, C. J. (1983). *Developing individualized education programs*. St. Paul, STATE: West Publishing Company.

Hayes, J., & Higgins, S. T. (1978). Issues regarding the IEP: Teachers on the front line. *Exceptional Children, 44*, 267-273.

Morgan, D. P. (1981). Guidelines for development and implementation of quality IEPs. *Education Unlimited, 3*, 12-17.

Morrisey, P. A., & Safer, N. (1977). The individualized education plan: Implications for special education. *Viewpoints, 53*, 31-38.

Smith. S. W., & Simpson, R. L. (1989). An analysis of individualized education programs(IEPs) for students with behavioral disorders. *Behavioral Disorders, 14*, 107-116.

Turnbull, A. P., Strickland, B. B., & Brantley, J. C. (1978). *Developing and implementing individualized education programs*. Columbus, Ohio: Charles E. Merrill.

Ulrich, D. A. (1985). *Test of gross motor development*. Auxin, TX: PRO-ED.

제 4 장

사 정

1. 사정의 정의와 유형
2. 검사방법과 검사도구
3. 사정의 실제

1. 사정의 정의와 유형

장애아동에게 신체활동을 계획하고 지도하며 평가하는 과정은 매우 유기적으로 이루어져야 한다. 즉, 새로 입학한 아동의 수준을 파악하는 진단으로부터 계획한 활동을 지도한 후 향상 정도를 평가하는 것에 이르기까지 매우 체계적인 과정을 포함한다. 따라서 각각의 지도교사는 그러한 단계를 알고 각 단계에서 필요로 하는 시행지침을 숙지해야 한다. 더불어 이러한 교육의 단계는 처음과 끝이 명확히 구분되는 일회성이기보다는 한 차례의 과정이 끝나면 다시 새로운 목표를 설정하고 이를 달성하기 위해 새로운 내용을 지도하는 절차가 반복되는 발달적인 순환과정임을 인식하는 것도 중요하다. 일반적인 순환운영 체계의 구성요소는 선별(screening)과 진단(diagnosis), 배치(placement), 개별화 교육계획(IEP) 작성 및 확정, 프로그램 시행(teaching), 평가(evaluation)이며, 이러한 기본 구조를 바탕으로 개별화 교육팀의 운영, 보조서비스 제공, 교육팀 협력체계 및 효율적인 지도 방안의 적용 등 부가적인 서비스가 제공되어야 한다. 사정은 이러한 순환과정에서 각 단계의 효과적인 구성과 다음 단계로의 이동을 결정하는 중요한 기준이 된다.

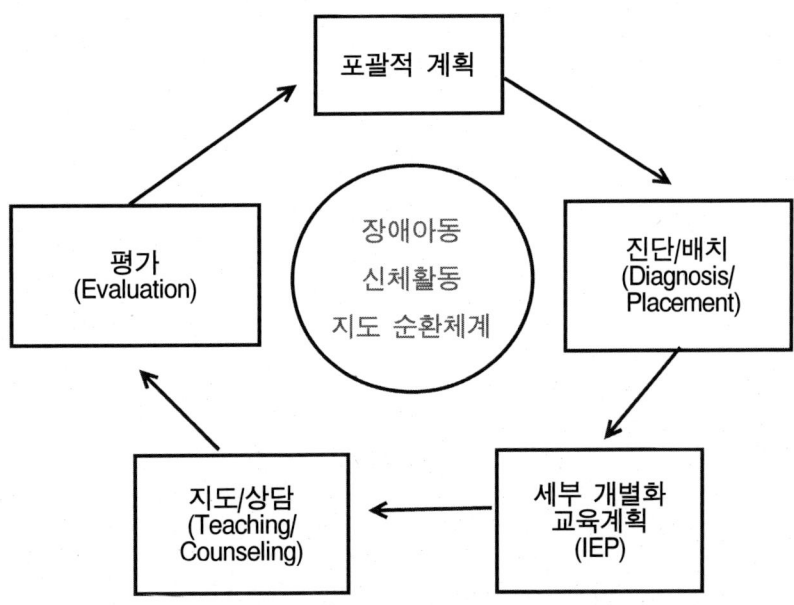

그림 4-1. 장애아동 신체활동 지도 순환체계

1) 사정의 정의

사정(assessment)에 대한 폭넓은 사전적 의미는 '측정을 통하여 대상의 수준을 파악하는 것'으로 장애아동에게 신체활동을 가르치는 분야에서는 선별이나 진단, 평가 등의 단계에서 시행되는 모든 자료의 수집과정과 이를 통해 의사결정을 하는 활동으로 해석할 수 있다.

Sax(1989)는 측정(measurement)이라는 용어와 사정(assessment)이라는 용어를 모두 공식이나 규칙에 명시된 바에 따라 사람, 물체, 사건의 특성이나 속성에 수치를 부여하는 과정으로 정의하고 있다. 반면에 특수체육 분야에서 Jansma와 French(1994)는 사정이라는 용어를 정의함에 있어 '자료의 의미를 결정하기 위해 검사 자료를 분석하는 것'이라고 하였으며, Winnick(1995)은 측정평가 분야의 대가인 Safrit(1990)의 글을 인용하여 사정의 개념보다는 목적을 강조하여 사정이 '특수체육 분야에서 피교육자의 수준을 파악하고, 탐색하며, 지도하는 기초가 되는 자료'로 설명하고 있다. 또한 Sherrill(1998)은 사정이라는 용어를 '자료 수집과 해석, 결정 또는 판단(decision making)을 하는 종합적인 과정'이라고 설명한다. 미국 연방법률에서는 사정의 이러한 기능을 포함하는 평가(evaluation)라는 단어를 사용하며, 비록 사정과 평가라는 단어를 동의어로 간주하기는 하지만 이 분야의 전문가들은 사정이라는 단어가 더욱 광범위한 용어라는 것을 명시하고 있다(Burton, 1997; King-Thomas & Hacker, 1987; Salvia & Ysseldyke, 1995).

표 4-1. 사정의 구분

구 분	선 별	진 단	평 가
교육 목적	앞으로 심도 있는 조사가 필요한 아동을 선정	의학적, 발달적, 교육적 손상의 범위를 결정하고 처치와 배치를 결정	• 프로그램의 개시기준과 종결기준을 결정 • 프로그램의 지속 및 개선 결정 • 목표달성 여부를 결정
체육교실 적용	아동의 적응성 및 필요한 안전 조치 사항 확인	운동기술, 체력수준을 판단하고 지도계획 및 배치 결정	• 프로그램의 효과 확인 • 프로그램 종결 및 변화 확인 • 목표달성 정도 확인
참여자	부모, 자원봉사자, 지도교사, 전문가	전문가, 지도교사	• 전문가, 지도교사
시행 시점	입학 및 등록 직후	구체적인 프로그램 시행 전	• 개별화 교육 시행 후

가장 최근에 Auxter, Pyfer 그리고 Huettig(2001)는 사정이라는 용어를 정의함에 있어 '수집된 정보를 다양한 방법으로 연관시켜서 문제를 해결하는(problem-solving) 과정'이라고 하였고, 학교 현장에서 학생을 위한 사정의 목적을 (a) 발달상의 지체가 있는 학생

의 확인, (b) 기능 손상의 문제 또는 특성 진단, (c) 개별화교육 프로그램을 개발하는데 유용한 정보를 제공하거나 적절한 배치의 준거 마련, (d) 학생의 특별한 요구에 부응하는 지도, (e) 학생의 진보 정도를 평가하기 위한 것이라고 제시하고 있다.

실제 사정에 들어가기 전 담당교사와 아동 사이에는 어느 정도의 의사소통이 필요하다. 특히 정서장애나 정신지체를 가지고 있는 아동을 무작정 사정 단계로 이끈다면 그로부터 얻은 사정자료는 신뢰하기가 어렵다. 그래서 교사는 탐색의 과정을 반드시 거쳐야 한다. 이 탐색과정을 거치면서 교사는 아동과의 유언(有言) 또는 무언(無言)의 의사소통 그리고 신뢰감을 형성해야만 한다. 모든 교육이 그러하지만 장애인 교육의 분야에서 교사와 학생간의 신뢰감은 절대적이다. 때때로 처음 자원활동을 하는 교사나 전문교육을 받은 교사들 중에서도 이점을 간과하는 경우가 종종 있다. 이러한 태도는 교육의 첫 발을 잘못 내딛는 것과 같은 실수이며, 아동이 효과적인 교육을 받지 못하게 되는 원인이 된다.

예를 들어, 상훈이는 자폐성 장애아동으로 체육교실에 입학한 후 1주일만에 대근운동 기능 및 소근운동기능에 대한 사정을 받고 개별화 교육을 시작하였다. 3주 정도의 체육 활동으로 신체기능의 진전은 전혀 없었으나 그 동안 교사와의 친근감과 주위 환경에 대해 적응한 것이 느껴졌다. 그리고 그 동안 전혀 하지 못했던 평균대 걷기와 매트 구르기를 할 뿐 아니라 공 던지기 능력도 처음 사정 시 4m에서 13m로 향상되었다. 평형성이나 조정능력 같은 기능은 일시적으로 많이 향상되는 부분이 아닌 것을 볼 때 상훈이의 처음 사정자료는 상훈이의 실제 능력을 나타낸 것으로 볼 수가 없게 되었다. 결국 효과적인 사정을 위해서는 아이가 환경과 교사에게 어느 정도 적응할 시간이 필요함을 나타낸다.

2) 선별, 진단 및 평가

사정은 지도가 이루어지는 단계와 목적을 기준으로 '선별을 위한 사정', '진단을 위한 사정', '평가를 목적으로 하는 사정'으로 크게 구분할 수 있다(여광응, 조용태, 1994).

사정의 첫 단계인 선별(screening)의 본래 의미는 미국의 통합교육 상황을 이해할 경우 명확해 진다. 장애아동의 93%가 통합교육을 받고 있는 미국에서는 장애아동들이 일단 일반학급으로 편성되는 경우가 많다(Lieberman & Houston-Wilson, 2002). 대부분 학기초에 교과 담당교사나 담임교사는 자신의 반에서 특별한 요구를 필요로 하는 학생을 간단한 관찰과 체크리스트를 통해 가려내는 과정을 거치게 되는데 이 과정을 '선별'이라고 한다. 우리 나라와 같이 통합교육이 보편화되지 않은 곳에서는 특별히 선별이라는 의미에 꼭 맞는 시행과정을 찾기는 어렵다. 따라서 선별의 의미를 본래 뜻 그대로 사용하는 것은 큰 의미를 갖지 못하며, 아동이 신체활동 프로그램에 처음 참여할 때 특별한 계획이나 교육적인 중재를 하지 않는 상황에서 아동의 행동특성과 정서상태를 간략히 파악하고 육안으로 관찰되는 아동의 신체기능을 확인하는 정도 및 아동의 적응성을 파악하는 '탐색'과정으로 이해하면 큰 문제가 없을 것이다. 더불어 이 탐색의 기간은 본격적인 교육에 앞서 교사와 아동간의 친밀감을 형성할 수 있는 과정으로 활용할 수도 있다. 탐색은 전반적인 영역에 걸쳐 대상아동에 대한 특성을 파악할 수 있다는 장점 외에도 아동이 다른 아이들과 함께 어울리고 프로그램에 적응할 수 있는 분위기를 유도한다는 측면에서도 가치가 있다.

진단(diagnosis)은 교육적 중재가 이루어지기 전 대상아동에 대한 폭넓은 영역의 수행 능력과 수준을 파악하는 것이다. 예를 들어, 발달장애의 특성을 가진 철수가 체육교실에 입학하면 사정전문가는 철수의 기본운동능력과 체력, 사회성 등에 관한 여러 가지 분야의 자료를 수집하게 된다. 이러한 과정은 철수의 행동적 특성과 신체활동 수행 수준을 파악하는 것으로 개별화교육계획의 기초 자료가 된다. 이 자료를 통해 철수에게 적합한 교사가 정해질 뿐 아니라 신체활동의 목표가 설정되고, 방향이 정해지며, 제공될 프로그램의 종류가 결정된다.

평가(evaluation)는 교사나 체육교실에서 시행한 프로그램의 효과를 파악하거나 대상아동이 교육을 통해 과제 목표를 어느 정도 성취하였는가를 파악하는 단계이다. 위의 예에서 진단 결과를 통해 철수의 담당 교사가 철수의 평형성 향상을 목표로 하여 일정 기간 신체활동 프로그램을 제공하였다면 교사는 제공한 프로그램이 효과가 있었는지 혹은 철수가 어느 정도 목표 성취를 했는지 파악할 필요성을 느낄 것이다. 이 때 평형성에 관한 기능을 객관적이고 타당한 도구를 이용하여 측정하며, 그 결과를 통해 철수의 평형성 수준을 파악하는 과정이 바로 평가이다. 대개의 경우 평가는 넓은 진단 영역 중에서 선택한 특정 영역을 측정하는 특성을 갖게 되므로 진단에 비해 범위가 좁다. 평가를 통해 철수는 새로운 영역의 과제를 학습하게 되거나 만족할 만한 수준에 도달하지 못했을 경우 새로운 평형성 향상 프로그램을 제공받는다.

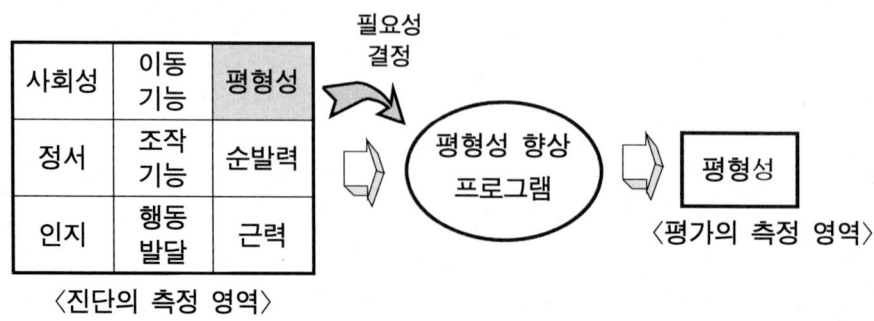

그림 4-2. 진단과 평가의 개념 구분 예시

이처럼 사정의 개념은 복잡한 구조를 가지고 있어 단순하게 정의를 내리기는 힘들지만 여러 연구자들이 공통적으로 내세우고 있는 사정에 대한 의미는 무언가를 측정한다는 것과 그 측정을 통하여 대상의 수준을 파악한다는 것이다.

하지만 지금까지 전통적으로 사용되어 오던 사정은 몇 가지 제한점을 가지고 있다. 예를 들어, 중증 장애를 가진 학생은 전통적인 방법으로 검사가 불가능하기 때문에 기존의 검사방법으로 사정을 할 경우에는 검사결과의 타당성이 낮아진다. 또한 일부의 전통적인 검사는 초등학생을 중심으로 개발되어 있는 경우가 많아서 중·고등학생에게 적용할 수 있는 검사방법이 드물 뿐 아니라 중·고등학교의 교과과정과 연관된 검사는 거의 존재하지 않는다. 이러한 이유 때문에 최근 들어 대안적 접근으로서 교수-학습 현장에서 학습목표의 맥락에 입각하여 이루어지는 직접적이며 실질적인 사정(authentic assessment)이 요구되고 있다. 여기에서 실질적인 사정이란 교수-학습과는 무관하게 형식적으로 이루어지던 검사도구를 통한 간접적인 평가활동으로부터 탈피하여 학습목표(지식, 기능, 태도 등)와 직결된 수행과제의 달성을 실질적으로 표현하고 수행하도록 하는데 중점을 두고 교수-학습활동과 연계하여 이루어지는 사정을 의미한다. 보다 구체적인 의미는 (a) 교수-학습의 목표와 직결되거나 목표의 맥락에서 이루어지고, (b) 교수-학습활동이 이루어지는 현장에서 동시에 이루어지며, (c) 학습활동과 평가활동이 별도로 이루어지지 않고 동시에 이루어지고, (d) 학습의 목표를 달성하는데 직접적이고 실질적으로 도움이 되거나 그와 직접적으로 관련되며, (e) 학생들이 관심과 흥미를 가지고 의미 있게 받아들이고, (f) 타당하고 적절한 수행과제를 중심으로 하는 활동이다(배호순, 2000; Lieberman & Houston-Wilson, 2002).

2. 검사방법과 검사도구

1) 검사방법

(1) 규준지향 검사

규준지향 검사(norm-referenced test)는 개개인의 운동수행력을 특정한 집단의 기록과 비교할 수 있도록 만든 것이다. 대표적인 규준지향 검사는 체력을 측정하기 위한 측정방법들이다. 규준지향 검사는 개개인의 운동수행력을 시간, 횟수 혹은 거리와 같은 객관적인 수치로 나타낸다. 또한, 개개인의 능력을 같은 조건을 지닌 동료들의 능력과 비교하여 우열을 평가할 수 있다.

표 4-2. 규준지향 검사의 장·단점

장점	단점
• 장애인의 신체적인 능력을 객관적으로 평가할 수 있다. • 신체능력을 표준화된 수치, 평균 혹은 점수화하므로 개개인의 능력을 다른 사람과 비교할 수 있다. • 각 개인이 나타내는 신체능력의 향상도를 알 수 있다. • 신체능력의 강점과 약점을 측정할 수 있다. • 점수화된 개개인의 능력은 검사 참여의 동기 유발이 될 수 있다. • 사용이 간편하고, 준비절차가 간단하다. • 신뢰도와 객관도가 높다.	• 체력의 점수는 개개인의 운동능력과 낮은 상관관계를 보인다. • 장애 정도가 심한 장애인은 점수를 못 받는 경우가 생기거나 검사 자체에서 제외되는 경우가 있다. • 특정 장애를 위해 만들었으므로 다른 장애를 가진 사람에게 적용할 수 없다. • 측정의 결과를 체육 교과과정으로 연결시킬 수 없다. • 운동수행력을 양적으로 측정하므로 운동기술이나 폼과 같은 질적인 측정이 불가능하다. • 체력이 약하고 나이가 어린 유아나 아동의 경우, 검사가 불가능한 경우가 있다.

(2) 준거지향 검사

준거지향 검사(criterion-referenced test)는 개개인이 '특정한 운동기술을 습득하였는가?'를 측정하기 위한 방법이다. 이 검사의 초점은 '할 수 있다'와 '할 수 없다'를 파악하는데 있다. 그러므로 준거지향 검사는 특정 영역에 관한 숙련도 검사(mastery test)라고도 한다. 개개인의 운동수행력을 다른 사람의 기록과 비교하는 데에는 적절하지 않으며 특정 단계의 운동기술을 습득했는가를 밝히기 위한 측정방법이라고 할 수 있다. 이 검사는 1962년 Glaser와 Klaus에 의해 개발되어 현재까지 장애인을 교육하는 현장에서 널리 사용되고 있으며, 장애인 교육에서 습득되는 기술이나 운동수행력의 향상 정도 혹은 미숙한 동작의 원인 등을 파악하는데 널리 사용된다.

표 4-3. 준거지향 검사의 장·단점

장점	단점
• 개개인이 습득한 신체적인 기능이나 기술의 정도를 단계별로 파악할 수 있으며, 다양한 대상자들에게 적용이 가능하다. • 측정의 결과를 개개인의 개별교육에 직접 사용할 수 있으며, 특정 기술의 습득정도 혹은 수행능력을 직접 측정하므로 이에 관한 타당성이 높다. • 주관적으로 평가되는 움직임의 질적인 평가를 영역별로 객관화시킬 수 있다. • 미숙한 동작의 원인을 파악할 수 있고 교과 수행과정에 측정이 가능하다.	• 검사는 일반인이 습득하는 기술을 단계별로 세분화한 것이기 때문에 중증 장애인에게 적용하는 것은 타당하지 않다. • 준거지향 검사는 기능적인 접근법에 의해 만든 것이므로 측정된 종목이 실제 상황과 맞지 않는 경우가 많다. • 측정결과와 실제 활동에 차이가 있을 수 있다.

(3) 정형화 검사

정형화 검사(formal test)는 검사도구나 검사의 환경이 모두 표준화된 형태로 제시되어 있어 검사 대상자에 대하여 누가 측정하더라도 동일한 상황 내에서 검사가 이루어진다는 특징을 가지고 있다. 모든 규준지향 검사가 정형화의 방식을 취하고 있는 반면에 준거지향 검사는 정형화 방식을 취하고 있는 것도 있고 그렇지 않은 것도 있다. 규준지향 검사와 같은 정형화 검사는 특별히 탐색, 배치와 적격성(eligibility)의 판정, 프로그램의 평가에 유용하게 사용된다. 정형화 방식의 검사도구들은 매뉴얼 안에 반드시 세부적인 검사지침과 지도사항을 명시하고 있으며, 측정에 사용되는 도구들도 표준화되어 제공된다. 하지만 정형화 검사는 몇 가지의 제한점을 가지고 있는데, 이는 다음과 같다.

- 메뉴얼의 검사 상황과 환경이 정확하게 설명되어 있지 않고, 검사 상황과 환경에 대한 부분은 표준화되어 있지 않다.
- 검사 대상자가 장비를 다루기 위해서 사정 프로토콜이 요구될 수도 있기 때문에 신장과 체중에 대한 부분이 표준화되어 있어야 한다.
- 일부 검사 대상자는 정확한 검사절차에 적응하기 힘들 수도 있다.
- 인간의 움직임에 대한 관찰과 측정을 제한된 환경에만 국한시키고 있다.

(4) 비정형화 검사

비정형화 검사(informal test)는 특정 방식의 검사과정을 요구하지 않으며 특별한 검사의 상황을 제시하지도 않는다. 이러한 비정형화 방식은 검사결과를 점수화하기보다는 자연스러운 상황에서의 평가를 강조하게 되는데, 교사가 직접 제작한 검사방법이나 체크리스트, 인터뷰, 조사 일람표(inventory), 평점척도(rating scale), 관찰, 설문 등이 이에 해당된다(Luftig, 1989). 또한 비정형화 검사는 직접 관찰을 기초로 한 방법과 수집된 간접적인 정보를 기초로 한 방법으로 구분하고 있다. 비정형화 검사는 계획, 지도 또는 치료의 상태를 확인(monitoring)하는데 가장 유용하게 사용되며, 검사와 지도과정을 통합할 수 있기 때문에 사정을 위한 시간을 따로 할당할 필요가 없다는 장점을 가지고 있다.

① 조사

조사(survey)는 학생이 갖고 있는 기본 지능이나 취미, 습관, 생활환경, 가족관계 그리고 평소에 수행했던 신체 운동능력 등에 관한 정보를 수집하기 위하여 사용된다. 타인에 의해 얻어진 정보는 측정평가를 위한 예비조사라고 할 수 있다.

또한 연구조사는 비교적 사용하기가 편리하며, 학생에 관한 방대한 자료를 수집할 수 있다는 점에서 많이 사용된다. 특히 교육기관에서 파악할 수 없는 기능들을 파악할 수 있는 장점이 있다(예: 옷 입기, 친구관계, 취미, 언어습관, 식사습관, 여가시간 등).

◆ 연구조사 방법

- 인터뷰 - 학업의 진도, 학생의 수행능력, 학업에 관한 정보 등을 보고하는 방법으로 많이 쓰이고 있다.
    ▶ 장점: 자유로운 대화를 통해 학생에 관한 방대한 자료를 얻을 수 있다. 서면보다 비교적 성실한 답을 얻을 수 있고, 교사의 필요에 따라 보다 자세한 정보를 수집할 수 있다.
    ▶ 단점: 응답자와 교사 사이에 공감대가 형성되어야 성실한 대답을 수집할 수 있다. 교사 혹은 응답자가 인터뷰를 위하여 시간을 할애해야 한다. 전화를 이용하는 방법은 통화시간을 길게 하거나 공감대를 형성하는데 어려움이 있기 때문에 성실한 정보의 수집이 어렵다.

- 설문지 - 교사가 원하는 정보를 보다 간편하게 얻을 수 있다는 장점을 갖고 있어 많이 사용된다. 설문지법은 일반적으로 교과과정이 시작되기 이전에 사용된다. 설문지는 읽기에 쉬운 형식과 구성을 선택해야 하며, 사용되는 문장이나 단어는 가급적 쉬워야 한다.

표 4-4. 비정형화 검사의 장·단점

장점	단점
• 교과내용을 직접적으로 측정할 수 있다.	• 임의로 제작하여 사용하므로 타당성, 신뢰성, 객관성의 문제가 있다.
• 자연스러운 환경(natural setting)에서 측정할 수 있다.	• 사용할 수 있는 기자재 및 도구들이 한정되어 폭넓은 측정이 불가능하다.
• 교과내용 외에 필요한 기능을 측정할 수 있다.	• 기술을 가르치는 사람이 달라질 경우에는 혼돈을 일으킬 수 있다.
• 학생들의 신체능력에 관한 탐색을 할 수 있다.	• 측정방법을 고안하기까지 많은 시간이 소요된다.
• 방과 후의 여가 및 레크리에이션 활동과 연관시킨 프로그램을 제작할 수 있다.	• 교사가 측정하고자 하는 행동이 실제 현장에서 나타나지 않을 수 있다.

② 과제분석

과제분석(task analysis)은 한 가지 운동을 시행할 때 수행하는 기본적인 동작들을 순차적으로 나열한 것으로 측정평가의 목적뿐 아니라, 학습 계획과도 연결하여 쓸 수 있어 특수체육 지도자들에게 널리 이용되는 비정형화된 검사방법이다. 과제분석을 서술할 때는 상황, 동작, 기준을 반드시 고려하여야 한다.

- ◆ 상황: 과제를 수행할 때 사용되는 기구, 도구, 시설, 참관인 등의 주변조건 등을 의미한다. 일반적으로 환경은 언제, 어디서, 무엇을, 누가, 왜, 어떻게 라는 6하원칙을 적용하여 서술된다.
- ◆ 동작: 대상자가 수행하는 신체 움직임을 뜻하며, 객관적으로 측정, 관찰이 가능한 것을 의미한다. 과제분석의 동작들은 일반적으로 각각 다른 유형이지만 전체 동작들을 순차적으로 나열할 때 한 가지 과제가 형성된다.
- ◆ 기준: 동작수행의 질이 어떤 정도에 속하는가를 가늠하는 표준점을 의미한다. 이러한 조건은 객관적으로 서술되어야 하며, 능력이 향상되었을 때 그 능력향상의 정도를 파악할 수 있도록 표현해야 한다.

③ 생태학적 일람표

생태학적 일람표(ecological inventory)는 전통적으로 시행되어 오던 전형적인 검사 방법으로는 측정하기 어려운 학생의 취미활동, 레져, 레크리에이션 활동능력을 측정하는 방법으로 많이 이용되고 있다. 방법상으로는 과제분석을 적용하는 것이지만, 대상자의 활동상황을 시간별로 나열하는 방법이 다르다. 개개인의 참여기술을 보다 다각적인 분야에서 측정할 수 있다는 장점이 있으나, 반대로 교사들에게는 과중한 업무를 부여하게 되며, 시간적 소비가 많다는 단점도 있다.

프로그램 종류 : 수영 환　　　경 : 삼영수영장 세 부 환 경 : 탈의실		활 동 : 비어 있는 라커를 찾는다. 영 역 : 심동적/인지적 영역 날 짜 : 1995년 9월 22일 오후 3:00~3:15	
행　동	반　응	필요한 영역	기　타
라커룸의 문을 연다.	+	심동적 영역	
라커룸으로 들어간다.	+	심동적 영역	
문이 열려 있는 라커를 찾는다.	-	인지적 영역	
문이 열린 라커로 간다.	-	심동적 영역	친구 발견
비어 있는지 확인한다.		인지적 영역	측정 불가

그림 4-3. 생태학적 일람표의 내용

2) 검사도구

사정에 있어서 검사도구는 신뢰성과 타당성을 확보하는 가장 핵심적인 요소이다. 운동기술과 체력을 검사할 수 있는 외국의 많은 도구들이 소개되어 있음에도 불구하고 우리나라 상황에 맞춰 사용할 수 있는 것은 많지 않다. 검사도구를 선정함에 있어 지도과정 및 목표에 적합한 것을 선택해야 하며, 검사도구의 사용방법을 명확히 이해해야 한다.

마지막으로 특수체육 교사는 검사도구를 선택할 때 반드시 다음에 제시되는 4가지의 준거를 고려해야 한다(Davis, 1984).

- ◆ 경제성(economy): 선택된 검사는 소요되는 시간과 비용 면에서 금전적인 관점에서 경제적이어야 한다.
- ◆ 타당도(validity): 검사자는 검사가 정확히 무엇을 측정하는지에 대한 증거를 제시해야 한다.
- ◆ 신뢰도(reliability): 교사는 반복된 검사에서 동일한 검사 결과를 얻을 수 있는 신뢰도를 확보해야 한다.
- ◆ 목적(purpose): 교사는 왜 그들을 검사하는지, 검사 대상이 누구인지, 무엇을 검사하는지에 대한 사항을 고려해야 한다.

실제 특수체육 현장에서 많이 사용되는 검사도구의 예를 살펴보면 다음과 같다.

■ **Bruininks-Oseretsky Test of Motor Proficiency(1978)**

흔히 오세레츠키 운동검사라고 하는 이 검사는 규준지향 검사의 특성을 갖는다. 4세부터 14세까지 연령을 대상으로 하고, 비장애아동과 장애아동 모두 측정 가능하다. 스피드, 민첩성, 균형감각, 협응력, 근력의 하부영역으로 구성되어 있고, 소근운동능력 및 대근운동능력의 측정 비교가 가능하다.

■ **OSU-Scale of Intra-Gross Motor Assessment(1979)**

미국의 Loovis와 Ersing에 의해 개발된 SIGMA 검사법은 3~14세 아동을 대상으로 한다. 준거지향 검사의 원칙을 따르며 차기, 던지기, 받기, 뛰기 등 11가지의 운동 기능을 사정하는 항목으로 구성되어 있다. 각 항목은 4단계의 발달 정도로 구분된다.

■ **Test of Gross Motor Development Ⅱ (2000)**

미국 일리노이 대학의 Ulrich가 1985년 개발한 대근 운동능력 측정 검사도구인 대근운동발달검사(TGMD)는 2000년에 2판이 출시되었다. 준거지향 검사와 규준지향 검사의 두 가지 특성을 모두 갖는 이 검사는 3세부터 10세 아동을 대상으로 하며, 12가지 대근 운동능력을 측정할 수 있도록 구성되어 있다. 이동 능력에 해당하는 달리기, 갤롭, 점프 등과 조작 능력에 해당하는 튀기기, 잡기, 차기 등으로 구성되어 있다.

■ **Brockport Physical Fitness Test(1999)**

Brockport 건강체력검사(BPFT)는 Winnick과 Short에 의해 개발된 검사도구로 10~17세 사이의 장애아동(지체장애, 시각장애, 정신지체) 및 일반아동을 대상으로 한 준거지향 검사이다. 검사 대상의 건강관련 체력(health-related physical fitness)의 성취를 위한 기준을 제공하고, 장애아동의 건강관련체력 발달을 강화하기 위한 교육적 요인을 개발하는데 그 목적이 있다.

3. 사정의 실제

　지금까지 설명한 사정의 개념이 실제 특수체육 현장에서 어떻게 운용되는지를 확인하는 것은 적용 측면에서 매우 중요하다. 따라서 특정 체육교실의 예를 제시하고자 한다.
　SNU 장애아동 체육교실에서 사용되어 온 사정의 방법은 크게 사회성숙도 검사, 대근운동발달검사(TGMD), Brockport 건강체력검사(BPFT) 등 세 가지이다. 이 세 가지 중 사회성숙도 검사는 아동의 사회적응력에 대한 수준을 파악하고자 하는 의도로 시행되었다. 즉, 사회성 영역에 대한 사정방법 중 하나가 사회성숙도 검사가 되는 것이다. 이에 반해, 대근운동발달검사나 Brockport 건강체력검사는 심동적 영역에 대한 사정의 방법이 된다. 세부적으로 구분한다면 대근운동발달검사는 아동의 대근운동발달 정도와 운동기술 습득 수준을 파악하며, Brockport 건강체력검사는 아동의 움직임 및 신체활동에 기반이 되는 체력부분에 대한 수준 파악을 위한 것이라고 할 수 있다.

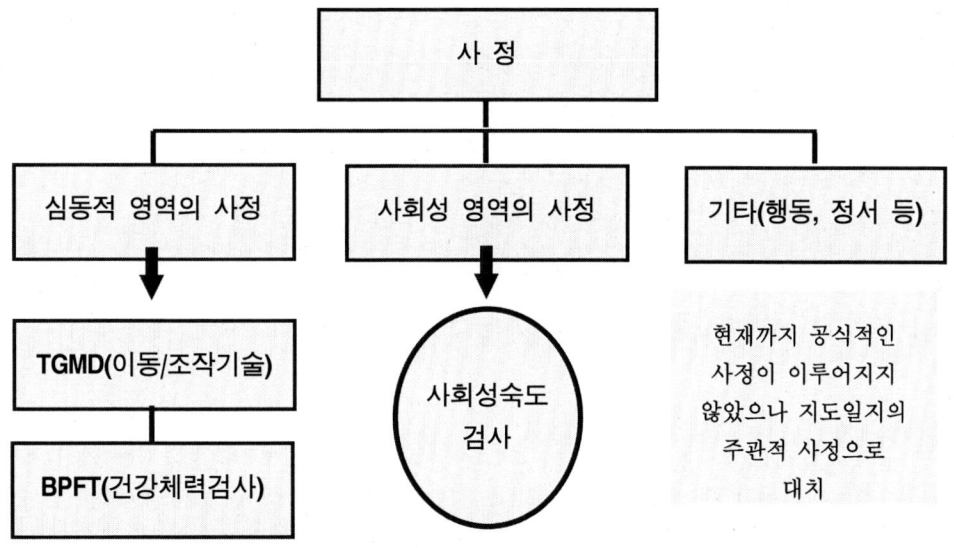

그림 4-4. SNU 장애아동 체육교실의 사정 구조

1) 대근운동발달검사

　대근운동발달검사(Test of Gross Motor Development, TGMD)는 미국 미시간 대학의 Ulrich가 1985년 개발하였으며, 2000년에 2판이 출시되었다.

체육교실에서 대근운동발달검사를 사정의 주요한 부분으로 선정하는 이유는 대근운동발달 정도가 신체를 능숙히 움직일 수 있는 주요한 관건이 되기 때문이다. 더불어 인간의 운동기술 영역의 숙련 단계에서 체육교실에 참여하는 아동들의 발달연령에 가장 밀접한 관련을 맺는 영역이 대근운동기술 영역이다.

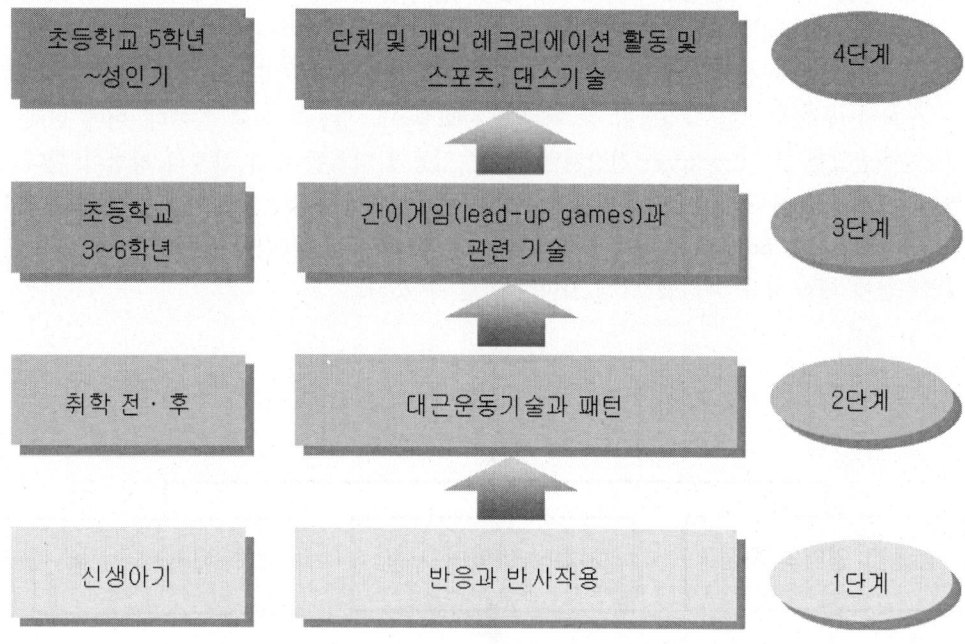

그림 4-5. 발달과정 단계에서의 대근운동 영역(Ulrich, 1985)

우리 나라의 경우 대근운동발달의 수준을 파악하는 공식적인 검사도구가 아직까지 개발되지 못하고 있지만 외국에서는 적지 않은 검사도구들이 개발되어 왔다. 그러한 검사도구들 중 TGMD는 아동들에게 가장 필요한 이동기술(locomotion skill)과 물체 조작기술(object control skill)을 평가하는 세부 검사들로 구성되어 있으며, 검사 항목도 많지 않기 때문에 체육교실에서 사용하기에 적합하다. 또한, 측정결과를 해석하고 활용하는 기준에 있어서 규준지향 검사와 준거지향 검사의 양쪽 측면을 모두 가지고 있기 때문에 장애아동들에게 적용 가능성이 높다.

TGMDⅡ는 대근운동발달의 요소 중 이동기술과 조작기술에 해당하는 세부 검사 종목을 포함하고 있다. 이동기술은 인간의 운동발달이론을 기반으로 하여 달리기, 갤롭, 홉, 립, 제자리멀리뛰기, 슬라이드의 6가지 종목을, 조작기술은 치기, 튀기기, 잡기, 차기, 오버핸드 던지기, 언더핸드 굴리기의 6가지 종목을 측정한다.

TGMDⅡ를 통해 얻은 자료를 이용하기 위해서는 몇 가지 검사도구의 구조적인 특징을 이해해야 한다. 예를 들어, TGMDⅡ에서의 원점수 부여 방법과 기준을 숙지하는 것은 정확한 검사를 할 수 있는 필수 준비과정이며, 표준화 점수로의 변환 방법을 인지하여야만 비장애아동과 비교를 통해 해당 아동의 수준이 어느 정도인지를 알 수 있다.

TGMDⅡ를 사용하여 검사하면 대상 아동은 이동능력의 6종목, 조작능력의 6종목에 대하여 각각 48점의 최고 원점수를 받을 수 있다. 원점수는 TGMDⅡ에서 제공되는 지침에 의해 퍼센타일(percentile) 혹은 표준점수(standard score), 대근운동발달지수(GMDQ)와 같은 표준화 점수로 변환이 가능하며, 이를 통해 대상 아동의 대근운동 수준이 다른 아동들과 비교하여 어느 정도의 서열에 속하는지를 알 수 있다. 그러나 제시되는 지침이 일반아동을 대상으로 한 것이라는 점에서 일반아동들의 수준과 비교해서 어느 정도인가를 추정할 수 있을 뿐 장애아동에게 그러한 표준화의 개념이 그다지 중요하지 않을 수도 있다.

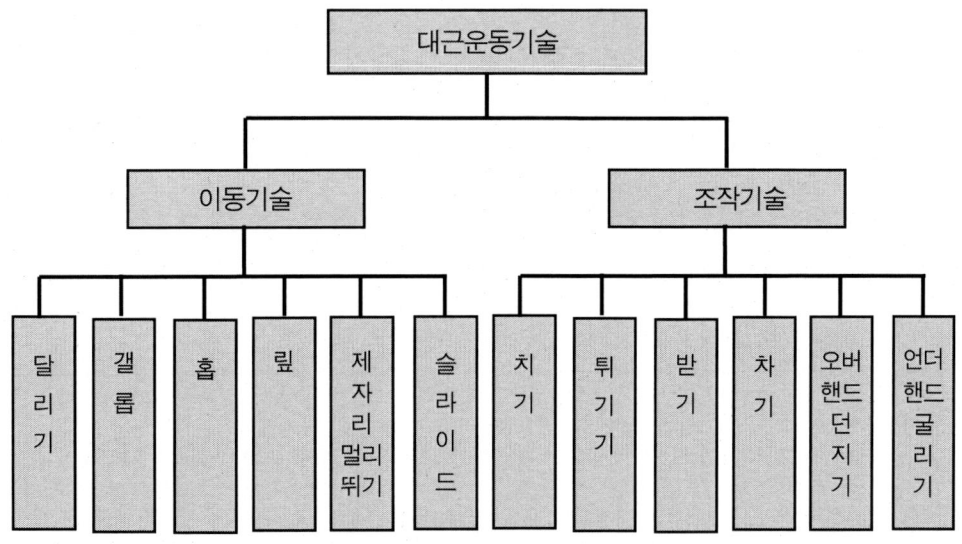

그림 4-6. TGMDⅡ의 검사요인과 종목

TGMDⅡ는 장애아동을 검사하기 위한 전문적인 검사도구가 아니기 때문에 프로그램의 운영자 혹은 담당 지도교사는 '이것을 어떻게 적용해야 할 것인가?'라는 방법을 고민해야 한다. 즉, 프로그램에서도 적용(adaptation)이 중요한 지침이 되는 것처럼 진단이나 평가에서도 마찬가지임을 반드시 염두에 두어야 한다.

장애아동 체육교실에서는 표준화 점수의 가치를 부여하기보다는 각 검사 종목의 정확한 동작 수행여부를 나타내는 정도, 즉 원점수의 변화과정과 동작의 정확성과 숙련도를 비디오 촬영을 통하여 개인별로 확인하는 것이 개별화 교육의 의미에서 더욱 중요하다.

이제 실질적으로 어떻게 TGMDⅡ를 사용하여 진단이나 평가의 직접적인 자료로 만들어 내는가의 과정을 알아야 한다. 실질적으로 체육교실의 김세리 교사가 5세의 자폐성 장애아동인 민정이에게 적용한 TGMDⅡ 검사의 예를 들도록 하겠다.

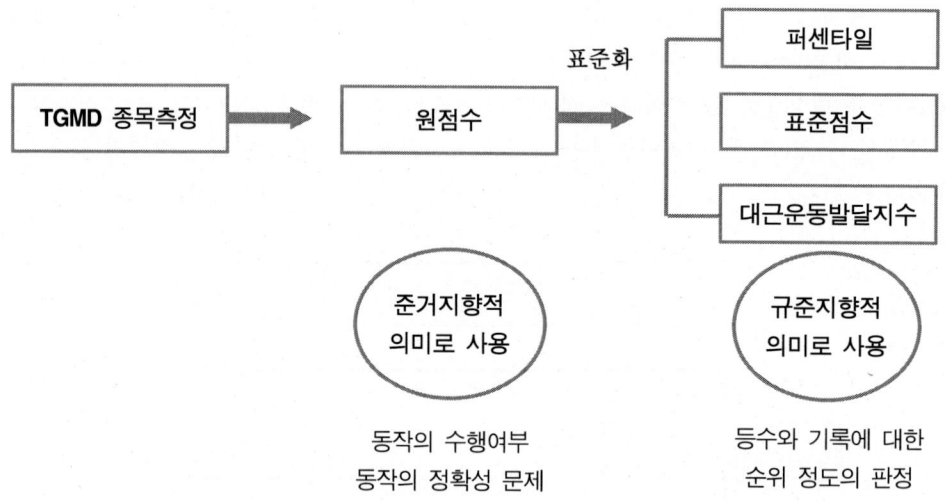

그림 4-7. TGMDⅡ의 측정 결과와 사용 목적

김세리 교사는 2주 전에 새로 입학한 민정이에 대하여 그 동안 행동 특성과 심리적 변화 양상, 선호과제 및 선호물품, 집안 환경, 기타 교육기관 경험, 장애유발 과정에 대한 자료를 수집하여 기록하였으며, 사회성숙도 검사를 통해 사회성 수준을 파악하였다. 실제적인 프로그램 시행에 앞서 민정이의 신체능력을 파악하기 위해 먼저 TGMD 검사도구를 통하여 대근운동발달검사를 시행하였다. 김세리 선생은 민정이의 이동능력과 조작능력이 일반적인 5세 아동들에 비해 얼마나 뒤쳐지고 있는가를 알기 원했으며, 특정 부분(운동기술 측면)의 심각한 운동기술 지체를 파악하여 그것을 기초로 최초 IEP를 작성할 계획을 하였다.

김세리 교사는 먼저 검사를 시행할 수 있는 ① 체육관의 스케줄을 확인하고 가능한 조용한 시간대를 택하여 사정팀 2명의 협조를 받아 검사를 하기로 약속을 받았다. ② 평가팀은 줄자(50m용 1개), 마킹 테입(50m), 배구공(3개), 테니스공(5개), 플라스틱 야구배트(1개), 검사 기록지(3장) 등의 검사 준비물품과 민정이의 세부 동작을 촬영하기 위한 캠코더와 여분의 배터리 및 필름을 준비해 주었다. ③ 먼저 김 교사는 민정이의 심리적 상태를 안정시키기 위해 친근한 분위기를 유도하고 간단한 준비운동을 실시하였다. ④ 지난주에 측정 종목에 대한 간단한 설명과 시범 그리고 연습을 시행하였지만 측정에 앞서 1~2회 시범과 연습을 시행하였다. ⑤ 그 동안 사정팀은 마킹 테입을 부착하고 캠코더를 설치하였으며, 그 밖의 검사기구를 준비하였다.

상기와 같은 절차를 거쳐 검사 항목을 모두 측정하게 되며, 일반적으로 한 아동에게 12종목을 모두 측정하는 데 소요 시간은 20~30분 정도이다. 12종목(이동기술 6종목, 조작기술 6종목)에 대한 세부 시행지침과 점수부여 기준은 다음과 같다.

(1) 이동기술

① 달리기(run)

- 도구/검사장소: 18m의 빈 공간, 콘 2개
- 지침: 2개의 콘을 15m 간격으로 둔다. 두 번째 콘 뒤로 최소한 2~3m의 안전정지 거리를 확보한다. '출발'이라는 소리에 맞춰 아동에게 최대한 빨리 달리도록 한다. 2회 반복한다.

그림 4-8. TGMD II 달리기 측정

- 수행기준
  1. 팔과 다리는 엇갈려 움직이고, 팔꿈치는 구부린다.
  2. 양 발이 동시에 땅에서 떨어지는 순간이 있다.
  3. 발뒤꿈치나 앞꿈치의 좁은 면적으로 착지한다(예, 발바닥 전체가 아님).
  4. 땅에 닫지 않은 발을 90도 정도 뒤로 구부린다(예, 엉덩이에 닿을 만큼).

② 겔롭(gallop)

- 도구/검사장소: 7.5m의 빈 공간, 표시용 테이프, 콘 2개
- 지침: 10m 거리를 두 개의 콘이나 테이프로 표시한다. 아동에게 한 쪽 콘에서 다른 쪽 콘까지 겔롭을 하도록 지시한다. 두 번째 시도는 원래의 콘 쪽으로 다시 겔롭하여 되돌아가게 한다.

◆ 수행기준
1. 뛰어오를 때 팔을 구부려 허리 높이로 들어올린다.
2. 리드하는 발이 앞으로 나가고 따르는 발이 리드하는 발의 옆이나 뒤에 이동한다.
3. 두 발이 동시에 땅에서 떨어지는 순간이 있다.
4. 4번의 겔롭을 연속적으로 시행하는 동안 리듬감을 유지한다.

그림 4-9. TGMD Ⅱ 겔롭 측정

③ 홉(hop)

◆ 도구/검사장소: 최소 4.5m의 빈 공간
◆ 지침: 아동에게 주로 사용하는 발(검사 전에 정해진)로 홉을 3회하고 다른 쪽 발로도 3회 하도록 지시한다. 2회 반복한다.

그림 4-10. TGMD Ⅱ 홉 측정

◆ 수행기준
  1. 땅에 딛지 않는 다리를 추진력이 발생할 수 있도록 시계추 형태로 흔든다.
  2. 땅에 딛지 않는 다리는 무릎을 굽혀 든다.
  3. 추진력이 발생하도록 팔을 구부려 앞으로 흔든다.
  4. 주로 사용하는 발로 연속적으로 3회 이지와 착지를 한다.
  5. 반대발로 연속적으로 3회 이지와 착지를 한다.

④ 립(leap)

◆ 도구/검사장소: 최소 6m의 빈 공간, 콩주머니, 표시용 테이프
◆ 지침: 마룻바닥에 콩주머니를 놓는다. 콩주머니로부터 3m 떨어진 곳과 평행하게 테이프 조각을 붙인다. 아동에게 테이프에 서게 한 뒤 뛰어 올라 콩주머니를 뛰어 넘도록 지시한다. 두 번 반복한다.
◆ 수행기준
  1. 한쪽 발로 이지하여 반대발로 착지한다.
  2. 두 발이 땅에서 떨어지는 시간이 있다.
  3. 추진력을 내는 발의 반대팔이 앞쪽으로 향한다.

그림 4-11. TGMD Ⅱ 립 측정

⑤ 제자리멀리뛰기(horizontal jump)

◆ 도구/검사장소: 최소 3m의 빈 공간, 표시용 테이프
◆ 지침: 마룻바닥에 출발선을 표시한다. 아동에게 선 뒤에서 시작하도록 한다. 아동이 할 수 있는 한 멀리 점프하도록 지시한다. 두 번 반복한다.

◆ 수행기준
1. 준비 동작은 팔을 몸 뒤로 편 다음 두 무릎을 구부린다.
2. 앞과 위로 힘껏 팔을 펴며 머리 위로 팔을 최대한 든다.
3. 두 발을 동시에 이지하여 착지한다.
4. 양팔을 아래로 내리며 착지한다.

그림 4-12. TGMD Ⅱ 제자리멀리뛰기 측정

⑥ 슬라이드(slide)
  ◆ 도구/검사장소: 최소 7.5m의 빈 공간과 일직선, 콘 2개
  ◆ 지침: 마룻바닥 위의 라인 양끝에 7.5m의 거리에 두 개의 콘을 놓는다. 아동에게 한 쪽 콘에서 다른 쪽 콘으로 슬라이드하고 되돌아오도록 지시한다. 두 번 반복한다.

그림 4-13. TGMD Ⅱ 슬라이드 측정

◆ 수행기준
  1. 이동방향을 향해 몸을 옆으로 돌리고, 어깨를 나란히 정렬한다.
  2. 발을 내민 후 중심을 이동시키고 따라나가는 발은 슬라이드를 하며 옆으로 한 스텝 이동한다.
  3. 오른쪽으로 최소한 4회 연속적으로 슬라이드 한다.
  4. 왼쪽으로 최소한 4회 연속적으로 슬라이드 한다.

(2) **조작기술**

① 치기(two-hand strike)
  ◆ 도구/검사장소: 약 10cm의 가벼운 공과 플라스틱 배트, 배팅 티
  ◆ 지침: 배팅 티 위에 아동의 허리 높이로 공을 올려놓는다. 아동에게 공을 세게 치라고 지시한다. 두 번 반복한다.
  ◆ 수행기준
    1. 주로 사용하지 않는 손위에 주로 사용하는 손의 순서로 배트를 잡는다.
    2. 발은 평행하게 하고 주로 사용하지 않는 몸쪽을 가상의 토스해 주는 사람 쪽으로 향하게 한다.
    3. 스윙하는 동안 엉덩이와 어깨를 회전한다
    4. 앞 발 쪽으로 무게중심을 이동한다.
    5. 배트로 공을 맞춘다.

그림 4-14. TGMD II 치기 측정

② 튀기기(stationary bounce)
- ◆ 도구/검사장소: 3~5세 아동용 20~25cm의 공; 6~10세 아동용 농구공, 평평하고 딱딱한 바닥
- ◆ 지침: 발의 움직임 없이 한 손을 사용하여 공을 4회 튀기고 나서 잡으라고 지시한다. 두 번 반복한다.
- ◆ 수행기준
  1. 허리 높이에서 한 손으로 공을 튀긴다.
  2. 손가락 끝으로 공을 민다(손바닥이 아님).
  3. 주로 사용하는 쪽 발 앞 또는 옆 바닥에 공을 튀긴다.
  4. 공을 계속 치기 위해 발을 움직이지 않으며 4회 연속적으로 튀긴다.

그림 4-15. TGMD II 튀기기 측정

③ 받기(catch)
- ◆ 도구/검사장소: 10cm의 플라스틱 공, 4.5m의 빈 공간, 표시용 테이프
- ◆ 지침: 4.5m 거리에 두 개의 선을 표시한다. 아동이 한 쪽 선에 서고 토스해 주는 사람은 반대쪽 선에 선다. 아동의 가슴 쪽으로 작은 곡선을 그리도록 공을 언더핸드로 토스해 준다. 아동에게 두 손으로 공을 받도록 지시한다. 아동의 어깨와 허리 사이로 토스되었을 때에만 횟수로 인정한다. 두 번 반복한다.

그림 4-16. TGMD II 받기 측정

◆ 수행기준
  1. 몸 앞으로 손을 내밀고 팔꿈치를 유연하게 구부려 준비한다.
  2. 공을 받기 위해 팔을 앞으로 뻗는다.
  3. 손만을 이용해서 공을 받는다.

④ 차기(kick)
  ◆ 도구/검사장소: 20-25cm의 고무공 또는 축구공, 콩주머니, 6m의 빈 공간, 표시용 테이프
  ◆ 지침: 벽으로부터 9m 떨어진 곳에 한 선을 표시하고, 6m 떨어진 곳에 다른 선을 표시한다. 벽에서 가까운 선 위의 콩주머니에 공을 올려놓는다. 아동에게 다른 쪽 선에 서도록 지시한다. 아동에게 달려와서 벽을 향해 공을 세게 차도록 지시한다. 두 번 반복한다.
  ◆ 수행기준
  1. 공에 빠른 속도로 접근한다.
  2. 공을 차기에 앞서 순간적인 립 동작이나 넓은 보폭이 있다.
  3. 차지 않는 발은 공의 바로 옆이나 뒤에 위치한다.
  4. 주로 사용하는 발의 안쪽이나 발끝으로 찬다.

그림 4-17. TGMD Ⅱ 차기 측정

⑤ 오버핸드 던지기(overhand throw)
  ◆ 도구/검사장소: 테니스공, 벽, 표시용 테이프, 6m의 빈 공간
  ◆ 지침: 벽으로부터 6m 거리의 마룻바닥에 테이프 조각을 붙인다. 아동에게 벽을 마주 보고 6m 선 뒤에 서게 한다. 아동에게 벽을 향해 공을 힘껏 던지라고 지시한다. 두 번 반복한다.
  ◆ 수행기준

1. 와인드업은 손/팔의 아래 방향에서 시작된다.
2. 던지지 않는 쪽이 벽을 향한 상태에서 엉덩이와 어깨를 던지는 방향으로 회전시킨다.
3. 던지는 손의 반대 발을 앞으로 내밀면서 체중을 이동한다.
4. 공을 던진 후에 던진 팔의 반대 측면을 향해 대각선 방향으로 폴로 스루(follow through)한다.

그림 4-18. TGMD II 던지기 측정

⑥ 언더핸드 굴리기(underhand roll)
- ◆ 도구/검사장소: 3~6세용 테니스공, 7~10세용 소프트볼, 콘 2개, 표시용 테이프, 7.5m의 빈 공간
- ◆ 지침: 벽 앞에 2개의 콘을 1.2m 너비로 세운다. 벽으로부터 6m 떨어진 마룻바닥에 테이프 조각을 붙인다. 아동에게 두 개의 콘 사이로 공을 세게 굴리라고 지시한다. 두 번 반복한다.

그림 4-19. TGMD II 굴리기 측정

◆ 수행기준
 1. 가슴은 콘을 향하고 굴리는 손을 아래/뒤 방향으로 흔들어 몸통 뒤로 뻗는다.
 2. 콘을 향해 스윙을 하는 손의 반대 발은 전방으로 한 걸음 내딛는다.
 3. 무릎을 굽혀 몸을 더 낮춘다.
 4. 공이 10cm 이상 바운드 되지 않게 바닥에 가깝게 굴린다.

다음은 민정이의 이동기술 중 달리기 검사의 결과이다.

이동 기술

기술	도구/검사장소	지침	수행기준	1차	2차	점수
달리기	18m의 빈 공간, 콘 2개	2개의 콘을 15m 간격으로 둔다.	1. 팔과 다리는 엇갈려 움직이고, 팔꿈치는 구부린다.	1	1	2
		두 번째 콘 뒤로 최소한 2~3m의 안전정지거리를 확보한다.	2. 양 발이 동시에 땅에서 떨어지는 순간이 있다.	0	1	1
		'출발'이라는 소리에 맞춰 아동에게 최대한 빨리 달리도록 한다.	3. 발뒤꿈치나 앞꿈치의 좁은 면적으로 착지한다(예, 발바닥 전체가 아님).	1	1	2
		2회 반복한다.	4. 땅에 딛지 않은 발을 90도 정도 뒤로 구부린다(예, 엉덩이에 닿을 만큼).	0	1	1

그림 4-20. TGMD II 측정 결과(달리기) 표시의 예

민정이의 총 이동기술 원점수는 16점, 조작기술 원점수는 4점으로 복잡한 이동기술과 조작기술에서는 거의 점수를 얻지 못했다. 이 밖에 표준화 점수에서 이동기술은 2퍼센타일(또래 연령의 2% 정도에 해당하는 수준), 조작기술은 1퍼센타일(또래 연령의 1%에 해당하는 수준) 미만으로 나타나 일반적인 또래 연령에 비해 매우 낮게 나타났다. 주요 측정 결과는 다음의 그림 4-21의 종합 기록 양식의 예와 같이 기록된다.

표준화 점수 중 다음의 그림 4-21에 나와 있는 표준점수(std. score) 5점(이동기술), 3점(조작기술)의 합은 TGMD II에서 제공하는 하위검사 표준점수 합의 퍼센타일과 지수 환

산표(표 4-5 참조)를 통해 어느 정도의 능력을 가지고 있는지를 추정하는 것이다. 또한 원점수(raw score) 33점(이동기술)과 27점(조작기술)은 원점수의 연령 대응 환산표(표 4-6 참조)를 통해 운동발달 연령을 추정할 수 있다.

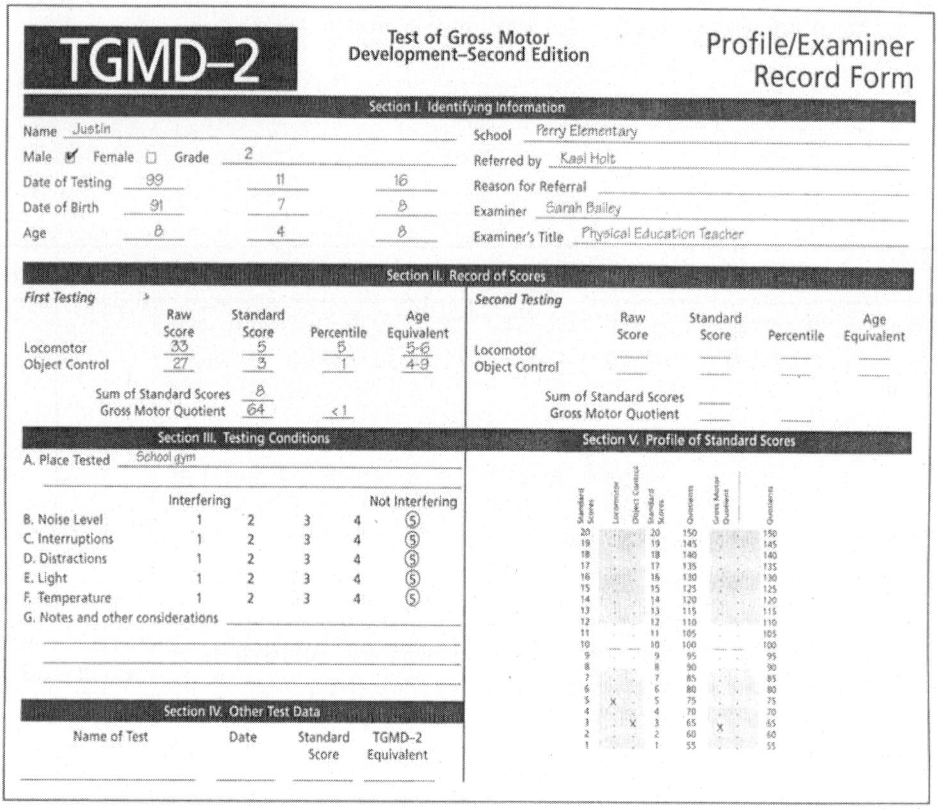
TGMD–2 Test of Gross Motor Development–Second Edition Profile/Examiner Record Form

Section I. Identifying Information

Name Justin | School Perry Elementary
Male ☑ Female ☐ Grade 2 | Referred by Kaal Holt
Date of Testing 99 11 16 | Reason for Referral
Date of Birth 91 7 8 | Examiner Sarah Bailey
Age 8 4 8 | Examiner's Title Physical Education Teacher

Section II. Record of Scores

First Testing

	Raw Score	Standard Score	Percentile	Age Equivalent
Locomotor	33	5	5	5-6
Object Control	27	3	1	4-9

Sum of Standard Scores 8
Gross Motor Quotient 64 <1

Second Testing

	Raw Score	Standard Score	Percentile	Age Equivalent
Locomotor				
Object Control				

Sum of Standard Scores
Gross Motor Quotient

Section III. Testing Conditions

A. Place Tested School gym

	Interfering				Not Interfering
B. Noise Level	1	2	3	4	⑤
C. Interruptions	1	2	3	4	⑤
D. Distractions	1	2	3	4	⑤
E. Light	1	2	3	4	⑤
F. Temperature	1	2	3	4	⑤

G. Notes and other considerations

Section IV. Other Test Data

Name of Test	Date	Standard Score	TGMD–2 Equivalent

Section V. Profile of Standard Scores

그림 4-21. TGMD 측정결과 종합 기록 양식의 예

상기의 결과들 중 김 교사가 직접적으로 개별화교육계획(IEP)에 사용하는 것은 표준화 점수보다 각 세부 종목에 대한 원점수의 결과이며, 이를 통해 어떤 프로그램을 시행할 것인가를 결정하게 된다. 예를 들어, 원점수가 0점인 세부 종목(예: 던지기)들을 선정하여 학기 목표를 세우고 집중적인 지도 계획을 작성할 수 있는 것이며, 학기가 끝난 후 이를 다시 측정하여 원점수의 변화를 확인함으로써 프로그램 참여 효과를 파악하게 될 것이다. 물론 교사에 따라 표준화 점수로 변화의 근거를 삼으려는 사람도 있겠지만 장애아동의 경우 단기간에 여러 부문에서의 괄목할 만한 변화를 얻기 어렵다는 점을 감안한다면 현실적이지 못할 수 있다. 이러한 선택은 현장의 상황에 따라서 적용 방법이 달라질 수도 있다는 것을 항상 명심해야 한다.

표 4-5. TGMD II 표준점수 합, 퍼센타일 및 지수 환산표

퍼센타일 순위 (Percentile Rank)	하위검사 표준점수의 합 (Sum of Subtest Standard Score)	지수 (Quotient)
>99	40	160
>99	39	157
>99	38	154
>99	37	151
>99	36	148
>99	35	145
>99	34	142
>99	33	139
>99	32	136
99	31	133
98	30	130
97	29	127
95	28	124
92	27	121
89	26	118
84	25	115
79	24	112
73	23	109
65	22	106
58	21	103
50	20	100
42	19	97
35	18	94
27	17	91
21	16	88
16	15	85
12	14	82
8	13	79
5	12	76
3	11	73
2	10	70
1	9	67
<1	8	64
<1	7	61
<1	6	58
<1	5	55
<1	4	52
<1	3	49
<1	2	46

표 4-6. TGMD II 원점수의 연령 대응 환산표

연령 대응 (Age Equivalent)	이동기술 (Locomotor) 남녀	조작기술 (Object Control) 여	조작기술 (Object Control) 남	연령 대응 (Age Equivalent)
<3-0	<19	<15	<19	<3-0
3-0	19	15	19	3-0
3-3	20-21	16	20	3-3
3-6	22	17	21	3-6
3-9	23-24	18-19	22	3-9
4-0	25	20	23	4-0
4-3	26-27	21-22	24-25	4-3
4-6	28	23	26	4-6
4-9	29	24	27-28	4-9
5-0	30-31	25	29	5-0
5-3	32	26	30-31	5-3
5-6	33-34	27	32	5-6
5-9	35	28-29	33-34	5-9
6-0	36-37	30	35	6-0
6-3	38	31	36-37	6-3
6-6	39	32	38	6-6
6-9	40	33	39	6-9
7-0	-	34	40	7-0
7-3	41	35	41	7-3
7-6	-	36	-	7-6
7-9	-	37	42	7-9
8-0	42	38	-	8-0
8-3	-	39	-	8-3
8-6	43	-	43	8-6
8-9	-	40	-	8-9
9-0	-	-	-	9-0
9-3	-	-	44	9-3
9-6	-	41	-	9-6
9-9	-	-	-	9-9
10-0	44	-	-	10-0
10-3	-	-	-	10-3
10-6	-	42	45	10-6
10-9	-	-	-	10-9
>10-9	>44	>42	>45	>10-9

2) Brockport 건강체력검사

최근 들어 체력을 운동 및 건강의 개념과 관련지어 건강체력과 운동체력으로 구분하여 설명하는 경향이 있다. 건강체력은 활동이나 신체적 움직임에 1차적으로 동원되는 체력요인을 의미하며, 특정 운동이나 스포츠 기술을 습득하거나 경기 수행력의 향상을 위하여 필요한 체력요소들을 운동체력이라고 한다.

> **체력의 개념**
> 체력은 인간의 생존과 생활의 기반이 되는 신체적 능력을 말한다. 생존의 기반이란 인간이 처한 환경의 변화에 대응하여 생리적으로 항상성을 보존할 수 있는 적응력을 말하며, 생활의 기반이란 인간에게 부여된 신체적 자질을 계발하여 일상생활 속에서 생산성을 높일 수 있는 활동력을 말한다. 즉, 인간이 살아가는데 필수적으로 갖추어야 하는 신체적 에너지를 의미한다. 체력의 의미는 단순히 운동기술의 향상이 아닌 기능적인 삶의 영위라는 목표의 바탕이 된다고 할 수 있다.

장애아동에게 체력이 갖는 가치는 일반인의 것과 다를 바가 없다. 왜냐하면 체력이 삶을 효과적으로 영위하기 위한 기본적 에너지라는 측면에서 장애아동에게도 체력은 중요한 부분이기 때문이다. 단, 장애아동에게 체력의 의미를 한 가지 더 부가할 수 있다. 지금까지 장애아동들은 많은 활동의 기회로부터 제외되어 왔으며, 이러한 원인 때문에 장애로 인한 문제보다 더 심각한 체력저하의 문제를 갖게 되었다. 이러한 문제는 신체활동의 범위를 더욱 축소시키는 악순환을 가져오게 되었으며, 장애를 더욱 고착화시키는 원인으로 작용하고 있다. 따라서, 장애아동의 체력향상은 삶의 에너지라는 가치 외에 가지고 있는 장애를 극복하기 위한 기반으로서의 가치를 갖게 된다고 볼 수 있다.

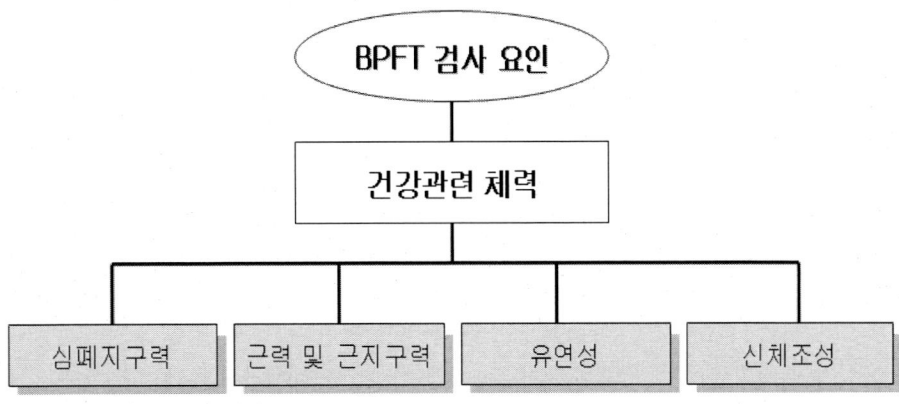

그림 4-22. BPFT의 검사요인과 종목 수

⑴ Brockport 건강체력검사의 특징

Brockport 건강체력검사(Brockport Physical Fitness Test, BPFT)(Winnick & Short, 1999)의 주요한 특징이자 가치는 ① 특수학교나 특수체육교실의 환경뿐 아니라 통합상황에서도 장애아동과 일반아동을 함께 검사할 수 있고, ② 체력 영역 중 건강체력 부분을 측정하고 순위를 매기는 규준지향적 해석이 아닌 건강의 여부를 판단하는 준거지향적 결과해석을 한다는 것이다. 부가적으로, ③ 하나의 체력요인에 대하여 장애유형별로 특성을 고려하여 각기 다른 종목으로 측정할 수 있는 선택의 기회를 제공하고 있다.

⑵ 검사의 진행 과정

BPFT는 일반아동과 함께 장애아동들의 체력검사를 할 수 있다는 장점을 가지고 있으며, 이를 위해 지도교사들은 진행에 관한 몇 가지 사항을 숙지하고 있어야 한다.

① 대상 아동에 대한 장애유형과 능력 및 수준
② 적절한 검사 종목의 선정
③ 선정된 검사 종목의 측정
④ 건강체력의 평가

한 아동의 예를 들어, Brockport 건강체력검사의 세부과정을 살펴보면 다음과 같다. 가장 먼저 아동에 대한 일반적인 사항을 파악한다. 즉, 장애유형과 연령, 신장, 체중 등에 관한 것을 검사 양식에 기록함으로써 아동을 대분류 한다. 다음 과정으로 아동의 표면적 수준을 파악해야 한다. 이것은 BPFT의 어떤 종목을 선정할 것인가의 문제와 밀접한 관련을 맺고 있다. 즉, 신체적 손상으로 인해 정규 측정 종목이 불가능한지의 여부와 어떤 변형 종목을 선택해야 할지를 판단하는 과정이라고 할 수 있다. 이러한 과정을 거쳐 검사자는 테스트를 위한 개인 프로파일을 준비할 수 있다.

진우는 뇌성마비를 가진 아동으로 보행이 어려우며, 이동과 관련된 검사 종목을 적용하는 것이 어렵다. 진우의 건강체력을 측정하기 위한 검사종목을 선정하는 데는 이러한 진우의 신체적 특성이 충분히 고려되어야 할 것이다. 따라서 진우의 체력평가 담당자는 다음과 같은 측정 종목을 선정한 후 제시된 검사 양식(그림 4-23 참조)에 따라 측정결과를 작성하였다.

- 심폐지구력: 목표심박수 운동 검사(암-에르고미터 이용, 최대심박수 70%)
- 신체조성: 피부두겹 측정법(skin fold measurements)
- 근력 및 근지구력: 앉아 팔버티기, 응용 윗몸일으키기(modified curl-up, 복근력)
- 유연성: 앉아 윗몸 앞으로 굽히기, 응용 토마스 검사

사 정

학생명	김진우	성 별	남(○), 여( )	연 령	12세
신 장	153cm	체 중	42kg	측정일자	2001년 10월 5일
장애 유형		경도 뇌성마비	세부분류		하지마비, 청각손상

검사 종목	측정 단위	측정 점수	변형 준거 점수	일반 준거 점수	
				최소한도 수준	적정권장 수준
심폐능력					
목표 심박수 운동 검사	분	Pass			Pass
신체조성					
피부두겹 측정법: (삼두근, 견갑하부의 합)	mm	삼두(10) 견갑(7) 종아리(8)		삼두+견갑 13~30	삼두+견갑 13~24
근력 및 근지구력					
앉아 팔버티기	초	2	5		
응용 윗몸일으키기	회수	6	11	18	36
유연성					
앉아 윗몸 앞으로 굽히기	cm	8			20
응용 토마스 검사	cm	1(10cm)	2(7.6cm)		
◆ 총 평가	심폐 능력과 신체조성 측정결과 진우의 장애와 연령을 고려했을 때, 건강한 수준이나 근력 및 근지구력, 유연성은 다소 지체된 것으로 나타남.				
◆ 요구 사항	근력 및 근지구력, 유연성에 관련된 프로그램 집중적으로 시행.				

그림 4-23. Brockport 건강체력검사 양식

진우의 체력측정 결과는 BPFT 검사 매뉴얼에 있는 항목별 결과 기준표에 의해 연령에 따라 건강한 정도의 체력 수준을 유지하고 있는지 여부를 확인할 수 있다. 진우의 측정결과를 바탕으로 진우의 건강체력 수준을 다음과 같이 확인할 수 있다.

① 심폐 능력

　심폐 능력은 목표심박수 운동 검사(target aerobic movement test; TAMT)로 알아보았다. 진우의 측정 결과 양식을 보면 해당 칸에 통과(pass)라고만 적혀있는 것을 확인할 수 있다. 결과적으로 진우는 장애정도와 연령을 고려했을 때 건강하다고 할 수 있는 심폐지구력을 가지고 있다는 것을 의미한다. 다른 검사 종목과 달리 '목표심박수 운동 검사'는 매뉴얼을 보더라도 특정한 기준표가 제시되어 있지 않고 측정을 위한 특정 종목도 정해놓고 있지 않다. 이러한 점은 목표심박수 운동의 측정이 갖는 가장 큰 특징이다.

　BPFT의 심폐지구력을 측정하는 종목은 1마일 달리기-걷기와 20m 왕복달리기, 16m 왕복달리기, 목표심박수 운동 검사(TAMT)이지만 진우와 같이 하지를 사용하지 못하는 뇌성마비 아동의 심폐지구력을 측정할 수 있는 것은 목표심박수 운동 검사이다. 목표심박수 운동 검사의 기본적 원리는 선정된 목표심박수로 15분간 운동을 할 수 있는가를 측정하는 것이다. 먼저 각 대상의 예상되는 최대심박수를 구하고 최대심박수의 70~85%를 목표심박수 범위(target heart rate zone; THRZ)로 선정하여 어떤 활동이든(예를 들어, 암 에르고미터) 목표심박수 구역의 심박수를 유지하며 15분간 활동하는 것을 검사한다. 일반적인 최대심박수는 220-자신의 나이로 산출한다. 그러나 본 검사에서처럼 뇌성마비와 같은 지체장애를 가지고 있는 경우 예외 기준을 적용하여 장애 정도에 따라 목표심박수 구역을 선정하는 기준이 다르다. 휴식 시 심박수가 분당 65회 이하일 경우는 분당 85~100회가 목표구역이 되고 65회 이상일 경우는 휴식 시 심박수에 20~30을 더한 값으로 정한다.

　진우의 경우 휴식 시 심박수가 분당 75회였으며 목표심박수 구역은 분당 95~105회로 결정되었다. 결국 진우는 암 에르고미터를 이용하여 15분간 분당 95~105회의 심박수를 유지하며 활동을 하는데 성공하였음을 알 수 있다.

② 신체조성

　신체조성을 검사하는 피부두겹 측정법은 피지후계(skinfold caliper)를 이용하여 신체의 3부위의 피부 두께를 측정하는 방법이다. BPFT에서 피부 두께를 측정하는 곳은 삼두근(어깨 꼭지점과 팔꿈치 중간 지점)과 견갑골 하부(견갑골로부터 2.5cm 아래 부위), 종아리(가장 넓은 종아리 둘레에서 측면 지점) 부위이다. BPFT에서는 신체조성을 검사하는 다른 방법으로 체질량지수(body mass index; BMI)를 이용하기도 한다. 체질량지수는 체중(kg)을 신장(m)의 제곱으로 나눈 값으로 표시한다. 그러나 최근에는 체질량지수 방법의 정확성이 떨어진다는 이유로 많이 사용하지는 않는다.

　측정된 3부위의 수치는 매뉴얼에 제시되어 있는 최소 기준표(minimal general standards)나 적정 권장 기준표(preferred general standards)와 비교하면 된다. 기준표에는 삼두근과 견갑하부의 합, 삼두근과 종아리의 합, 삼두근에 대한 연령별 기준이 제시되어 있다. 측정 결과 진우의 삼두근과 견갑하부의 합이 적정 권장 기준치인 13~24mm 내에 속하는 17mm이므로 신체조성 항목에서는 건강한 수준을 나타내고 있다.

③ 근력 및 근지구력

　BPFT에서 근력 및 근지구력을 측정하는 종목은 16종목에 이른다. 진우의 담당교사는 진우의 장애 특성을 고려하여 상지 근력의 측정종목으로 앉아 팔버티기를 선정하였으며, 복부 근력의 측정을 위해 응용 윗몸일으키기를 이용하였다. 앉아 팔버티기는 앉은 자세에서 팔을 펴고 낮은 평행봉의 양쪽을 손으로 잡아 오래 지탱하는 시간을 측정하는 방법으로 휠체어나 의자의 팔걸이 부분을 잡고 버티는 것으로도 측정이 가능하다.

　진우는 변형 기준표에 제시된 5초에 못 미치는 2초를 기록하여 상지 근력이 부족한 수준을 비자세에서 팔을 앞으로 편 상태에서 시작하고 상체를 들어 손끝을 허벅지에 대는 것을

1회로 계산한다. 진우는 기준표에 제시된 장애아동을 위한 변형기준 11회에 못 미치는 6회의 측정결과를 나타냈다.

④ 유연성

BPFT의 5개의 유연성 검사 중 진우에게는 윗몸 앞으로 굽히기와 응용 토마스 검사를 시행하였다. 앉아 윗몸 앞으로 굽히기 검사는 우리 나라에서도 사용하는 일반적인 검사도구를 사용하게 되지만 측정방식은 조금 다르다. 먼저 대상 아동은 신발을 벗고 검사도구의 발 받침대에 한 쪽 발을 뻗어 밀착시킨 후 다른 쪽 발은 무릎을 굽혀 세운다. 이 때, 앞으로 뻗은 발은 무릎이 굽혀지지 않도록 하는 것이 중요하며 두 손은 포개어 검사도구 위에 올려놓는다. 측정은 허리와 고관절을 숙여 최대한 두 손을 전진시켰을 때 최소한 1초 이상 머물러 있는 지점을 측정결과로 기록해야 한다. 측정결과 진우는 유연성 건강 기준인 20cm에 못 미치는 8cm의 유연성 수준을 나타냈다.

응용 토마스 유연성 검사는 진우처럼 하지의 경도마비를 가지고 있는 학생에게 유용한 고관절 유연성 검사이다. 측정 결과는 4단계로 구분된다. 토마스 검사를 위해 교사는 먼저 12.7cm×7.6cm(높이가 7.6cm), 15.2cm×10cm(높이가 10cm)의 카드 A, B를 마련하고 아동이 누울 수 있는 탁자를 준비한다. 탁자 끝으로부터 28cm 되는 곳에 표시를 하여 아동의 엉덩이를 대고 눕힌다. 대상 아동은 양 손으로 한 쪽 다리의 무릎 안쪽을 잡아 들어올리고 다른 쪽 다리를 탁자 밑으로 내려뜨린다. 이 때, 내려뜨린 다리의 허벅지가 탁자의 표면에 닿아 있으면 3점의 점수를 부여한다. 일반적으로 고관절의 유연성이 부족하면 내려뜨린 다리의 허벅지가 탁자 표면 위로 들리게 되는데, 이 공간에 카드 A가 들어가지 않을 정도면 2점의 점수를 부여한다. 또 이 공간에 카드 A는 들어가지만 카드 B가 들어가지 않으면 1점, B카드의 높이 이상 다리가 들리면 0점의 점수를 부여한다. BPFT 기준표에 의하면 진우의 연령과 장애 정도로는 2점의 점수를 받는 것이 건강한 수준임을 제시하고 있으나 진우는 이 검사에서 1점을 받았다.

상기와 같은 측정결과는 측정 자체로만 끝나면 아동의 신체활동 교육에 큰 의미를 갖지 못한다. 진우의 검사결과로부터 진우는 근력과 근지구력, 유연성이 적정 건강 수준에 비해 많이 떨어지고 있음을 확인할 수 있으며, 이러한 결과가 사후 진우의 개별화교육계획에 반영되는 것이 검사가 지닌 중요한 가치라고 할 수 있다.

진우보다 장애가 심한 경우나 상지 부분이 경직된 아동에게는 응용 애플리 검사(modified Apley test)나 목표 신전 검사(target stretch test)를 시행하는 것이 적절하지만 뇌성마비로 하지 부분이 경직된 진우에게는 위에 선정된 2가지 검사가 바람직하다.

표 4-7. 중도 장애아동을 위한 BPFT 유연성 검사

검사 종목	검사방법 및 판정
응용 애플리 검사	중도의 뇌성마비 아동의 유연성을 검사하는 것으로 4단계의 점수가 부여된다. 한 쪽 팔을 들어 목 뒤로 하여 어깨 너머로 넘겨 반대편 견갑골에 손끝이 닿을 경우 3점, 팔을 옆으로 들어 손바닥을 머리 위에 얹어 놓을 수 있는 경우 2점, 손을 들어 손가락으로 본인의 입을 만질 수 있는 정도의 유연성을 가질 때 1점, 1점에 해당하는 유연성을 갖지 못할 경우는 0점으로 처리된다.
목표 신전 검사	팔꿈치, 어깨, 손목 등의 관절가동범위를 측정하는 것으로 BPFT 매뉴얼에 각 관절의 가동 범위에 대한 기준표가 시계 형태로 제시되어 있다.

3) 우리 나라 사정의 개선점

진단(diagnosis)과 평가(evaluation)는 사정에서 가장 중요한 부분으로 특수체육이 존재하는 어느 곳에서든지 반드시 시행해야 하는 프로그램의 주요 과정이다. 지금까지 개별화 교육이 시행되어 왔던 기관에서 이러한 과정을 거치지 않고 IEP를 적용했다고 하는 것은 그 동안의 프로그램이 형식적인 것이었다는 것을 나타낸다. 사정에 사용되는 검사도구에 대한 연구들이 미흡했다는 것은 우리 나라 특수체육의 현실을 단적으로 지적하는 부분이다. 물론 여러 가지 검사방식을 선택하여 사정을 시행해 온 기관들도 있다. 하지만 그러한 사정이 어떤 과학적인 근거들로 설정되었는지는 의문이다. 준비와 체계가 없는 교육은 반드시 그 결과에서 문제가 생기게 마련이다. 이제 많은 부분에서 특수체육의 중요성이 인식되고 있지만 이러한 경향이 내실 있는 결과로 도출되기 위해서는 교육의 과정을 돌아봐야 할 것이다. 더불어 외국에서 제작된 검사도구들을 우리 나라에 적용하는 것이 어느 정도의 한계가 있음을 인정하지 않을 수 없다. 많은 특수체육 관련 연구단체나 기관들은 이 부분에 대한 시급한 대책을 세워야 할 것으로 생각되며, 이를 위해 정부의 지원과 교육현장과의 실질적인 연계가 반드시 필요하다.

☞ **생각해 봅시다 !!**

1. 특수체육 분야에서 새롭게 대두되고 있는 대안 사정의 방법으로 authentic assessment의 등장 배경과 종류에 대하여 알아봅시다.
2. 특수체육에서 진단과 평가의 중요성에 대해서 토론해 봅시다.

참고문헌

배호순(2000). 교육과정 평가 논리의 탐구: 학교교육과정 평가 방법론 서설. 교육과학사.

여광응, 조용태(1994). 장애유아의 조기교육. 서울: 특수교육.

Auxter, D., Pyfer, J., & Huettig, C. (2001). *Principles and methods of adapted physical education and recreation(9th ed.)*. New York: McGraw-Hill.

Burton, A. W. (1997). *Movement skill assessment*. Champaign, IL: Human Kinetics.

Davis, W. E. (1984). Motor ability assessment of populations with handicapping conditions: Challenging basic assumptions. *Adapted Physical Activity Quarterly, 2,* 125-140.

Jansma, P., & French, R. (1994). *Special physical education*. Englewoodcliffs, NJ: Prentice Hall.

King-Thomas, L., & Hacker, B. (1987). *A therapist's guide to pediatric assessment*. Boston: Little Brown.

Lieberman, J. L., & Houston-Wilson, C. (2002). *Strategies for inclusion*. Champaign, IL: Human Kinetics.

Luftig, R. L. (1989). *Assessment of learners with special needs*. Boston: Allyn & Bacon.

Safrit, M. J. (1990). *Introduction to measurement in physical education and exercise science*. St. Louis: Times Mirror/Mosby.

Salvia, J., & Ysseldyke, J. (1995). *Assessment(6th ed.)*. Princeton, NJ: Houghton Mifflin.

Sax, G. (1989). *Principles of educational and psychological measurement and evaluation(3rd ed.)*. Belmont, CA: Wadsworth.

Sherrill, C. (1998). *Adapted physical activity, recreation, and sport: Cross-disciplinary and lifespan(5th ed.)*. Boston: WCB/McGraw-Hill.

Ulrich, D. A. (1985). *Test of gross motor development*. Austin, TX: PRO-ED.

Ulrich, D. A. (2000). *Test of gross motor development(2nd ed.)*. Auxin, TX: PRO-ED.

Winnick, J. P. (1995). *Adapted physical education and sport(2nd ed.)*. Champaign, IL: Human Kinetics, 45-74.

Winnick, J., & Short, F. X. (1999). *The Brockport physical fitness test manual*. Champaign, IL: Human Kinetics.

제 5 장

행동관리

1. 행동관리의 이해
2. 행동관리 전략
3. 조작적 조건형성 기법

1. 행동관리의 이해

아동이 표출하는 행동은 그것이 상황에 부적절하거나, 부적응적이거나, 자신이나 타인에게 위험하거나 생명을 위협할 정도일 때 이를 문제행동(behavior problem)이라고 규정할 수 있다. 이러한 문제행동은 그 원인이 무엇이든 장애의 유무에 관계없이 모든 아동에게 빈번히 발생하며 이들의 사회적응을 방해하는 주요 요인이 된다(Barrett, 1986). 특히 장애아동이 포함된 학습현장에서는 여러 가지 모습으로 문제행동이 나타나는 경우가 많으며, 이러한 행동이 학습활동을 방해하는 경우를 종종 볼 수 있다. 이 경우, 교사는 어떠한 방법으로 학습을 극대화시키는 환경을 조성하고 부적절한 아동의 행동을 감소시킬 수 있을까? 본문에 제시되는 내용은 장애아동을 지도하는 교육 현장에서 아동의 부적절한 행동을 통제하기 위하여 실시되고 있는 행동관리의 방법들이다.

신체활동을 지도할 때 행동관리는 운동기술과 체력의 발달 및 학습을 극대화시키는 환경을 조성하고 교육 상황에 부적절한 아동의 행동을 감소시키는 폭넓은 지도 전략이다. 때때로 장애아동의 신체활동 프로그램이 참여를 통해 즐거움을 느끼는 것만으로 그 효과가 판정되고 장애아동이 일으키는 부적절한 행동에 대해서는 교사가 참아내는 것이 미덕인 것처럼 여겨지는 경우가 있다. 물론 아동들이 신체활동의 경험을 통해 즐거움을 얻는 것은 중요하지만 장애아동의 신체활동 지도 시 즐거움을 제공한다는 명목으로 아이들의 문제행동을 관리하지 않는다면 특별히 전문교사가 필요하지 않을 뿐 아니라 아동에 대한 점진적인 교육 효과는 기대할 수 없을 것이다.

아래에 제시되는 상황은 장애아동을 지도하는 현장에서 흔히 나타날 수 있는 장면으로 행동관리(behavior management)의 의미를 이해하는데 도움이 될 것이다.

현주는 9세로 자폐성 장애아동이다. 현주는 처음 체육교실에 참여하면서부터 관심을 보이던 트램폴린 위에 앉아 누구도 주위에 가까이 접근하는 것을 허락하지 않았다. 다른 아이들이나 교사가 가까이 가면 꼬집거나 할퀴는 공격적인 행동만을 나타내었을 뿐 아니라 강제로 트램폴린에서 내려놓으면 괴성을 지르며 그 자리에 누워 버렸다. 현주의 담임 교사는 현주의 교육계획을 세울 수 있는 최소한의 자료조차도 얻지 못한 채 3주의 시간을 보냈다. 현주는 트램폴린 위에서 뛰는 것을 좋아하기는 하지만 매번 그렇게 내버려 둘 수는 없었다. 현주의 담임 교사는 먼저 현주가 자연스럽게 트램폴린에서 내려올 수 있는 방법부터 고민하기 시작했으며, 현주가 가장 좋아하는 음악을 들려주는 방법을 이용하여 트램폴린 외에 다른 활동으로 자연스럽게 옮겨갈 수 있었다.

장애아동들은 새로운 곳에 적응하기가 어려우며, 장애의 특성, 가정환경, 습관 등으로 인해 교사가 바라는 행동을 취하기까지 적지 않은 시간들이 필요하다. 하지만 현주의 예처럼 교사가 적절한 행동관리 방법을 사용한다면 불필요하게 소요되는 시간을 최소한으로 줄일 수 있을 뿐 아니라 의도된 교육목표를 효율적으로 달성시키는 지름길이 될 수 있다. 교사나 부모가 행동관리의 방법을 이용하는 것에는 나름대로의 원칙이 있다. 위의 예에서도 현주를 트렘폴린으로부터 다른 활동으로 유도할 수 있었던 것은 교사가 음악이라는 새로운 강화물을 사용하였기 때문이다. 이러한 강화물의 적절한 사용 역시 행동관리법의 하나가 될 수 있다.

행동관리의 문제는 현주처럼 개인적인 학습환경의 조성이라는 측면에서도 매우 중요하며, 동시에 통합교육의 문을 여는 대의적인 측면에서도 중요한 부분이 아닐 수 없다. 앞으로 일반학교에서도 장애학생이 포함된 통합체육 수업이 확대될 것이며, 이러한 수업은 신체활동을 통해 자연스럽게 사회로 통합되도록 하는 큰 목적을 가지게 될 것이다. 이러한 점을 감안할 때, 일반학생과 함께 어울려 생활하고 교육받는 데 지장을 줄 수 있는 행동문제를 지도하고 조절하는 것은 매우 중요하다. 그러나 행동의 문제가 장애아동에게서만 나타난다고 하는 선입견을 갖는 것은 매우 잘못된 것이며, 아동만의 개인적인 문제로 인해 발생하는 것이 아니라는 점을 교사나 부모들은 인식해야 한다. 오히려 행동관리의 문제는 아동과 관련된 주위 환경을 어떻게 조절하는가에 더 큰 비중이 있다.

1) 행동관리의 절차

아동의 행동을 효과적으로 관리하는 것은 일련의 체계적인 과정을 거쳐야 한다. 경험이 많은 교사라면 상황에 따라 절차와는 상관없이 필요한 조치를 취할 수 있겠지만, 대부분의 교사들은 하나 하나의 단계를 거치며 확인하고 시행하는 치밀함이 필요하다.

첫째, 문제행동이 무엇인가를 파악한다.
둘째, 문제행동이 발생하는 빈도, 기간, 유형 등의 자료를 파악한다.
셋째, 적절한 행동관리 방법을 선정한다.
넷째, 효과적인 강화물을 조사하고 선정한다.
다섯째, 행동관리를 시작한다.
여섯째, 행동관리 시행에 따른 효과를 관찰하고 기록한다.
일곱째, 아동의 행동변화를 최종적으로 확인하는 평가를 한다.
여덟째, 행동관리법에 사용된 강화물을 점차적으로 줄여 나간다.

2) 행동관리의 기본원리

Lewis와 Doorlag(1995)는 장애아동의 문제행동을 다루기 위해서 교사가 알아야 할 기본적인 원리를 다음과 같이 제시하였다(이소현, 박은혜, 2001).

- ◆ 행동은 학습될 수 있다.
  장애아동이 보이는 문제행동은 아동의 과거 경험이나 잘못된 강화에 의해서 학습된 것일 수 있으며, 적절한 행동을 학습하지 못해서 나타나기도 한다.
- ◆ 문제행동이 발생할 경우 행동의 선행사건과 후속결과를 함께 고려해야 한다.
  행동의 전후에 발생하는 선행사건이나 후속결과를 수정하거나 조절함으로써 새로운 행동을 학습시킬 수도 있고, 기존의 행동을 조절할 수도 있다.
- ◆ 주의 깊은 교실 환경 구성을 통해서 문제행동을 감소시킬 수 있다.
  교실의 물리적인 구조, 교실 내에서의 이동 반경, 교수 프로그램의 질 등 교실 운영과 관련된 모든 요소들은 문제행동의 정도나 발생빈도에 중요한 영향을 미친다. 따라서, 교수 활동에 방해가 되는 요소들을 감소시키고 더 나아가서는 문제행동의 발생 자체를 감소시킬 수 있다. 또한, 적절한 교수 프로그램의 선정과 능률적인 교실 운영 절차도 문제행동의 발생을 감소시킬 수 있다.
- ◆ 강화를 제공함으로써 행동 발생을 증가시킬 수 있다.
  강화는 특정 행동과 분명하게 연결되어 즉각적으로 주어질 때 가장 효과적으로 사용될 수 있다.
- ◆ 강화 제거 및 혐오적 자극에 의해서 행동 발생을 감소시킬 수 있다.
  행동은 그 행동이 발생할 때 제공되는 강화가 제거되거나 행동에 뒤이어서 혐오적 자극이 주어질 때 그 발생 빈도가 줄어든다.
- ◆ 행동의 후속결과를 선정할 때에는 아동에게 의미 있는 것으로 선택해야 한다.
  아동의 특정 행동에 대해서 교사가 원하는 영향을 미치기 위해서는 그 행동에 뒤따르는 후속결과가 아동에게 의미 있는 것이어야 한다.

3) 문제행동의 판단

행동관리에 있어 가장 먼저 시행되는 부분이 문제행동을 판단하는 것이다. 문제행동을 판단하는 것은 교사나 부모의 신중함을 필요로 한다. 왜냐하면, 종종 아동들에게 나타나는 과도한 울음이나 거부감 또는 산만함은 외면적으로는 문제행동 양상을 띠지만 잠시 부모와 떨어지게 되어 나타나는 불안감이나 감기, 몸살 등과 같은 일시적인 신체적 고통이 원인이 되는 경우도 있기 때문이다. 학습현장에서 나타날 수 있는 행동의 문제는 크게 학습에 방해가 되는 행동과 다른 아동을 괴롭히고 자신을 공격하는 행동으로 구분할 수가 있다.

(1) 학습에 방해가 되는 행동

가장 흔히 일어나는 상황은 무엇인가를 지시하려고 할 때 소리를 지르는 행동과 바닥에 눕는 행동이다. 이런 행동은 아동이 나타내는 적극적인 거부 행동으로 학습의 시작부터 어려움을 겪게 된다. 다른 형태로 나타나는 문제행동으로는 혼자 떨어져 몸을 좌우로 흔들거나 신체의 일부분을 지속적으로 흔드는 경우와 주위 환경에 지나친 반응을 보여 항상 이리저리 돌아다니는 것을 들 수 있다. 자폐성 장애아동에게 나타나는 특별한 경우이기는 하지만 어느 하나에 지나친 집착을 보여 다른 활동에 주의집중을 하지 못하는 경우도 학습에 방해가 되는 문제행동의 한 예이다.

> 진홍이는 16세의 자폐성 장애를 가진 청소년으로 신문에 대한 지나친 집착을 보인다. 일상생활을 할 때도 항상 신문을 들고 다니고 체육수업에 참여하는 동안에도 신문을 손에 들고 있지 않으면 불안해하며 계속 신문을 찾는다. 이 때문에 진홍이의 담임교사는 손을 사용해야 하는 신체활동 지도에 어려움이 있으며, 이에 대한 행동관리가 필요하다고 느끼고 있다.

> 성진이는 12세의 정신지체 아동으로 주위 사람들의 움직임에 대한 관심이 지나칠 정도로 많다. 과제를 수행하는 중에도 주위에 누군가가 지나가면 시선을 그 쪽으로 보내 과제활동 수행이 중단되는 경우가 많아 과제에 대한 주의 집중을 높이기 위한 행동관리를 필요로 하고 있다.

(2) 다른 아동을 괴롭히고 자신을 공격하는 행동

학습에 방해가 되는 행동과는 다르게 타인과 자신에게 해를 끼치는 행동들도 문제행동으로 볼 수 있다. 가장 대표적인 형태는 주위의 사람들을 꼬집거나 할퀴고 때리는 행동으로 정서적인 문제를 갖는 아동들이나 지체장애 아동들의 성격적 결함 때문에 나타나는 경우가 많다. 또한, 타인에 대한 괴롭힘으로 끝나지 않고 그러한 공격적인 행동이 자기 자신에게까지 이루어지는 경우도 있다. 지나친 경우 자해행위로 인한 심각한 결과를 초래하기도 하며, 이 경우는 조기 행동관리가 절대적으로 필요하다.

> 원빈이는 9세의 자폐성 장애아동으로 일상적인 태도는 특별히 공격적이지 않지만 어떤 원인으로 인해 짜증이 나는 경우에는 갑자기 주위에 있는 아동의 얼굴을 때리는 행동을 자주 나타낸다. 원빈이의 담임 교사는 원빈이가 짜증을 낼 때마다 각별한 주의를 하고 있지만 원빈이의 갑작스런 공격 행동은 행동관리를 필요로 한다.

> 석표는 13세의 경도 뇌성마비 아동으로 약간의 인지적인 문제를 갖고 있다. 신체활동 과제에 대한 적극적인 참여 태도를 나타내고는 있지만 자기 자신의 뜻대로 되지 않는 경우 엎드려 머리로 바닥을 치는 문제행동을 나타낸다. 대부분의 활동이 매트 위에서 시행되기 때문에 큰 상해의 위험은 없어도 이에 대한 행동관리가 필요하다.

장애아동들에게서 나타나는 문제행동은 일반아동들의 것보다 다양하고 심각한 경우가 많다. 행동관리를 시행하기 전에 무엇이 문제행동인지를 정확히 파악하는 것은 어떤 행동관리법을 어떻게 적용할 것인가를 결정하는데 매우 중요하다. 그리고 무엇이 문제인지를 결정하였다면 일정기간 그러한 문제행동에 대한 세심한 관찰을 통해 문제행동의 발생 빈도, 원인, 지속시간 등의 필요한 자료를 수집해야 한다.

자료수집과 함께 교사는 아동의 문제행동 변화과정을 관찰하기 위해 적절히 기록해야 한다. 이러한 기록의 과정은 연구자들에게만 필요한 것이 아니며, 실제 현장교사들에게 더욱 절실한 부분이다.

4) 문제행동의 관찰과 기록

행동관리 전략을 적용함에 있어 정확한 기록 없이는 실제로 중재의 효과가 있는지를 확인할 수가 없다. 이러한 기록의 효과는 아동의 행동변화를 객관적으로 제시하는 증거가 될 뿐 아니라 교사나 부모에게도 스스로를 격려할 수 있는 실질적인 에너지원이 될 수 있다.

(1) 빈도 기록법

빈도 기록법은 해당 아동이 일정 시간 동안에 어떤 문제행동을 몇 번이나 나타냈는지를 기록하는 것이다. 대개 이러한 기록 방식은 실제 지도가 이루어지는 시간에 교사가 간이 노트를 항시 소지하여 직접 체크하게 된다. 활용 목적에 따라서는 똑같은 양식을 부모에게도 전달하여 가정에서도 체크하게 하여 교사와 부모의 협력이 필요할 경우도 있다.

대상학생: 이형직		문제행동: 손가락 물어뜯기(횟수)	
일시	화요일 (18:00~19:30)	토요일 (14:00~15:30)	비고
1주차	正 丁	正	중지와 엄지
2주차	正 下	正	엄지 위주
3주차			

그림 5-1. 빈도 기록표의 예

(2) 지속시간 기록법

문제행동이 시간적으로 오래 지속될 경우에는 그 행동이 일정시간 동안에 몇 번이나 발생했는지를 기록하는 것보다는 그 행동이 얼마 동안 지속되었는지를 측정하는 것이 문제를 이해하고 평가하는데 더 큰 도움을 준다. 프로그램을 시작하려 할 때, 울거나 과제에 집중하지 못하고 자리를 이탈하는 행동처럼 문제행동의 횟수보다는 시간을 증진시키거나 감소시켜야 할 경우에 이 방법이 유용하게 사용될 수 있다. 예를 들어, 특정 신체활동을 하다가 자리를 이탈하여 다시 제자리로 돌아오는 시간을 측정하는 경우가 여기에 해당한다.

대상학생: 김상곤　　　　　　　　　　문제행동: 자리이탈(시간)

일시	화요일 (18:00~19:30)	토요일 (14:00~15:30)	비고
1주차	15분	20분 03초	화요일 2회 토요일 3회
2주차	18분 20초	19분 12초	화요일 3회 토요일 3회
3주차			

그림 5-2. 지속시간 기록표의 예

(3) 등간 기록법

등간 기록법은 정해진 관찰시간을 동일한 단위시간 간격으로 작게 나누어서 그 단위시간 안에 행동이 발생되었는지를 기록하는 방법이다. 등간 기록법의 장점은 행동의 발생빈도와 지속시간을 동시에 측정하고 기록할 수 있다는 것이다. 예를 들어, 자리를 이탈하는 아동의 행동을 30분 동안 관찰할 경우 다음과 같이 기록표를 만들어 사용하는 것이 좋다(그림 5-3 참조). 30분을 우선 1분 간격으로 나누고 나누어진 단위 시간에 문제행동이 일어났는지 아닌지를 확인해서 표시하면 된다. 즉, 1분 동안 한 번이라도 자리를 뜨면 빼기 표시(-), 1분 동안 한 번도 자리를 뜨지 않으면 더하기 표시(+)로 적어 넣는다. +와 -의 표시가 자주 바뀌는 것은 그 만큼 자리를 이탈한 횟수가 빈번하였다는 것을 뜻하고 +표나 -표가 연속적으로 계속될 경우에는 자리이탈의 횟수보다는 지속시간이 비교적 길었다는 것을 뜻한다.

대상학생: 박재진　　　　　　　　　　문제행동: 자리이탈

시간(분)	1	2	3	4	5	6	7	8	9	10	11	12	13	14	15	16	17	18	19	20	...	...	30
1교시	-	-	-	+	+	+	-	-	+	+	+	+	+	+	+	+	-	-	-	-	...	...	-
2교시	+	+	+	+	-	-	-	-	-	-	-	+	+	+	+	+	+	+	+	+	...	...	-
3교시																							

+: 자리 이탈하지 않음　　-: 자리 이탈함

그림 5-3. 등간 기록법의 예

(4) 시간 표집법

시간 표집법은 빈도 기록법, 지속시간 기록법, 등간 기록법에 비해 관찰시간이 짧고 관찰방법이 용이한 것이 장점이다. 이 방법은 정해진 관찰시간을 작은 단위로 간격을 나눈다는 점에서 등간 기록법과 같으나 행동을 관찰하는 방법이 다르다. 만일 아동의 행동을 2시부터 3시 30분까지 1분 간격으로 관찰한다면 등간 기록에서는 처음 2시부터 2시 1분까지 1분간의 시간이 흐르는 동안 아동이 문제행동을 했는지 하지 않았는지를 계속 확인해서 기록한다. 그러나 시간 표집법에서는 아동의 행동을 계속 지켜볼 필요는 없고 정각 2시 1분이 되는 그 순간에 아동이 문제행동을 보이면 빼기 표시(-), 보이지 않으면 더하기 표시(+)로 기록하는 것이다. 따라서 아동이 문제행동을 30초 때하고 1분이 되는 때에 하지 않았다면 +로 기록을 하게 된다. 다시 말하면 다른 시간에 문제행동을 하는 것과 상관없이 관찰해야 되는 그 시간에 발생한 것만 기록하는 것이다. 그러므로 이 방법은 행위발생에 대한 관찰을 놓칠 가능성이 있다는 단점이 있다.

대상학생: 이재훈							문제행동: 자해행동	
시간(분)	14:01	14:02	14:03	14:04	14:05	14:06	- - - -	15:30
행동	+	-	+	-	-	+	+ - - - +	+

+: 자해행동 하지 않음 -: 자해행동 함

그림 5-4. 시간표집 기록표의 예

2. 행동관리 전략

1) 행동관리의 방법과 선정

행동관리의 방법에 대한 접근은 오래 전 인지심리학에서부터 출발하였으며, 현재까지 많은 분야의 다양한 방법들이 제시되고 있다. 특별히 신체활동 지도에서 '조작적 조건 형성'의 방법은 사회적 행동, 운동기술, 체력, 놀이기술 등의 모든 분야에 걸쳐 행동관리의 기본적인 원칙이 되고 있다. 조작적 조건 형성의 의미는 아동과 환경과의 상호작용이 행동을 유발하는 전제 조건이라고 가정한 후, 이 사이에 작용하는 모든 요건들을 인위적으로 조절함으로써 행동의 변화를 유발할 수 있다는 것이다.

(1) 행동관리의 A-B-C 개념

무엇이든 일관적인 변화를 가져오기 위해서는 기본적인 원리를 따라야 하는 경우가 많다. 즉 '어떻게 행동관리를 하지?'라는 의문에 직접적인 대답이 될 수 있는 지침이 필요하다. 이런 의미에서 행동관리의 A-B-C 원리는 장애아동의 행동관리를 시행하려고 하는 교사나 부모들이 반드시 알고 있어야 하는 개념이다.

A-B-C의 구체적인 의미는 선행 자극(antecedent stimulus)이나 사건(event)을 통해 행동(behavior)이 일어나며, 그러한 행동으로 인해 오는 결과(consequence)가 반드시 존재한다는 것이다. 따라서 행동 관리자는 행동 전에 발생하게 되는 자극이나 상황을 조작하여 행동을 조절할 수 있을 뿐 아니라 행동 후의 결과를 통제함으로써 행동을 변화시킬 수 있다.

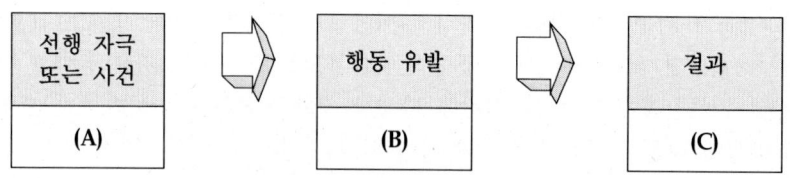

그림 5-5. 행동관리의 A-B-C 개념

체육교실 상황에서 위의 A-B-C 행동관리의 예로는 수업을 시작하기 전 수진이가 체육관에 들어오면서(A) 인사를 할 때(B) 교사가 반갑게 맞이하며 안아주거나 뽀뽀를 해 주는 것(C)을 들 수 있다. 이 경우 수진이는 다음 수업 시간에도 교사에게 안기거나 뽀뽀를 받기 위해 인사를 하게 될 것이다. 리듬체조 수업시간에(A) 용철이가 갑자기 소리를 지르며 뛰어다니자(B) 교사가 용철이에게 앉았다 일어서기 20회를 하도록(C) 지시하는 것도 또 한 가지 예이다. 이 경우에도 용철이는 앉았다 일어서기를 하지 않기 위해 수업시간에 이탈하는 행동을 줄일 것이다. 상기의 2가지 단적인 예는 A-B-C 행동관리 개념을 통해 후속 결과를 조절하여 긍정적인 행동을 증가시키는 것과 부정적 행동을 감소시키는 것을 보여준다. 실제 상황은 더 복잡해질 수도 있지만 기본적인 원리는 모든 행동이 상황에 따라 행동이 일어나고 이 행동에 대한 결과로 이어진다는 것이다.

여기에서 유의해야 할 것은 행동의 강화를 위해서 사용되는 강화물을 선택할 때 아동이 선호하는 것인지 싫어하는 것인지를 정확히 파악하고 있어야 한다는 것이다. 위의 첫 번째 예에서 수진이가 뽀뽀하는 것을 싫어하는 아동이라면 오히려 다음부터 수진이는 인사를 하지 않게 될 수도 있다. 더불어 행동관리를 목적으로 한 강화는 반드시 행동이 일어날 때에만 사용해야 한다는 점이다. 즉, 결과(C)에 해당하는 강화물은 항상 상황(A)에서 행동(B)이 일어날 때에만 주어져야 하는 것이 A-B-C 패턴이다. 이것이 행동관리에 있어서의 핵심이기 때문에 문제행동을 지도하고자 하는 부모나 교사는 바로 A-B-C 조건을 정확히 파악하고 이 원리를 적절하게 활용하는 기술을 습득하는 것이 필요하다.

(2) 조작적 조건 형성의 절차

조작적 조건 형성이 장애아동에게만 적용되는 원리는 아니지만 장애아동의 부모나 체육교사들은 조작적 조건 형성의 절차를 적절히 이용하여 효과적인 행동의 관리뿐 아니라 의도하는 교육의 목표를 체계적이고 용이하게 달성할 수가 있다. 조작적 조건 형성의 절차는 먼저 아동에게 교사가 의도하는 행동을 형성시키는 것으로부터 시작하여 그러한 행동을 다양한 보조를 통해 증가시키거나 정확성을 높임으로써 일상적인 상황에서도 자연스럽게 행동이 발현될 수 있도록 일반화시키는 과정을 거치게 된다. 그러나 이러한 원리를 현장에서 적용할 때, 교사는 대상 아동과 환경에 따라 융통성 있게 대응을 할 수 있는 능력을 키워나가야 한다. 왜냐하면, 장애로 인한 특성으로 인해 항상 일률적인 적용이 어려운 경우가 많기 때문이다.

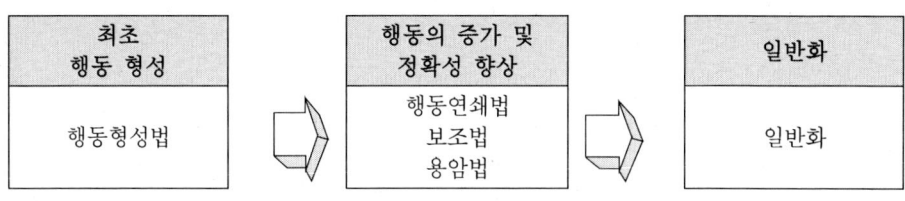

그림 5-6. 조작적 조건 형성의 절차

① 행동형성법

행동형성법(shaping)은 아동이 한 번도 해 본 적이 없거나 거의 하지 않는 새로운 행동을 가르칠 때 처음 도입되는 방법이다. 교사나 부모는 특정 목표행동을 정해놓고 아동의 행동을 잘 관찰한 다음, 처음엔 아동이 목표행동과 조금이라도 비슷한 반응을 보이면 유사한 그 행동을 적극적으로 강화해 주어 아동이 특정한 목표행동을 수행하는데 있어서 성취감과 흥미를 갖게 한 후에 최종적으로 목표행동에 일치하는 행동을 할 때에만 강화를 제공하여 의도한 행동을 배우게 하는 것이다.

예를 들면, 테니스공 던지기 과제를 수행하는 데 있어 대상 아동이 처음에는 굴리는 형태의 동작만 하더라도 칭찬을 해주며, 정확한 형태의 던지기 동작이 될 수 있도록 칭찬을 반복한다. 이러한 반복과정에서 정확한 던지기 동작이 시행될 때마다 적극적인 강화를 줌으로써 아동의 던지기 동작이 점차 향상될 것이다. 이러한 과정을 거친 후에는 최종적으로 정확한 오버핸드 던지기 동작을 수행할 때에만 강화를 제공함으로써 의도한 활동 목적을 달성할 수가 있게 된다.

② 행동연쇄법

행동연쇄법(chaining)은 아동의 학습이 용이하도록 목표행동을 단계별로 나누어 계단식으로 한 단계씩 가르치는 방법을 말한다. 장애아동에게 운동기술이나 기타 다른 신체활동을 가르칠 때 아동의 현재 수준과 아동이 배울 수 있는 속도에 맞추어서 단계를 세분화하는 것은 아동이 새로운 것을 습득하는데 있어서 매우 중요하다. 이렇게 아동의 개별적 필요에 따라 의도한 목표행동을 가르치기 위해서 작은 연속적인 행동으로 나누는 것이 행동연쇄법의 핵심이다. 행동연쇄의 방법은 크게 두 가지 형태로 구분할 수가 있다. 하나는 전진연쇄(forward chaining)의 방법으로 일련의 목표행동을 세분화하여 처음의 단계부터 마지막 단계까지 순서적으로 가르친다. 전진연쇄에서는 목표행동을 달성하기 위해 앞 단계의 반응에 이어지는 뒤의 반응을 유도하는 특성을 갖는다. 다른 하나는 역순연쇄(backward chaining) 방법으로 세분화된 목표행동을 순서대로 배열한 다음 맨 뒤의 과정부터 지도하는 방식이며, 목표행동을 매 단계마다 제시하는 특성을 갖고 있으며, 한 단계가 완성될 경우 앞 단계를 지도하게 된다.

신체활동 지도에서의 행동연쇄법의 전진연쇄는 다음의 '걷기'에 대한 예를 통해서 이해할 수 있다.

'걷기'는 외형적으로 보여지는 것과 달리 대단히 복잡한 행동이다. 걷기의 동작을 하위 움직임으로 분석하면 땅으로부터 한 발을 들어올리고, 적정한 거리로 발을 앞으로 뻗으며, 반대쪽 한 발로 자신의 몸무게를 지탱하면서 균형을 잡고, 발뒤꿈치를 땅에 딛고, 다시 반대쪽 발을 들어올리는 등 수 많은 단위 움직임들로 나누어 볼 수 있다. 이와 같이 어떤 행동을 구성하고 있는 단위 행동들의 순차적인 연습을 통해 본래의 큰 행동을 완성해 가는 것을 '전진형 행동연쇄'라고 한다. 이러한 전진형 행동연쇄의 중요한 점은 한 발을 땅으로부터 들어올리는 동작이 그 발을 앞으로 내뻗는 동작에 대한 단서가 되는 것처럼 연쇄선상에 있는 하나의 단위 행동이 바로 다음 단위 행동에 대한 단서가 된다는 것이다.

전진연쇄와 달리 역순연쇄의 개념을 쉽게 적용하기는 어렵다. 실제 현장교사들도 역순연쇄의 방법에 대한 자세한 개념을 모르고 있는 경우가 많다. 하지만 아래와 같은 예를 통해 기본적인 원칙을 충분히 숙지한다면 현장적용이 그렇게 어렵지는 않을 것이다. 부모가 집에서 아동의 '체육복 바지 입기'를 역순연쇄 방법으로 가르치고자 한다면 다음과 같이 바지 입기에 대한 세부적인 과제를 나눈 뒤 역순연쇄의 절차를 거친다.

<과제분석>
1단계: 바지를 잡고 발에 가져가기
2단계: 한 쪽 발 끼우기
3단계: 양 쪽 발 끼우기
4단계: 바지 끝단을 발목까지 당기기
5단계: 바지를 무릎까지 잡아당기기
6단계: 바지를 엉덩이까지 잡아당기기
7단계: 바지를 허리까지 잡아당기기

<역순연쇄>

첫째, 부모가 바지 입는 것을 처음부터 엉덩이 부분까지 올리는 것을 도와주고 아동이 혼자 엉덩이에서 허리까지 올리게 한다.

둘째, 부모가 바지 입는 것을 처음부터 무릎부분까지 도와주고 아동이 혼자 허리까지 올리게 한다.

셋째, 부모가 바지 입는 것을 발목 부분까지 도와주고 아동이 혼자서 허리까지 올리게 한다.

넷째, 부모가 바지에 한 쪽 발을 끼우는 것까지 도와주고 아동이 혼자 다른 발을 끼우고 허리까지 올리게 한다.

다섯째, 부모가 바지를 바로 잡아 주고 발 있는 부분까지 가져다주면 아동이 혼자 바지를 입는다.

여섯째, 부모가 "바지를 입자"라고 지시하면 아동이 혼자서 바지를 입는다.

체육수업에서 이루어지는 신체활동 과제는 대체로 전진연쇄를 통해 이루어지는 경우가 많다. 왜냐하면 역순연쇄법은 과제분석의 마지막 단계부터 아동이 학습해야 하는 이유로 운동발달과 관련된 대부분의 신체활동 과제를 시행하기 어려울 경우가 많기 때문이다. 예를 들어, '평균대 걷기'의 과제활동에서 교사는 다음과 같이 과제를 세분화시킬 수 있다.

1단계: 바닥에 선 따라 걷기(직선→곡선)
2단계: 나무토막을 이용한 징검다리 건너기
3단계: 낮은 평균대 걷기
4단계: 넓은 평균대 걷기(목표로 하는 평균대와 높이는 같고 폭은 2배)
5단계: 평균대 서기
6단계: 평균대에서 한 발 들기
7단계: 평균대 걷기

이때, 역순연쇄 방법을 적용한다면 평균대에 올라서기조차 두려워하는 아동들에게는 다음 단계의 지도를 시행할 수 없는 결과를 초래한다. 따라서 교사는 과제의 유형과 대상아동의 특성을 고려한 행동연쇄 방법을 고려해야만 한다.

행동연쇄법을 사용할 때 비전문가들은 처음에 지나친 의욕을 갖고 단숨에 행동을 수정하려고 무리하게 시작해서 실패하고 포기해 버리는 경우가 많다. 이는 행동관리의 기초적인 원리를 무시하고 시작하기 때문이며 행동연쇄법을 사용할 때에는 어려운 과제를 한 번에 제시하지 말고, 해야 할 과제를 아주 작은 단계로 나누어서 조금씩 제시해 주어야 한다는 점을 꼭 명심해야 한다.

③ 보조법(촉구법)

보조법(prompting)은 아동이 주어진 과제, 즉 목표행동을 혼자 하지 못할 때 부모나 교사가 도와주는 것을 의미한다. 이러한 보조법의 활용은 지도현장에서 가장 많이 시행되는 방법이지만 세부적인 사용기법이나 원칙을 명확히 알지 못하여 효과적으로 사용되지 못하고 있다. 보조법을 시행할 경우에는 도움의 종류와 정도를 계획적으로 변화시켜 아동에게 제시하는 것이 필요하다.

보조법은 형태에 따라 신체적 보조, 언어적 보조, 시각적 보조로 구분할 수 있다. 제시되는 신체적, 언어적, 시각적 보조 방법은 꼭 필요한 때에만 사용해야 하며, 아동이 어느 정도 동작을 스스로 할 수 있는 수준에 이르면 보조의 양을 점진적으로 줄여나가도록 한다.

◆ 신체적 보조

신체적 보조는 신체활동을 가르치는 체육현장에서 중요한 부분이 아닐 수 없다. 하지만 지나친 신체적 보조를 통해 아동이 스스로 할 수 있는 활동의 기회를 제한하는 경우를 종종 볼 수 있다. 어느 정도가 적정한 수준의 신체 보조인지를 단정지어 제시할 수는 없으나 최대한 아동이 스스로 할 수 있는 상황을 조성하는 것이 가장 좋은 보조법의 원칙이다. 신체적 보조는 주로 신변처리나 운동기술을 가르칠 때 사용되어지며 아동에게 걷기를 가르칠 때 아동의 허리나 손을 잡아 준다거나 공던지기를 가르칠 때 아동의 손과 공을 함께 감싸 잡아 움직임을 유도하는 것이 이에 속한다.

◆ 언어적 보조

아동이 과제를 수행하도록 돕는 말은 모두 언어적 보조에 해당된다. 신체활동을 지도하는 경우 언어적 보조는 과제에 관한 설명과 지시가 주로 사용되며, 효과적인 강화의 한 방법이다.

설명 지도하고자 하는 동작이나 경기를 시작할 때 동작을 자세히 말해주거나 게임의 규칙과 방법을 제시하는 것을 말한다. 즉, 치기 동작을 가르치고자 할 때 "배트는 두 손을 포개어 잡도록 하고 공이 몸 가까이에 오면 배트를 휘둘러 공을 맞추어야 해"라고 말하는 것은 언어적 보조를 통한 과제 설명에 해당한다.

지시 아동이 한 과제를 수행할 때 간단한 단어나 문구를 이용하여 행동을 유발하도록 하는 것을 의미하며, 상황에 따라 단호히 혹은 부드럽게 강약을 조절하는 방법을 익혀야 한다. 특히, 지시를 할 경우에는 아동의 어휘력과 언어 이해력 수준에 맞추어서 간단하게 지시하는 것이 중요하다. 위의 치기 과제에서 아동이 실제

날아오는 공을 쳐야 할 시점에 교사는 "쳐!" 혹은 "휘둘러!" 등의 적절한 용어를 선택하여 아동의 행동을 유도할 수 있다.

언어적 강화 장애아동을 지도할 때 언어적 보조를 통하여 강화를 주게 되는 경우가 많다. 그리고 이러한 언어적 강화는 특별한 준비가 필요 없이 즉각적인 반응을 촉구할 수 있다는 측면에서 매우 유용한 방법이다. 지시의 형태가 바로 강화의 의미가 될 경우도 있지만 칭찬이나 부정적인 제약을 뜻하는 형태로 많이 사용된다. 트램폴린 뛰기를 하는 아동에게 "그래 바로 그렇게 하는 거야!" "자 이제 한번 더!" 등의 긍정적 강화나 "아니야, 제자리에 서!" "너무 낮게 뛰잖아!" 등의 부정적 강화로 사용될 수 있다.

◆ **시각적 보조**

시각적 보조는 아동이 과제를 성공적으로 수행하도록 도와주는 모든 시각적 자극을 말한다. 예를 들면, 어떤 동작을 하도록 그림카드를 이용하거나 사진을 보여주는 것도 시각적 보조이며, 교사에게 집중할 수 있도록 교사의 복장을 밝은 색으로 골라 입는 것도 하나의 시각적 보조가 될 수 있다.

④ 용암(溶暗)법

용암법(fading)은 자극을 점진적으로 조절하여 목표행동을 달성할 수 있도록 하는 관리법이며, 자극의 조절이 강한 것에서 약한 것으로 이동하는 것이 핵심이다. 예를 들어, 던지기 활동과제를 지도하는 김 교사가 처음에 아동의 손을 잡고 함께 던지기를 하는 과정에서 처음에는 아동의 팔 전체를 두 손으로 보조하여 던지는 것을 반복하다가 점차 한 손만으로 팔을 보조하고, 다음에는 한 손으로 아동의 손만을 보조하여 아동이 던지기 기술을 습득할 수 있도록 도와주었다. 결국 대상 아동은 김 교사의 보조 없이 던지기 과제를 정확히 수행할 수 있었다. 이처럼 아동에게 제공하는 교사의 보조 혹은 자극을 점차적으로 줄여감으로써 아동에게 필요한 행동을 성취시키는 방법이 용암법이다.

⑤ 일반화

일반화(generalization)는 어떤 과제를 학습한 후 그 학습을 한 장소 이외의 다른 장소에서도 그 과제를 수행하는 행동을 의미한다. 장애아동, 특히 정신지체나 발달장애 아동에게서 가장 힘든 것이 이런 일반화의 문제라고 해도 과언이 아니다. 일상생활 행동과 관련된 과제를 수많은 반복 연습을 통해 습득했다고 하더라도 일상 속에서 실행되지 않는다면 반복 훈련의 가치를 찾기는 어렵다. 신체활동 지도 현장에서도 일반화의 문제는 중요하지 않을 수 없다. 즉, 평형성 향상을 위한 평균대 걷기를 잘 짜여진 계획에 의해 수행하여 의도한 목표를 달성했다고 하더라도 실제 계단 걷기나 등산활동을 하는 것이 불가능하다면 신체활동 지도의 가치를 극대화시키지 못할 것이다. 학습의 일반화를 촉진시키는 방법은 다음과 같다.

첫째, 학습지도 환경과 일반 환경에서 사용되는 자료나 사람을 되도록 같거나 유사하게 해준다. 이러한 것들이 유사하면 유사할수록 더 쉽게 일반화가 일어난다.
둘째, 학습이나 행동지도를 할 때 가능하면 여러 환경에서 다양하게 실시한다.
셋째, 계속해서 특정 강화물만 쓰지 않고 다양한 강화물을 사용하며, 처음에는 의도한 행동과 비슷한 동작을 했을 때 강화를 주다가 점차 횟수를 줄이면서 목표행동일 경우에만 강화를 제공한다.
넷째, 부모나 교사 등 타의에 의해 강제로 학습하게 하는 것보다는 가능하면 아동 스스로 학습할 수 있는 방법을 모색해 준다.

3. 조작적 조건형성 기법

조작적 조건형성(operant conditioning)은 어떤 행동에 대해 체계적이고 선택적으로 강화를 줌으로써 그 반응이 다시 일어날 확률을 증가시키는 것으로 행동수정에서 특히 많이 사용하는 방법이다.

1) 행동의 유지 및 증강 방법

아동의 행동을 관리하는 측면에서 학습된 행동이나 기술을 유지시키고 증강시키는 것은 새로운 것을 지도하는 것만큼 중요한 의미를 갖는다. 아동의 신체활동을 지도하는 과정에서 학습된 행동을 유지시키고 증강시키는 방법에는 강화(reinforcement), 프리맥 원리(Premack principle), 행동계약(behavioral contract)이 주로 사용된다(김의수, 2001).

(1) 강화
강화는 새로운 행동을 유지·증가시키기 위해 일반적으로 사용하는 필수적인 행동관리 요소이다. 강화물은 보상의 한 가지 형태로, 미래에 바람직한 반응을 더 많이 하도록 하기 위해 적절한 반응을 보이면 체계적으로 강화물을 제공한다.
강화는 정적 또는 부적으로 제공할 수 있다. 정적강화(positive reinforcement)는 아동이 어떤 바람직한 행동을 했을 때 아동이 좋아하는 것으로 보상해주어 바람직한 행동을 증가시키는 것이다. 만약 수민이가 부끄러움이 많아서 인사하기를 망설인다면 교사는 수

민이의 등을 토닥이며(정적강화) "수민아, 네가 인사할 때마다 선생님은 기분이 아주 좋단다."(정적강화)라고 말한다. 이렇게 하면 수민이가 인사하는 횟수를 늘릴 수 있을 뿐 아니라 자연스러운 인사태도를 길러줄 수 있게 된다.

체육 지도자가 사용할 수 있는 정적강화물의 수준은 그림 5-7에 제시하였다. 적절한 강화유형은 학생을 관찰한 후 관련 전문가 및 부모와 협의하여 선택하는 것이 바람직하다. 강화물 중 유형강화(tangible reinforcement, 예: 음식)는 가장 낮고 인위적인 정적강화의 형태이다. 유형강화의 예에는 스티커(물품보상)를 수여하거나 수영수업 동안 열심히 활동한 학생에게 5분 동안 다이빙보드를 사용할 수 있도록 허락하는 것(활동보상) 등이 있다.

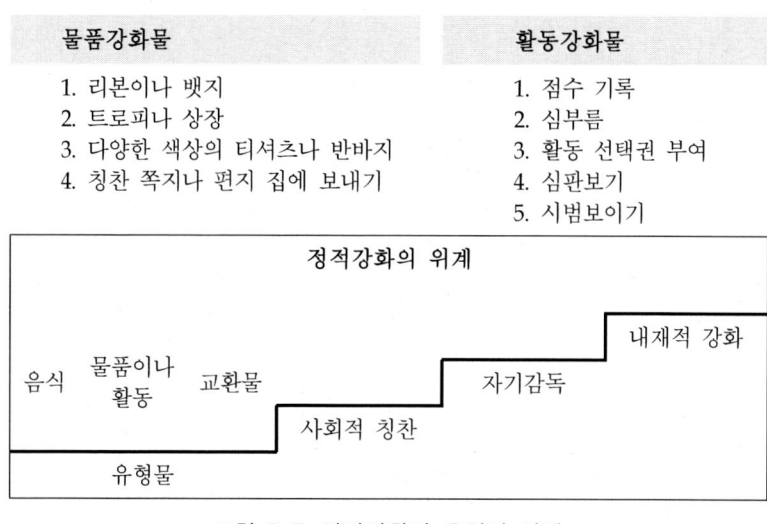

그림 5-7. 정적강화의 유형과 위계

강화물을 사용하고 선정하는데 있어 초콜릿이 강화물로 가장 적절하다면 초콜릿을 활용하고, 그래도 효과가 없다면 다른 정적 강화물을 사용하도록 하며, 점진적으로 먹는 것에서 물품이나 활동 강화물로 가능한 한 빨리 옮겨간다. 또한, 궁극적으로 학생이 스스로 자신의 행동을 관리하도록 하는 데 목표를 두어야 한다.

사회적 칭찬(social praise)은 행동관리에서 유형물에 비해 수준이 높은 방법이다. 교사들이 사용할 수 있는 몇 가지 사회적 강화물에는 다음과 같은 것들이 있다.

- 등 두드리기
- 제스처: 환한 표정, 미소 짓기, 하이 파이브, 팔을 사용한 파이팅 표시
- 언어적 칭찬: "잘했어", "좋아", "맞아", "정답", "대단해", "굉장해", "훌륭해", "바로 그거야", "와!" 등

행동관리 면에서 이러한 사회적 강화물의 효과는 학생이 칭찬을 받는 이유를 인지할 때 더욱 증가된다. 예를 들면, "그렇게 하는 거야, 민수야!", 혹은 "성수가 동작을 마칠 때까지 조용히 네 차례를 기다리렴." 등을 통하여 학생들은 사회적 칭찬을 얻을 수 있는 행동이 무엇인지를 알게 된다.

학생이 스스로 자신의 행동을 감독하는 자기감독강화(self-monitored reinforcement)는 정적강화 중에서 가장 자연스러운 형태로, 이 기법의 가장 큰 장점은 학생이 스스로를 통제하기 때문에 교사가 도움을 필요로 하는 다른 학생에게 주의를 기울일 수 있다는 것이다.

가장 좋은 정적강화 유형은 '내재적'인 것이다. 이 유형은 외부로부터의 인지보다는 인간 내부의 무형의 성취감을 의미한다. 학생의 성숙정도는 내재적 강화수준에서 어떤 기능을 보이는가와 직접적인 상관이 있다.

부적강화(negative reinforcement)는 문제행동이 발생했을 때 싫어하는 자극을 제거해 줌으로써 바람직한 행동을 강화하는 것이다. 대개의 경우 부적강화와 벌을 혼동하는 경우가 많이 있지만, 두 개념은 서로 다른 의미를 내포하고 있다. 부적강화는 학생이 혐오하는 결과를 제거하거나 피하고자 할 때 바람직한 행동이 강화되는 반면, 벌은 반응의 빈도 감소를 목표로 한다. 예를 들어, 습관적으로 우는 학생의 행동을 개선하기 위해 방에 가두게 되는 경우, 교사가 학생에게 "너는 자주 우니까 방에 가둔다"라고 말하는 것은 학생의 우는 횟수만을 줄여보기 위한 벌의 의미가 크지만, "울지 않으면 방에서 나오게 할 것이다"라는 말은 학생이 방에서 나오기 위해 개선된 행동을 하게 되는 부적강화의 의미를 가지게 된다. 부적강화는 벌에 비해 학생 자신이 '어떤 행동을 해야 되는가'라는 발전적 행동을 강화하는 데 초점이 맞춰져 있다. 그러나, 부적강화를 잘못 사용하면 아동이 혐오적인 자극에 대하여 공격성을 나타내기도 하고, 과제가 주어질 때 울거나 소리지르기 등으로 과제를 거부하는 경우도 있다.

강화물은 정적 또는 부적으로 분류될 뿐 아니라 일차적인 것과 이차적인 것으로 나눌 수 있다. 일차적 강화물(primary reinforcers)은 음식이나 물과 같이 학습되지 않고서도 강화물 자체가 무조건적으로 동기를 높일 수 있는 힘을 가진 것을 의미하며, 이차적 강화물(secondary reinforcers)은 강화물이 과거의 즐거운 경험을 연장시켜 좋은 결과가 올 것을 기대하기 때문에 행동의 증가를 가져오는 것이다. 이차적 강화물에는 사회적 칭찬이나 좋아하는 활동을 하게 하는 것과 같은 활동강화 등이 있다.

강화의 종류와 함께 강화를 주는 시간과 빈도는 효과적인 행동관리를 위한 또 하나의 주요 요인이다. 이렇게 강화를 제공하는 시간과 빈도를 정하는 것을 강화계획(scheduling reinforcement)이라고 하며, 기본적으로 계속강화와 간헐(지연)강화의 두 가지 형태가 있다. 만약 바람직한 행동을 할 때마다 강화를 제공할 경우 계속강화라고 한다. 계속강화는 바람직한 행동을 증가시키지만 강화가 없을 때, 행동이 급속히 사라지는 경우가 많다. 간헐강화는 필요한 경우에만 강화를 사용하는 것으로 강화를 제거하더라도 바람직한 행동이 빠르게 소거되지 않는 특성이 있다.

표 5-1. 신체활동 지도에서 사용되는 강화계획 유형

패턴/유형	설 명
1. 고정비율	아동은 정해진 반응의 수에 대하여 한 번 보상을 받는다. 예를 들면, 스테이션 활동에서 5단계의 스테이션을 문제행동 없이 완벽하게 수행했다면, 아동이 좋아하는 트램폴린에서 5분 동안의 자유시간을 준다.
2. 변동비율	강화의 비율이 각 강화 후에 변한다. 예를 들면, 표적을 향해 공던지기 과제를 정확히 수행한 학생이 첫 번째 시기에 보상받으며 그 후에 두 번째, 네 번째, 일곱 번째,…,식으로 강화를 준다.
3. 고정간격	첫 번째로 나타난 목표행동에 대해 정해진 일정 시간이 경과한 후에 보상을 받는다. 예를 들면, 아동이 화장실 갈 의도를 교사에게 정확히 표현하였다면 화장실에 갔다 온 2분 후에 보상을 받는다.
4. 변동간격	시간 간격을 달리하여 강화를 제시한다. 아동이 수업 참여에서 자해행동을 하지 않는 경우 1분, 3분, 5분, …, 등이 경과한 후에 강화를 받는다.

간헐강화는 비율강화와 간격강화로 구분되며, 비율강화 계획은 정해진 학생 반응의 수에 대하여 강화를 수반한다. 만약 강화가 주어지기 전 학생의 정해진 반응의 수로 계산된다면, 그것을 고정비율이라고 한다. 만약 비율이 요구된 반응의 평균 수 정도에서 다양하게 반응을 요구하면 그것을 변동비율 강화계획이라고 부른다. 시간 간격을 두고 강화계획이 이루어지는 유형은 학생 반응의 횟수보다는 단위 시간에 초점을 맞춘다. 간격강화 계획은 시간에 기초하여 강화를 제공한다. 만약 강화가 적절한 목표행동이 일어난 후 어떤 특정한 시간에 주어지면, 그것을 고정간격 강화계획이라고 하고, 강화의 간격이 시간의 평균량 정도에서 다양하게 주어지면, 그것을 변동간격 강화계획이라고 부른다.

강화방법의 행동관리법을 적용할 경우 적절한 강화물을 선택하는 것은 매우 중요한 사항이다. 최초 자극은 분명하게 지각·이해되어야 하며, 선택된 보상은 학생들에게 강력한 강화로 작용할 수 있어야 한다. 교사들은 어떠한 강화물이 최적의 결과를 가져올 수 있는지를 알아보기 위해 학생들이 선호하는 것과 싫어하는 것을 미리 파악해야 한다.

더불어 특정한 한 가지 종류의 강화물을 사용하는 것은 바람직하지 않으며 다양하게 사용하여야 한다. 왜냐하면 동일한 강화물은 오랜 시간 동안 효과를 보기 어려울 뿐 아니라 목표행동을 일반화시키는데 지장을 줄 가능성이 있다. 교사가 사용할 수 있는 강화물 목록은 다음과 같다.

특권
1. 심부름하기
2. 출석 확인
3. 교사 보조
4. 계획 수립, 게시판 장식 및 유지
5. 타학생 보조
6. 학급대표 역할
7. 교재·교구 준비
8. 기구 분배
9. 준비운동 시범
10. 자유시간
11. 활동 선택
12. 경기 참가
13. 체육활동 시범
14. 운동장 시설의 자유 사용
15. 할당량에서 열외
16. 주장 임명

비소모성 강화물
1. 트로피
2. 메달
3. 뱃지
4. 상장
5. 책
6. 음악 테입
7. 놀이기구 사용 티켓
8. 장난감
9. 그림 카드
10. 상품권

음식 강화물
1. 껌
2. 팝콘
3. 사탕
4. 사과/바나나
5. 건포도
6. 오렌지
7. 우유
8. 쥬스

비언어적 강화물
1. 끄덕임
2. 웃음
3. 칭찬
4. 등 두드려주기
5. 찬성 표시
6. 껴안아주기

야외 활동
1. 볼링
2. 영화
3. 동물원
4. 스포츠 경기 관람
5. 수영

언어적 강화물
1. "좋아"
2. "맞아"
3. "대단해"
4. "환상적이야"
5. "바로 그거야"
6. "네가 자랑스럽다"
7. "아주 좋아"
8. "굉장한데"
9. "대단히 기쁘다"
10. "수고했다"
11. "정말 수고했다"
12. "더 이상 바랄게 없다"

(2) 프리맥 원리

프리맥 원리는 행동의 빈도가 높은 행동을 이용해서 행동의 빈도가 낮은 행동을 강화시키는 것을 말한다. 예를 들어, 어떤 아동이 줄넘기 활동은 싫어하지만 트렘폴린 위에서 뛰는 것을 무척 좋아한다면 교사는 아동에게 줄넘기를 10회 하면 트렘폴린에서 5분간 자유시간을 주겠다고 하는 방법이 '프리맥 원리'이다. 이 방법을 시행할 때 주의점은 교사가 한 약속에 대하여 반드시 지켜야 한다는 것이다. 위의 예에서 아동이 줄넘기 10회를 했는데 약속이 지켜지지 않으면 다음부터 이러한 방식은 절대로 아동에게 사용할 수가 없다. 또한 지나치게 모든 활동을 조건부의 형식으로 진행할 경우 아동은 조건이 주어지지 않으면 행동을 하지 않는 습관이 형성될 수도 있으므로 유의해야 한다.

(3) 행동계약

행동계약은 부모와 아동간 혹은 교사와 아동간에 서로 무엇을 어떻게 하겠다고 약속한 것을 계약서에 명시하는 방법이다. 이 방법은 부모 혹은 교사와 아동 양자간에 의해서 목표행동과 보상방법 등이 사전에 약속된 것이므로 기타 강화방법과 다르며, 특별한 것은 양자간의 합의에 의해서 약속이 명문화된다는 점이다. 따라서 행동계약서에서는 목표행동, 제공되는 강화물, 행동측정이나 평가방법 등을 상세하게 서술하고 양자간에 합의가 이뤄지면 각각 서명날인을 하고 필요하다면 한 부씩 복사해서 가지게 된다.

행동계약에서 가장 바람직한 방법은 아동 스스로 계약조건을 작성하도록 하는 것인데 인지능력이나 의사소통 능력에 제한을 받지 않는 지체장애아동 위주로 사용하는 것이 효과적이다. 정신지체나 발달장애 아동들의 경우에는 처음 시도할 때 부모와 교사가 계약 조건을 주로 설정하고 점차 아동의 참여 부분을 증가시키는 방식으로 진행하는 것이 좋다. 행동계약 방법은 그 성패가 아동 자신의 의지와 성의에 의존한다는데 어려운 점이 있는 반면, 이 방법으로 일단 행동을 변화시키면 목표행동이 오래 지속될 수 있다는 장점이 있다.

행동계약을 효과적으로 맺기 위해 지켜야 할 사항은 다음과 같다.

- 약속한 대가는 즉시 지불되어야 한다. 이것은 계약이 시작된 초기 단계에서는 더욱 더 중요하다.
- 행동계약 시에는 장시간이 지난 후에 큰 보상을 받도록 하는 것보다는 작은 단위의 행동을 요구하고 그것이 이루어지면 즉시 조금씩 보상할 수 있도록 행동을 작은 단위로 나누어 제시하는 것이 좋다.
- 아동이 해야 할 행동과 이것에 대하여 부모나 교사가 보상할 강화의 양은 그 수준이 비슷해야 한다.
- 계약의 내용이 명확해야 한다.

◆ 아동이 해야 할 행동과 학습 목표량은 정해진 시간에 충분히 해낼 수 있을 만큼 조금씩 할당하는 것이 좋다.

통합체육수업에 참여하는 정석이를 대상으로 한 약식 행동계약의 예는 다음과 같다.

표 5-2. 행동계약의 예

(교사는 누적 점수를 기록한다)
보상: 100점이 되었을 때, 학기말 우수 표창을 받을 수 있다.

학생: 김정석 (인)   교사: 이민우 (인)   계약일: 2003. 5. 22

체육교실에 참가하는 김정석은 다음 사항을 지킨다.

체육교실에서 적절한 행동	부여점수
1. 정시 출석	3
지각	1
결석	0
2. 수업에 적합한 복장(완전한 체육복 착용)	2
부적절한 체육복 착용	1
체육복 미착용	0
3. 모든 준비운동 수행	2
준비운동 절반 수행	1
준비운동 미수행	0
4. 개별 신체활동 과제 완벽히 수행	10
70% 이상 수행	5
50% 이상 수행	1
50% 미만 수행	0

2) 행동의 제거 및 감소 방법

아동을 지도하는 과정에는 바람직한 행동을 습득하게 하거나 유지하도록 하는 것 외에 문제행동을 감소 또는 제거시켜야 할 상황도 많다. 이러한 방법으로는 벌(punishment), 타임-아웃(time-out), 과잉교정(overcorrection), 소거(extinction), 체계적 감각둔화법 등이 사용되며, 아동의 특성, 과제 및 주위 환경을 고려하여 적절히 선택·사용한다.

(1) 벌

벌은 어떤 행동을 한 뒤에 불쾌하거나 고통스런 자극을 주었을 때 그 자극 때문에 행동의 빈도가 감소되는 것을 의미하며, 문제행동을 감소시키는 데에는 매우 효과적인 방법으로 사용되고 있다. 대부분의 사람이 벌을 '매'라고 인식하는 것은 잘못된 선입견으로 매는 벌의 방법 중 하나일 뿐 벌 자체가 매를 의미하는 것은 아니다.

벌에는 두 가지 방법이 있다. 하나는 문제행동을 하였을 때 때리거나 야단치는 것처럼 불쾌하고 고통스런 자극을 주는 방법과 다른 하나는 문제행동을 하였을 때 아동이 좋아하는 활동을 못하게 하거나 재미있게 놀고 있는 장난감을 빼앗는 것처럼 즐거운 자극을 제거하는 방법이다.

체육수업에서 주로 사용하는 벌의 유형은 문제행동을 일으키는 즉시 손을 들게 하거나 앉았다 일어서기를 반복하게 하는 것처럼 아이들이 불쾌하고 고통을 느낄 수 있는 것으로 선택하되 신체활동 자체에 대해 불쾌한 감정을 일으키지 않으면서 또 다른 신체활동의 효과를 볼 수 있는 것으로 선정하는 것이 바람직하다. 이 밖에도 교사가 소리를 지르거나 얼굴을 찌푸리는 것도 아동에게 불쾌감을 일으키는 것이라면 벌의 한 가지 유형이 될 수 있다. 좋아하는 공을 빼앗는 것이나 활동을 금지하는 방식의 벌을 사용하는 경우에는 아동으로 하여금 왜 공을 빼앗기는지 혹은 활동을 금지 당하는지를 명확히 알도록 하는 것이 필요하다.

(2) 타임-아웃

타임-아웃은 벌의 한 유형이지만 최근 들어 타임-아웃에 대한 가치나 효과가 크게 인정되면서 하나의 행동관리 방법으로 사용되고 있다. 특히, 물리적인 벌을 금지하고 벌이 비인간적이라고 생각하는 경향이 커지면서 타임-아웃은 아동을 물리적인 충격 없이 고립 혹은 차단시켜 문제행동을 관리할 수 있다는 장점을 가지고 있다. 타임-아웃을 시행하는 방법은 아래의 예를 통해 적용할 수 있다.

> 승표는 9세의 자폐성 장애를 가지고 있는 아동으로, 평소에는 주위 사람들에 대한 관심이나 반응이 전혀 없다. 그러나 갑작스런 정서상태의 변화로 인해 가까이 있는 아동이나 교사의 머리를 잡아당기는 문제행동을 보인다. 승표의 지도교사는 승표의 문제행동이 발생될 때마다 승표를 벽 쪽으로 데려가 일정시간 벽을 바라보게 하는 방법으로 문제행동에 대해 부정적 자극을 주었다. 벽을 바라보게 하는 시간은 30초에서 5분 정도까지 그 당시 상황(아동의 흥분 정도, 문제행동의 소멸 시간 등)에 따라 조정하였으며, 지나치게 많은 시간을 소비하지는 않았다. 문제행동 발생 즉시 타임-아웃을 시행하여 아동에게 문제행동이 무엇이었는지를 인식하게 하고, 고립되어 있는 동안에는 가능한 다른 자극은 관계되지 않도록 조성하였다.

타임-아웃 방법을 사용할 때에는 다음의 조건들이 지켜져야만 효과적이다. 하나는 그 아동이 처해 있는 주변 상황이 떠나기 싫어할 만큼 재미있는 분위기이거나 집착하고 있는 상태이어야 하고, 다른 하나는 격리되어 있는 동안 그 장소에는 아동이 즐길 만한 강화 자극들이 없어야 한다는 점이다. 왜냐하면, 격리장소에서 재미있는 장난감을 가지고 놀 수 있고 그 상황으로부터 격리된 것이 오히려 더 재미있다면 타임-아웃시킨 것은 아무런 효과가 없을 뿐 아니라 오히려 그 아동의 바람직하지 못한 행동을 강화시키는 결과를 낳게 될 수 있기 때문이다. 따라서 격리된 상태에서는 아동이 다른 행동을 못하도록 철저히 관리해야 한다.

(3) 과잉교정

과잉교정은 과다교정 혹은 강제적 반복교정이라고도 한다. 즉, 아동의 문제행동 결과를 강제로 책임지게 하여 원래의 상태로 되돌려 놓게 하거나 원래 상태보다 더 개선된 상태로 만들도록 하는 것을 말한다. 아래의 예는 8세 여자 아동인 현주에 대한 것으로 신발을 집어던지는 문제행동을 과잉교정을 통해 관리하고 있는 방법을 제시하고 있다.

현주는 체조를 하기 위해 신발을 벗을 때마다 자신의 신발을 집어던지는 문제행동을 나타내었다. 현주의 지도교사는 현지가 신발을 던질 때마다 억지로 현주를 신발이 떨어진 곳으로 데려가 신발을 가지고 와서 가지런히 신발장에 넣도록 하거나 주위에 흩어져 있는 신발까지 모두 가지런히 정리하도록 시켰다. 다른 신발들의 정리를 거부하는 현주에게 억지로 손을 잡아 신발을 잡도록 하고 팔을 이끌어 신발장에 신발을 정리하도록 하였다. 이러한 과정을 거치는 동안 현주는 자신의 신발을 던지기 전 잠시 눈치를 보는 시간이 생겼으며, 점차 신발을 집어던지는 행동이 줄어들기 시작했다.

위와 같이 과잉교정은 문제행동을 바람직한 행동으로 수행할 때까지 계속해서 강제로 연습을 시키는 것이다.

(4) 소거

소거는 행동을 유지·증가시키는 특정 강화물을 철회함으로써 문제행동을 제거하는 기법이다. 문제행동을 제거하기 위한 소거 방법은 이미 발생된 아동의 문제행동이 무엇을 통해 강화되었는가를 파악하고 그 강화를 없애면 문제행동의 빈도를 줄일 뿐 아니라 제거할 수 있다는 것이다. 대개의 경우 문제행동을 유발한 강화를 없애는 것이 문제행동을 무시하는 형태로 진행되기 때문에 소거를 '무시'라고 말하기도 한다. 다음은 경도 뇌성마비를 가진 민철이(13세)가 음악에 맞추어 달리기를 할 때 자주 바닥에 누워버리는 문제행동에 대한 행동관리법으로 소거를 사용한 경우이다.

민철이는 체육교실에서 준비운동으로 실시하는 '음악에 맞추어 달리기' 시간에 달리기를 하는 도중 누워버리는 문제행동을 하고 있었다. 민철이의 담당교사는 민철이가 집에서도 자신의 의지대로 되지 않을 경우 누워버리는 행동을 보인다는 부모의 말을 듣고 그러한 문제행동이 민철이가 주위 사람들의 관심을 끌기 위한 행동이라는 것을 파악하였다. 실제로 달리기를 하다가 민철이가 누우면 주위의 교사들이 민철이를 일으키기 위해 한 번쯤은 민철이에게 다가가 말을 걸거나 일으켜 세우는 모습을 발견할 수가 있었다. 결국 민철이의 문제행동은 주위 사람들의 관심을 통해 지속적으로 강화되었다고 판단한 담당교사는 다른 교사들 및 부모님과 협의하여 민철이의 눕는 행동을 무시해버리는 소거 행동관리법을 시작하였다. 처음에는 민철이의 문제행동이 더욱 증가하는 경향을 보였지만 소거법을 시행한 지 2주만에 민철이의 드러눕는 행동은 차츰 줄어들기 시작했으며, 4주가 지나가면서 문제행동은 거의 사라졌다. 그러나 얼마 후에 민철이의 문제행동이 다시 나타나기 시작했는데, 새로 들어온 교사가 민철이의 눕는 행동을 보고 다시 관심을 보이는 태도를 취했기 때문이었다. 민철이의 담당교사는 다시 2차 소거를 계획하여 새로 들어온 교사에게 협조를 부탁하였으며 결국 3주에 걸친 2차 소거를 통해 민철이의 문제행동을 제거하게 되었다.

위의 예는 소거법에 대한 절차와 함께 일관성 있는 행동관리가 얼마나 중요한가를 보여주고 있다. 모든 행동관리법이 그러하지만 아동에게 주어지는 강화를 일관적으로 적용하지 못하면 문제행동 변화에 효과를 나타내기가 어렵다. 따라서 교사나 부모 혹은 주변의 사람들은 일단 계획된 행동관리법에 적극적으로 공동 참여해야 한다.

(5) 체계적 감각둔화법

체계적 감각둔화의 방법은 아동이 어떤 대상에 대하여 느끼는 공포나 불안을 점차 감소시켜 나감으로써 문제행동의 발생율을 줄이는 방법이다. 이 방법은 아동의 신체활동 지도의 과정에서 뿐 아니라 생활패턴에 관련된 부분까지 적용 범위가 넓으며, 아동의 편안함을 추구하면서 문제행동을 해결해 나갈 수 있다는 것이 장점이다. 다음의 예는 체육관에 들어서는 것에 대해 불안을 느껴 구토 및 지속적인 괴성을 지르는 등 문제행동을 보이는 자폐성 장애를 가진 여자 아동(9세)에 관한 행동관리법이다.

민숙이는 체육교실에 참여한 지 4주가 넘었지만 아직도 체육관에 들어오는 것이 불안한 듯 차에서 내리자마자 울음을 터뜨린다. 이렇게 시작된 울음은 종종 수업시간이 끝날 때까지도 계속되곤 했다. 어떤 때는 교사가 민숙이를 안아 강제로 체육관에 데리고 들어오면 구토를 일으키며 음식물을 쏟아내었다. 민숙이의 담임교사는 이러한 문제행동이 환경의 변화에 적응하지 못하는 자폐성 장애아동의 특성과 집에만 있던 민숙이의 생활패턴이 원인이라고 판단하였다. 그러나 걱정했던 부모와의 분리 자체는 민숙이의 문제행동을 유발하는 원인이 되지 않았다. 민숙이는 버스가 지나가는 것을 매우 관심 있게 쳐다보고 좋아하는 특징을 가지고 있었기 때문에 민숙이의 담임교사는 체육관에 들어오기 전 민숙이와 함께 길을 걸어 가까운 버스 정류장을 돌아오는 방법을 통해 민숙이의 불안함을 차츰 제거하려는 계획을 세웠다. 처음에는 버스 정류장까지 걷고 그 곳의 벤치에서 15~20분 정도를 버스가 오가는 것을 보면서 민숙이의 기분이 좋아지는 것을 확인하였다. 이러한 과정을 거친 후 체육관으로 돌아왔을 때 민숙이의 태도는 너무나도 달라지는 것을 확인했다. 체육관에 들어서는 것을 거부하지도 않았을 뿐 아니라 문을 열고 뛰어들며 자신이 원하는 활동에 대한 열의를 보였다. 민숙이의 담임교사는 차츰 버스를 보는 시간을 줄여 지금은 버스 정류장에 가는 도중에 되돌아와 민숙이를 체육관으로 안내하는 데에도 민숙이는 이전의 문제행동을 나타내지 않고 있다. 앞으로도 점차 체육관 입실 전 이동시간을 줄여 결국에는 민숙이가 체육관으로 곧장 들어오도록 하는 데 성공할 것이라고 믿고 있다.

위의 예는 체계적 감각둔화법을 이용하여 대상 아동의 불안을 점차적으로 해소한 성공적인 예이다. 결국 민숙이의 불안을 경감시킴으로써 문제행동을 완전히 제거할 수 있었다. 이 외에 신체활동 지도현장에서 체계적 감각둔화법은 유용하게 사용될 수가 있다. 평균대에 오르는 것에 대해 극심한 공포를 갖는 아동에게 낮은 평균대를 먼저 연습시키고, 평균대 밑에 두꺼운 매트를 깔아 아동의 공포감을 점차 줄여나가게 되면 결국 아동은 평균대 위에서 자신 있게 이동할 수 있는 상태가 된다. 즉, 공포감이라는 문제행동의 원인을 창의적인 방법을 통해 차츰 줄여나감으로써 목표행동을 달성할 수가 있는 것이다.

☞ **생각해 봅시다 !!**

1. 장애아동의 실제 지도현장에서 일어날 수 있는 문제행동과 그에 따르는 적절한 행동관리의 방법에 대해 토론해 봅시다.

참고문헌

김의수(2001). **특수체육.** 서울: 무지개사.

이소현, 박은혜(2001). **특수아동교육.** 서울: 학지사.

Barrett, R. P. (1986). *Severe behavior disorders in the mentally retarded: Nondrug approaches to treatment(Ed.).* New York: Plenum.

Lewis, R. B., & Doorlag, D. H. (1995). *Teaching special student in the mainstream(4th ed.).* Englewood Cliffs, NJ: Prentice-Hall.

2부

특수체육 지도의 실제 편

6 장	정신지체
7 장	학습장애
8 장	정서장애
9 장	청각장애
10 장	시각장애
11 장	지체장애
12 장	장애인 스포츠

제 6 장

정신지체

1. 정신지체의 이해

2. 특성 및 지도전략

1. 정신지체의 이해

1) 정의

　정신지체에 대한 다양한 정의는 그 시대의 사회상과 철학을 반영하는 것으로 과거에는 정신박약, 백치, 정신결함 등으로 표현하였으나, 오늘날에는 정신지체라는 용어가 사용된다. 즉, 최근의 정의는 정신지체를 절대적인 특성(trait)이라기보다는 상대적인 상태(state)로 보려는 시각으로 변화하고 있으며, 지능지수(IQ)를 개념의 축으로 사용하기보다는 사회적응기술, 감성지능(EQ) 등의 다양한 접근이 시도되고 있다(최중옥, 박희찬, 김진희, 2002).
　정신지체에 대한 정의는 학자마다 약간씩 다르나 오늘날 가장 널리 사용하는 것은 미국정신지체협회(American Association on Mental Retardation)의 정의이다.

(1) 미국정신지체협회의 정의
　미국정신지체협회는 정신지체를 '지적 기능과 개념적·사회적·실질적 적응기술에서 상당한 제한이 나타나는 장애이며, 이는 18세 이전에 시작된다'(American Association on Mental Retardation, 2001)고 정의하고 있다. 최근에 제시된 새로운 정의를 적용하기 위하여 협회는 다음과 같은 5가지 필수적인 가정을 제시하고 있다.

① 현재 기능상 제한은 반드시 개인의 또래 연령집단과 개인이 속한 문화적 배경을 포함한 지역사회 환경의 맥락 안에서 고려되어야 한다.
② 타당한 평가는 문화적·언어적 다양성뿐 아니라 의사소통, 감각, 운동, 행동상의 차이점도 고려해야 한다.
③ 개인이 지닌 제한점은 흔히 강점과 함께 나타난다.
④ 개인이 지닌 제한점을 묘사하는 목적은 필요한 지원(support)의 프로파일을 개발하기 위함이다.
⑤ 적절한 개별적 지원을 지속적으로 제공하면 정신지체인의 삶의 기능이 전반적으로 향상될 것이다.

　이 밖에도 정의와 관련하여 진단, 분류, 지원계획 체제의 3가지 측면을 강조하였다.

① 진단, 분류, 지원계획의 3가지 주요 기능이 있다.
② 각 기능은 여러 가지 목적을 지니는데, 서비스 받을 사람을 찾는 것부터 시작하여 정보를 체계화하고 각 개인에게 필요한 지원계획을 개발하는 것까지 다양하다.
③ 가장 적절한 분류 또는 측정체계는 진단, 분류, 지원계획 등의 3가지 기능과 각 기능을 실행하는 구체적인 목적에 달려있다.

(2) P.L. 101-476(IDEA)의 정의

미국의 P.L. 101-476에서는 정신지체를 '적응행동의 결여와 함께 나타나고 평균 이하의 지능을 가진 장애로 발달기 아동의 교육 수행에 불리하게 영향을 미친다'(P.L. 101-476 Rules, Federal Register, September 29, 1992, p. 44801)고 정의하고 있다. 이와 같은 IDEA의 이행규칙에 포함된 정의는 ① 지능지수가 유의하게 평균 이하인 경우, ② 적응행동의 결여와 함께 나타남, ③ 발달기 동안에 발생한다는 세 가지 기준을 모두 포함해야 한다. 여기에서 지능지수(IQ)가 가장 중요한 요인이지만, 학생을 정신지체로 분류하기 위해서는 세 가지 기준이 모두 충족되어야 한다.

(3) 기타 정의

정신지체는 용어 자체에 내포되어 있는 의미와 같이 발달이 정지되어 있는 아동이 아니라 발달이 늦기는 하지만 계속되는 것을 의미하고(김승국, 1993), 정신지체인은 일반인에 비하여 인지능력이 현저하게 낮아 사회적으로 요구되는 행동을 적절하게 수행하지 못하는 사람들을 통칭하는 말로, 이러한 증세가 성장기 동안(18세 이전)에 나타날 경우에 정신지체라고 보고 있다(이철원, 2001).

이상의 여러 정의를 종합해 볼 때, 정신지체는 다음과 같은 특성으로 정의할 수 있다.

첫째, 정신지체는 질병이 아니고 여러 가지 원인에 의하여 지능이 낮아진 상태이며, 이러한 유사한 증후군을 가리키는 총칭이다.
둘째, 정신지체로 인해 발생하는 많은 문제는 지적 결함보다 환경적 요인이나 학습 방법상의 문제 등 사회적응과 관련된 문제가 대부분이다.
셋째, 정신지체는 성장기(18세 이전)에 나타난다.
넷째, 정신지체의 특성은 항구적이다. 정신지체는 정신장애 분류상 정신결함(mental defect)에 속하는데, 결함은 그 상태가 좋아지지도 나빠지지도 않고 죽을 때까지 계속되는 것을 의미한다.

2) 분류

현재 널리 사용되고 있는 정신지체의 분류방법은 경도(輕度, mild), 중등도(中等度, moderate), 중도(重度, severe), 최중도(最重度, profound)로 분류하는 것이다(표 6-1 참조). 이 분류는 지적기능과 적응기능의 수준에 따른 분류이다(Jacobson & Mulick, 1996).

표 6-1. 정신지체의 분류

정도	IQ 점수의 범위	IQ 표준편차	적응성 제한성의 범위
경도(mild)	IQ 50~55에서 70~75	-2 표준편차	두 가지 이상의 영역
중등도(moderate)	IQ 35~40에서 50~55	-3 표준편차	두 가지 이상의 영역
중도(severe)	IQ 20~25에서 35~40	-4 표준편차	모든 영역
최중도(profound)	IQ 20~25이하	-5 표준편차	모든 영역

2007년에 개정된 장애인복지법시행규칙에서 정신지체인(지적장애인)은 장애 정도에 따라 표 6-2와 같이 3개 급으로 나누고 있다.

표 6-2. 장애인복지법시행규칙(2007)의 지적장애 분류

등급	분류 기준
지적장애 1급	지능지수가 34 이하인 사람으로서 일상생활과 사회생활에 적응하는 것이 현저하게 곤란하여 일생 동안 다른 사람의 보호가 필요한 사람
지적장애 2급	지능지수가 35 이상 49 이하인 사람으로서 일상생활의 단순한 행동을 훈련시킬 수 있고, 어느 정도의 감독과 도움을 받으면 복잡하지 아니하고 특수기술이 필요하지 아니한 직업을 가질 수 있는 사람
지적장애 3급	지능지수가 50 이상 70 이하인 사람으로서 교육을 통한 사회적·직업적 재활이 가능한 사람

3) 원인

정신지체의 원인 중 지금까지 밝혀진 것은 50%도 되지 않으며, 밝혀진 원인들 중 상당수도 직접적인 원인이라기보다는 상관관계가 높다고 추정하는 정도이다.

(1) 출생 전
① 염색체 이상(예: 다운증후군, 성염색체 이상)
② 수두증, 소두증, 뇌수종
③ 대사 이상(예: 페닐케톤뇨증)
④ 모체의 감염(예: 풍진, 매독, AIDS)
⑤ 부모의 혈액형 부적합(예: Rh 인자)
⑥ 유해물질 노출(예: 흡연, 알콜중독, 기타 약물중독)

(2) 출생 시
① 조산
② 저체중아
③ 난산
④ 산소결핍증(anoxia)

(3) 출생 후
① 질병(예: 뇌수막염, 뇌염)
② 발달상의 지체
③ 중독(예: 납 함유 페인트 섭취)
④ 대사장애(예: 갈락토스혈증)

4) 출현율

미국의 경우 IQ 점수만을 고려하면 총 인구의 약 3% 또는 750만명, 적응행동 또는 적응기술 부족을 기준에 포함시키면 그 수가 감소하여, 실제로 총 인구의 1~3% 정도가 될 것으로 추정(Beer & Berkow, 1999)하고 있다. 반면, 우리 나라의 경우 약 57,780명(총 인구의 0.12%)으로 추정(한국보건사회연구원, 2001)하고 있다.

2. 특성 및 지도전략

정신지체의 특성과 지도전략을 심동적, 인지적, 정의적 영역 및 일반적 영역으로 나누어 살펴보면 다음과 같다.

심동적 영역 특성	지도전략
① 일반학생과 동일한 발달 양상을 보이지만 발달속도가 느리다.	① 신체발달의 양상을 고려하여 교육을 해야 한다. 몸의 중심에서부터 말초로(proximodistal development), 두부에서 미부로의 발달(cephalocaudal development) 등 성장과 발달에 대한 지식이 필요하다.
② 체력과 운동숙달 정도가 평균 이하이다. 정신지체 학생과 일반학생간의 체력 차이는 생활연령이 증가함에 따라 커진다.	② 각 학생의 현재 수준을 기초로 체력과 운동기술을 향상시킬 수 있는 계획된 프로그램을 제공한다.
③ 심폐지구력이 크게 뒤떨어진다.	③ 단속적인 휴식시간을 주고 강한 강도와 약한 강도의 운동을 반복적으로 실시한다.
④ 일부 신체활동에서 운동수행이 뛰어난 학생이 있을 수 있다.	④ 방과 후에 여가시간에 실질적으로 사용할 수 있는 운동기술(특히, 졸업 후에도 지속적으로 사용하게 될 기술)을 지도하며, 복잡한 계획이 요구되는 신체활동은 피한다.

인지적 영역 특성	지도전략
① 구체적이고 복잡하지 않은 활동을 가장 잘 수행한다. 추상적이며 복잡한 활동은 학생들을 '좌절'시킬 수 있다. 이 아동들은 반복적으로 연습함으로써 기술을 가장 잘 습득할 수 있다.	① 활동을 단순화시키고 정적강화를 제공하며 시범을 보이고 다감각 접근(예를 들어, 언어적 지시와 손을 이용하여 보조)을 사용한다. 수업 시 하나 또는 두 가지 활동만 실시한다. 시작단계에는 많은 기술들을 지도할 필요가 있다. 모든 활동은 분습법을 사용하여 지도하도록 한다.
② 개입(intervention) 없이는 기술을 거의 유지할 수 없다.	② 기술파지가 되고 있는지 수시로 점검한다. 특정기술이 획득되었다면 지체수준에 따라 다음 날, 다음 주, 다음 달 또는 6개월 후에 그 기술을 파지하고 있는가를 확인하는 것이 필요하다.
③ 우연학습(incidental learning)이 일어날 수 없다.	③ 일반아동들이 자연스럽게 학습되는 내용을 학습 또는 습득하지 못한다. 또한, 원인-결과(즉, 수영장 주변에서 뛰어다니면 미끄러져 다칠 수 있다는 점), 안전에 대해 개념이 미숙하다는 점을 항상 고려해야 한다.
④ 사용하는 어휘가 한정되어 있다.	④ 간단한 단어를 사용하고 시범을 많이 보인다. 표현언어와 수용언어를 발달시키도록 노력해야 하지만 강요하지 않는다.

5 기억과 주의집중 시간이 짧다.	5 지도시간은 짧게, 기억해야 하는 규칙이 거의 없는 활동들을 제공한다. 특히, 학생의 지체가 심할수록 활동관련 자극을 눈에 띄게 한다(예, 밝은 색, 음악, 보상).
6 기술의 일반화를 위해서는 반드시 개입이 필요하다.	6 다양한 기구(색, 크기 등), 각기 다른 환경 및 시간 그리고 여러 사람들과의 활동을 통해 기술의 일반화를 꾀할 수 있는 프로그램을 체계적으로 제공한다. 가능하면 사회생활을 할 때 이러한 기술을 응용할 수 있도록 일반화시키는 것을 목표로 한다.
7 정신지체 학생들의 사고능력은 교사에 의해서 과소 평가될 수 있다. 무엇보다도 중요한 점은 이 학생들은 학습함으로써 향상될 수 있다는 점이다.	7 수행수준에 대해 선입견을 가져서는 안 되며, 향상이 가능하다는 태도를 가지고 지도한다. 또한, 학생들에게 원인-결과(예, 안전)를 이해시키는데 중점을 두도록 한다.

정의적 영역 특성	지도전략
1 쉽게 좌절하고 흔히 부적절한 자아상을 가진다. 또한, 또 동기유발이 부족하고 공격적이다.	1 초기에 성공할 수 있는 활동들을 제공하고, 학습능력이 감소함에 따라 활동을 변화시킨다. 수업활동에 대한 생각을 질문하고 어떤 활동을 선택하는지 관찰한다.
2 모방하는 경향이 강하다.	2 리더 역할을 강조하지 않는다.
3 때때로 행동표현을 적절하게 하는 것이 어렵다.	3 부적절한 행동에 대해서는 계획적으로 무시해 버린다. 지도 시 적절한 행동모델을 설정하여 적절히 반응하면 칭찬을 해준다.
4 일상적으로 반복되는 것에 변화가 생겼을 때 쉽게 당황한다.	4 수업이 연계되고 지속되도록 계획한다. 특히, 매 수업 시작과 끝에 동일하거나 유사한 활동을 실시한다. 기구, 신호, 수업의 흐름 등 지도 상황을 일정하게 구성한다.

일반적인 특성	지도전략
1 일반아동과 동일하게 기본적인 요구를 가지고 있다.	1 초기에는 심동적·사회적 목표, 그 다음에 직업·학업 목표를 중점적으로 강조한다.
2 정신지체 학생들간 요구의 차이는 비교적 어린 나이에 구분된다.	2 초기 개입이 대단히 중요하다. 절대적으로 중요한 형성기는 출생~5세까지이다. 초기 개입은 2차적인 문제(자세, 운동, 체력, 놀이 부족 등)를 감소시키고 예방할 수 있다.
3 어린 아동들은 스스로 동기유발 되지 않으며, 놀이에 대해 흥미를 거의 갖지 못한다.	3 체계적으로 놀이를 경험하게 하고, 가능한 경쟁요소가 포함되지 않은 놀이를 지도하며, 연령에 적합한 놀이경험을 제공한다.

(김의수, 2001)

☞ **생각해 봅시다 !!**

1. 과거에는 '정신지체'보다 '정신박약'이라는 용어를 많이 사용하였다. 두 단어의 차이점과 '정신박약'에서 '정신지체'로 바뀌게 된 이유에 대해서 토론해 봅시다.

참고문헌

김승국(1993). **특수교육학개론.** 서울: 양서원.

김의수(2001). **특수체육.** 서울: 무지개사.

이철원(2001). 교육가능급 정신지체아의 수지운동능력 향상을 위한 운동프로그램 적용 효과. **한국특수체육학회지, 9**(1), 103-115.

장애인복지법시행규칙. 보건복지부령 제424호(2007. 12. 28).

최중옥, 박희찬, 김진희(2002). **정신지체아 교육.** 서울 : 양서원.

한국보건사회연구원(2001). **2000년도 장애인 실태조사.**

American Association on Mental Retardation(2001). *Request for comments on proposed new edition on mental retardation: Definition, classification, and systems of supports.* AAMR News & Notes.

Beers, M. H., & Berkow, R. (1999). *The Merck manual of diagnosis and therapy.* Whitehouse Station, NJ: Merck Research Laboratories.

Federal Register, September 29, 1992. Vol. 57, No. 189, *The Individuals with Disabilities Education Act.*

Jacobson, J. W., & Mulick, J. A. (1996). *Manual on diagnosis and professional practice in mental retardation.* Washington, D. C. : American Psychological Association.

제 7 장

학습장애

1. 학습장애의 이해
2. 특성 및 지도전략

1. 학습장애의 이해

세계적인 추세를 보면 학습장애를 가진 특수교육대상자는 다른 장애영역과는 비교하기 힘들 정도로 그 수적인 면에 있어서 급속도로 증가하는 실정이다. 출현율이 상대적으로 높은 다른 장애들은 그 증가율이 거의 미약하거나 감소하는 반면, 학습장애아의 수는 그 증가폭이 매우 크다. 학습장애란 학업 영역들에서 전반적으로 낮은 성취도를 보이는 학습부진이나 학습지진과는 달리 어느 한 가지 혹은 그 이상의 특정한 영역에서 학습문제를 지니는 집단을 일컫는 것으로, 정확한 명칭은 "특정 학습장애(specific learning disability)"이다(박현숙, 2001).

1) 정의

'학습장애'라는 용어는 1963년에 Samuel Kirk에 의해 최초로 소개되었고, 이때까지 기존의 장애 분류들 즉, 정신지체, 시각장애, 청각장애, 지체장애, 정서장애와는 다른 명칭으로 불려 왔던 아동들(예: 뇌손상아, 지각장애아, 신경장애아, 미세 뇌기능장애 등)의 부모들은 이 아동들을 판별하는데 쓰여질 공통된 용어 및 이들을 위한 교육 프로그램을 필요로 하였다. 따라서 '학습장애'라는 장애 영역의 탄생은 이러한 절실한 요구에 따른 필연적인 결과였던 것이다(Lerner, 2000; Mercer, 1997).

(1) IDEA의 정의

학습장애는 다른 장애들과 비교하여 그 정의에 대한 수정이 계속되고 있으며, 그 대표적인 예가 미국 장애인교육법(IDEA)의 학습장애 정의이다. 이 정의는 미국 내에서 가장 많이 사용되는 것으로(Lerner, 1997), 그 내용은 다음과 같다.

> 구어와 문어 등 언어의 이해나 사용과 관련된 한 가지 이상의 기초 심리학적 정보처리과정에 장애가 발생하는 것으로 듣기, 생각하기, 말하기, 읽기, 쓰기, 산수 등에서 불완전한 능력을 보인다. 이 용어는 지각장애, 뇌손상, 미세 뇌기능장애, 실독증 및 발달적 실어증을 포함한다. 그러나 시각장애, 청각장애, 운동장애, 정신지체, 정서장애 또는 환경적·문화적·경제적 박탈의 원인으로 인하여 학습에 문제를 보이는 아동의 경우에는 적용되지 않는다.

(2) 미국학습장애협의회의 정의

학습장애 관련 단체들을 대표하는 전문가들로 구성된 미국학습장애협의회(National Joint Committee on Learning Disabilities; NJCLD)는 관련 연구결과들을 바탕으로 미 공법상의 정의가 가지는 문제점들을 지적하며 새로운 정의를 제안하였다. NJCLD 정의는 다른 정의들에 비해 긍정적으로 평가되고 있다(Hammill, 1990; Silver, 1988). 이 정의는 다음과 같다.

학습장애는 듣기, 말하기, 읽기, 쓰기, 추리 혹은 산수능력의 습득과 사용에 현저한 어려움이 나타나는 이질적인 장애집단을 지칭하는 포괄적인 용어이다. 이들 장애들은 그 개인에게 내재되어 있는 것으로, 중추신경계통의 기능장애에 의한 것으로 가정되며, 일생을 통해 일어날 수 있다. 자기조절행동, 사회적 지각 그리고 사회적 상호작용에 문제점들이 나타날 수도 있으나, 이것들만으로 학습장애가 성립되지는 않는다. 학습장애는 다른 장애상태들(예를 들면, 감각적 손상, 정신지체 그리고 사회적 행동·정서장애) 혹은 환경적인 영향들(예를 들면, 문화적 차이, 불충분하거나 바람직하지 못한 교수 그리고 심인성 요인들)과 동시에 일어날 수 있으나, 그러한 상태나 영향들의 직접적인 결과는 아니다(National Joint Committee on Learning Disabilities, 1988).

학습장애에 대한 IDEA와 미국학습장애협의회의 정의에 포함되어 있는 공통사항을 정리하면 다음과 같다.

- 학습장애와 관련하여 아직 밝혀지지 않은 원인에 대하여 각각 심리과정상의 장애로 혹은 중추신경계통의 이상으로 가정
- 열거된 학습장애가 나타나는 영역들은 개인에 따라 이질적일 수 있음
- 문제영역들에 있어서 능력상의 결함 혹은 현저한 어려움을 가지는 학습상의 심각성 정도를 명시
- 다른 장애나 환경적인 영향으로 학습상의 장애를 가진 경우는 제외

(3) 미국정신장애 진단 및 통계편람의 정의

미국정신장애 진단 및 통계편람(4판)(Diagnostic and Statistical Manual of Mental Disorders, 4th ed.; DSM-IV)(APA, 1994)에서는 학습장애를 다음과 같이 정의하고 있다.

학습장애는 읽기, 산술, 쓰기를 평가하기 위해 개별적으로 시행된 표준화 검사에서 나이, 학교교육 그리고 지능에 비해 기대되는 수준보다 성적이 현저하게 낮게 나올 때 진단된다. 학습 문제는 읽고, 계산하고, 쓰기를 요구하는 학업의 성취나 일상생활의 활동을 현저하게 방해한다. 현저하게 낮다는 것은 표준화 검사 성적과 지능지수 사이에 표준편차가 2 이상 차이가 발생할 경우로 정의된다.

(4) 특수교육진흥법의 정의

우리 나라에서는 학습장애에 대한 인식이 1980년대에 들어서야 그나마 제대로 이루어지기 시작하였으며, 학습장애를 "셈하기, 말하기, 듣기, 읽기, 쓰기 등 특정분야에서 학습상 장애를 지니는 자"로 규정하였다(특수교육진흥법시행령, 1994). 그러나 이 정의는 그 내용 자체가 너무 간단하고, 그 범위가 보는 시각에 따라 너무 광범위하기도 하고 혹은 너무 단순하기도 하여, 학습장애를 다른 장애나 학습부진 혹은 지진아들과 구분하기가 매우 애매함을 볼 수 있다.

이상의 여러 정의들이 포함하는 공통 요소들을 요약하면 다음과 같다(Hallahan, Kauffman, & Lloyd, 1999; Lerner, 2000; Mercer, Jordan, Alsop, & Mercer, 1996).

① 학습영역 중에 특히 듣기, 말하기, 읽기(재인 및 이해력), 쓰기, 수학(산술 및 수리력) 중 한 가지 혹은 그 이상에 어려움을 지닌다.
② 학습 잠재능력과 낮은 학업 성취도간에 심한 격차를 나타낸다. 즉, 정상 범위의 지적 능력을 지니면서 학업성취도가 심하게 낮은 학생에 초점을 둔다는 것이다(박현숙, 1992).
③ 학습장애아는 불균형한 성장패턴을 보인다. 이는 정신능력의 어떤 요소들은 예기된 순서 혹은 속도로 성숙하는 반면에 다른 요소들은 발달지체를 보여 학습문제의 징후로 나타난다는 것이다.
④ 학습장애는 신경학적 기능장애와 관련되는 것으로 추정된다. 이는 모든 학습이 두뇌에서 일어나므로 학습에서의 장애는 중추신경계 기능장애에 기인할 수 있다는 추정에서 비롯된 것이다.
⑤ 학습문제가 시각장애, 청각장애, 지체장애, 정신지체, 중증 정서장애 혹은 심한 경제적, 환경적, 문화적인 박탈에 의한 경우는 제외한다.

2) 원인

대부분의 학습장애는 그 원인이 불명료하나 발생 가능한 원인을 크게 기질적, 유전적, 환경적 요인의 세 범주로 나누어 생각할 수 있다.

(1) 기질적인 원인

뇌손상, 미세 뇌기능장애, 두뇌 구조상의 차이 등으로 영양실조나 영양부족이 학습장애를 초래할 수 있다. 최근 신경 영상 기술(MRI, BEAM, PET, CAT-Scan 등)에 의한 신경학적 연구 결과에 의하면, 심한 읽기장애를 지닌 이들은 좌·우반구가 같거나 우반구가 좌반구보다 큰 경향을 보이고, 좌반구 두뇌 피질의 세포 수가 더 적으며, 두뇌 신경활동이 일반인들보다 활발하지 못하다고 보고되고 있다.

(2) 유전적 원인

주로 쌍생아 연구 결과 보고에 의한 것으로, 특히 일란성 쌍생아의 경우 한 명이 읽기장애를 가지면 다른 한 명도 같은 문제 지닐 가능성이 더 많다는 것이다. 그러나, 이것이 유전적인 요인 때문인지 혹은 비슷한 학습환경 때문인지는 좀 더 연구해야 할 과제이다.

(3) 환경적 원인

학습장애의 원인을 아동 내에서가 아니라 그 밖에서 찾으려는 의도에서 비롯되었고, 기질적인 원인과는 달리 그것이 입증 가능한 객관적 원인이라는 데 그 중요성이 있다. 주로 부적절한 교수법, 잘못 선정된 교육과정, 동기의 결여, 불충분한 자극 제공, 경험 부족 등을 포함한다.

그러나 그 원인이 기질적이든 환경적이든 학습장애 학생의 행동 특성은 유사하게 나타나며, 두 원인 모두 복합적인 것이어서 원인을 확실하게 결정하기란 어렵다. 교육자의 관점에서 본다면, 어느 특정 학생이 뇌손상이나 신경학적 장애 때문에 학습에 문제를 보인다는 것이 확실히 밝혀졌다 하여 교사가 그 학생의 교육 프로그램을 계획하는 데 있어서나 어떻게 가르쳐야 할 지에 관한 정보를 제공받을 수 있는 것은 아니다. 최근에 활발하게 진행되고 있는 두뇌 연구 결과에 대해 관심을 기울일 필요는 있으나, 교육적 목적을 위해서는 아직은 학습자의 행동 특성 및 이 특성과 환경적 요인간 상호작용이 기초가 되어야 한다(Hallahan, Kauffman, & Lloyd, 1999).

3) 유형

그림 7-1에서처럼, 학습장애는 발달상 학습장애와 학업 상 학습장애 유형으로 나눌 수 있다. 발달상 학습장애는 아동이 1차적으로 주의집중, 기억, 지각, 지각-운동에 장애를 지니고 있을 때 그에 수반하여 나타나는 것으로 2차적으로 사고와 구어 그리고 운동협응과 사회성에 장애를 가져온다. 발달과정에서 이러한 장애는 곧 취학 후 읽기, 쓰기, 수학 등에 어려움이 있는 학업상 학습장애를 지니게 된다.

4) 출현율

1998년 미국 교육부 자료에 의하면, 1996~97학년도 현재 학습장애 출현율은 학교 재학생의 약 5.5%이고 남녀간 출현율은 남학생이 여학생보다 약 2.5배(U.S. Department of Education, 1992) 혹은 3~4배 많은 것으로 보고되고 있으나, 남녀 학생간 출현율은 큰 차이가 없음을 보고한 연구도 있다(Hallahan, Kauffman, & Lloyd, 1999; Lerner, 2000). 우리 나라의 경우 학습장애의 출현율은 대략 4%(연구에 따라서는 적게는 2%에서 많게는 6%까지로 밝혀짐)로 알려져 있는데, 이 장애로 진단 받는 학생수가 그보다 훨씬 많다. 여러 연구에 따르면 학령기 아동의 5~10%가 학습장애를 가진 것으로 밝혀지고 있다(김승태, 1995).

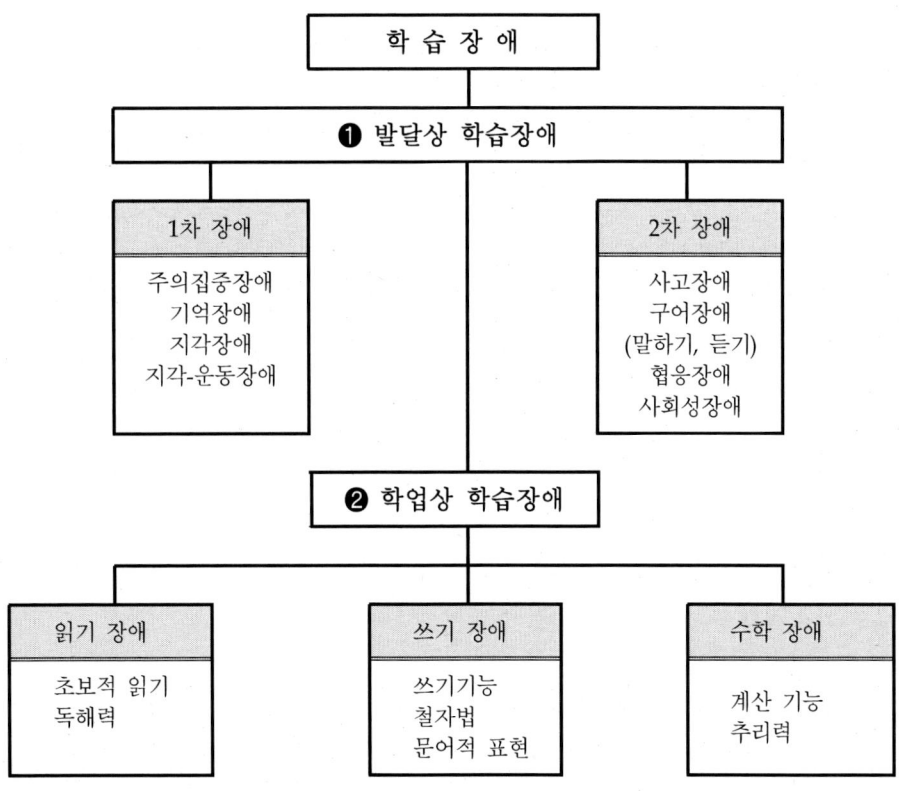

그림 7-1. 학습장애의 유형

2. 특성 및 지도전략

심동적 영역 특성	지도전략
① 종종 주의집중 결핍장애(과잉행동이나 과소행동을 가진 학생들을 포함)를 보인다.	① 사지를 사용하는 활동을 제공한다. 이것은 과잉행동을 보이는 학생의 경우 느리게 진행되는 활동(이완 포함)을 말한다. 조깅과 수영도 과잉행동을 감소시킨다고 보고되고 있다.
② 종종 어색한 행동을 한다.	② 어색한 행동이 어떠한 감각(청각, 시각 또는 기타 다른 감각)의 지각이상으로 나타나는지를 확인한 후 각 학생들을 위한 최상의 학습방법에 교수초점을 맞춘다. 또한, 기초 체육프로그램을 제공하고 더불어 지각-운동 훈련을 보충함으로써 지각 기능이상의 교정에 초점을 맞춘다. 생활연령에 비하여 두드러지게 어색한 행동을 보이는 어린 학생들에게는 대근운동과 감각자극에 중점을 둔 초기 개입프로그램이 적극 추천된다.
③ 때때로 신체인지와 근운동감각(kinesthetic sense)을 지각하는데 결함을 보인다.	③ 자신과 타인의 신체 부위 인지, 전정자극(평형 및 자세잡기) 그리고 측면성과 방향성을 지도한다. 또한 지상 및 공중에서 이루어지는 활동을 모두 제공한다. 촉각을 자극하기 위해 맨발로 활동하도록 한다.
④ 종종 리듬운동 양식을 유지하지 못한다.	④ 메트로놈이나 강한 박자의 음악을 사용하는 활동을 실시한다.
⑤ 중심선을 교차하는 활동에 뚜렷한 문제를 보인다.	⑤ 중심선을 교차하는 운동을 실시한다(예: 한 손을 반대 발끝에 닿게 하는 "풍차운동").
⑥ 제어를 요구하는 기술에서 힘을 과도하게 사용한다(예: 홉스코치).	⑥ 활동을 느리게 수행하게 하거나 순서에 따라 천천히 구두 지시를 한다.
⑦ 수행이 일관적이지 않다.	⑦ 실제로 기술을 수행하기 이전에, 움직임을 구성하고 있는 해당 기술을 반복 지도하며, 기술수행과 관련하여 집중력을 증가시킬 수 있는 행동관리 기법을 도입한다.
⑧ 건강체력 수준이 낮다. 이러한 학생들이 다음과 같은 영역에서 또래들보다 낮은 수행을 보인다: 윗몸일으키기, 50야드 달리기, 소프트볼 던지기, 1.5마일 달리기.	⑧ 장기적인 건강체력 프로그램(강화 포함)에 참여시킨다.
⑨ 시각을 사용하여 구별하는 활동에 어려움이 있을 수 있다.	⑨ 물체의 크기, 모양, 색 및 특성을 경험할 수 있는 기회를 많이 제공한다.
⑩ 운동수행을 방해하는 비정상적인 반사를 보일 것이다.	⑩ 만약 비정상적인 반사로 인하여 운동수행이 저조한 것으로 의심되면, 치료사들(물리치료사, 작업치료사)과 공동으로 반사를 억제할 수 있는 방법을 찾는다.

학습장애

① 상-배경의 구분, 각기 다른 거리와 각도에서 물체 인식하기 및 시각추적 등 기타 시지각에 문제를 가질 것이다.	① 상-배경, 깊이 및 물체의 불변성(각기 다른 각도에서 보이는 형태) 지각에 이상이 있는 경우, 시지각 기술을 보다 더 발달시킬 수 있는 프로그램을 실시한다. 일례로 정지해 있거나 움직이는 물체를 주시하는 연습을 한다.
② 음의 높낮이, 리듬, 세기 및 소리의 방향을 구별하는 청지각에 이상을 가질 수 있다.	② 소리의 속성을 구분하는 움직임 활동에서 시지각 기술을 보다 더 민감하게 하는 프로그램을 체계적으로 실시한다. 음악소리를 사용하는 경우 명확하게 들을 수 있는 것이어야 한다.

인지적 영역 특성	지도전략
① 좌우를 구별하는데 문제를 보일 것이다.	① 좌우를 인식하게 하는 프로그램을 활동에 포함시킨다. 또한, 좌우를 구별하는 학습을 할 때에는 초기에 도움이 되는 단서를 제공한다. 예를 들어, 왼손에 밴드를 하거나 오른손에 수성 매직으로 표시한다.
② 종종 시각보다는 다른 방식을 통하여 보다 효과적으로 학습할 수 있다.	② 각 학생들에게 가장 적합한 학습 방식을 결정한 후에 그 방식을 통하여 새로운 것을 가르친다.
③ 언어 개념을 이해하는데 어려움을 가지고 있다.	③ 언어적 지시는 간단한 것에서부터 복잡한 것으로 이어져야 한다. 먼저 쉽게 이해할 수 있는 몇 가지 단어를 사용해야 한다. 체육환경에서 발생하는 언어 결함의 문제를 교육팀과 함께 해결한다.
④ 표현 언어와 수용 언어에 결함을 보이는 경우가 많다.	④ 체육은 의사소통 및 자신을 표현하는데 문제를 가진 학생들에게 자연스럽게 부족한 면을 연습할 수 있는 기회를 제공할 수 있다. 언어는 초기에 구체화되는 경험이 토대가 되어 형성된다고 알려져 있다.
⑤ 전체 과제보다는 한 과제 중에서 선택된 부분이나 일부분에만 집중한다.	⑤ 시범과 연습을 통하여 우선 전체 기술을 소개한 후, 전체 활동의 부분을 분석·지도하고 마지막에 각 부분을 함께 제시한다.
⑥ 종종 단기기억과 장기기억에 결함을 갖는 학생들이 있다.	⑥ 기억 능력을 향상시킬 수 있는 활동을 실시한다. 장기기억 보다는 단기기억 기술을 더 강조해야 한다.
⑦ 복잡한 연속 활동을 계획하지 못한다.	⑦ 복잡한 활동을 하위 구성요소로 나눈 후, 점증적으로 필수 구성요소들을 추가한다.

정의적 영역 특성	지도전략
① 장기간에 걸쳐 실패를 경험해 왔기 때문에 자신들을 실패자로 생각하는 경우가 있다.	① 경쟁 활동이나 실패를 경험하기 쉽고 선택의 여지가 없는 활동들은 가능한 피한다.
② 수업시간에 이상한 행동을 반복하는 학생들이 있으며, 이 학생들은 활동의 초점을 자연스럽게 전환하지 못한다.	② 변화가 많은 활동을 제공하며, 반복을 강조하는 움직임을 지양한다. 다음 활동으로 전환할 때 명확한 신호를 사용한다.

일반적 특성	지도전략
③ 지각에 문제가 있기 때문에 쉽게 산만해진다.	③ 다음과 같이 환경을 구성한다: 공간 축소, 활동영역 내의 방해물 제거(예를 들어, 빛, 소음). 사다리 오르기와 같이 주의를 다른 쪽으로 돌리지 못하게 하는 활동이 좋다.
④ 학습 문제는 사회적 미성숙과 거부로 이어질 수 있다.	④ 필수 기술이 포함되어 있다면 두 명이 함께 하는 활동이나 단체활동을 제공한다.
⑤ 학습장애는 학생에게 큰 좌절감을 준다.	⑤ 학생들의 좌절이 운동을 수행할 수 없기 때문인지 활동하기 싫어하기 때문인지를 구분한다. 좌절에 이르기 전에 활동을 변화시키며, 학생들이 의도적으로 피할 수 없는 활동이 되도록 한다.
⑥ 때때로 이러한 학생들은 어린아이들과 함께 노는 것을 더 좋아한다.	⑥ 또래의 학생들과 함께 놀 수 있는 기회를 많이 제공하고 이러한 행동을 강화한다.
⑦ 학습장애를 가진 학생들은 대부분 충동적이다.	⑦ 활동 시작 전에 지시를 되풀이하여 전달한다. 미리 결정한 신호(예, 호각 불기)가 주어지기 전까지 어떤 학생도 활동을 시작할 수 없게 하며, 자신의 행동과 관련된 결과를 이해할 수 있는 시간을 제공한다.

일반적 특성	지도전략
① 학습장애가 있는 학생들은 각각 다른 특성을 보인다.	① 행동관리와 지도 내용을 학생 개개인별로 구성한다. 단체 수업에서는 여러 가지 감각을 이용하여 지도한다(예를 들어, 시범 및 설명). 또한, 같은 집단에 유사한 행동 특성을 가진 학생들을 함께 배치하지 않도록 한다.
② 행동이 일관적이지 않다.	② 예측하지 못한 일을 예상하고 대비한다.
③ 일반적으로 한 가지 이상의 발달영역에서 실패 경험을 가지고 있다.	③ 흥미 위주의 활동은 학생들로 하여금 다음 활동을 기대하게 할 뿐 아니라 더 어려운 과제를 시도하도록 동기를 부여하며, 성공 가능성이 크다.
④ 약물은 학습장애 아동들에게 한 가지 이상의 행동영역에 영향을 줄 수 있다.	④ 일반적인 약물과 그 약물의 효과에 대해 잘 알아두어야 한다. 필요하다면, 이러한 지식을 기초로 하여 수업활동을 계획한다.

(김의수, 2001)

☞ **생각해 봅시다 !!**

1. 일반적으로 사용되는 약물의 효과와 부작용에 대해서 알아봅시다.

주의력 결핍 과잉행동 장애(Attention Deficit Hyperactivity Disorder, ADHD)

여기에서 주의력 결핍 과잉행동 장애를 소개하는 이유는 학습장애와 완전히 일치하는 것은 아니지만 학습장애와 주의력 결핍 과잉행동 장애의 증후들이 비슷하기 때문이며, 두 가지 장애가 모두 동반되는 경우가 많기 때문이다. 다음에 소개되는 내용은 우리 주변에서 흔히 볼 수 있는 주의력 결핍 과잉행동 장애를 가진 아동의 행동 특성이다.

부모들은 자신의 자녀가 가정의 일상적인 일과 부모의 기대에 순응하는데 어려움을 갖고 잠을 잘 자지 못하며, 먹기를 거부하고 혹은 놀이 중에 장난감을 고장낸다고 자주 이야기하곤 한다. 학교에서는 극도로 안절부절 하지 못하고, 쉽게 주의가 산만해지며, 순서를 지키지도 않고 큰 소리로 말하며, 주의집중 능력의 부족 때문에 관련 정보를 자주 놓치면서 학급에서 과제를 완성하는데 곤란을 겪는다. 이 아동들의 행동은 친구를 사귀고 유지하는 능력을 방해하여 사회생활에 방해가 될 수도 있다. 그러므로 주의력 결핍 과잉행동 장애는 아동의 가정생활, 교육, 행동 및 사회 적응을 방해하면서 모든 주요 생활 활동들에 유의하게 지장을 초래하게 되는 것이다.

주의력 결핍 과잉행동 장애는 학령기 아동들이 소아정신과를 방문하게 되는 가장 흔한 증상들 중 하나이며, 주의산만, 과잉행동, 충동행동 등이 가장 중요한 핵심증상이다. 현재 이 장애유형이 새롭게 대두되고 있는 이유는 전 세계적으로 출현률이 증가하고 있기 때문이다. 외국의 경우, 학령기 아동의 약 2~9%, 소아정신과 외래환아의 30~50%, 소아정신과 입원 환아의 40~70%에 이른다고 하며, 우리나라에서는 소아정신과 외래환아의 8.7%와 일반아동의 7.6% 정도가 이 질환을 가지고 있는 것으로 보고되고 있다.

미국 정신장애 진단 및 통계편람 4판(DSM-Ⅳ)에서는 세부적으로 ADHD를 주의산만우세형(predominantly inattentive type), 과잉행동-충동우세형(predominantly hyperactive-impulsive type), 혼합형(combined type)의 3가지 형태로 나누며, 혼합형이 가장 많은 것으로 알려져 있다. 일반적으로 증상은 7세 이전에 시작되는데 유아기 때에는 수면장애, 달래기 힘들거나, 먹는 습관도 불규칙하며 사회성을 띤 미소도 잘 관찰되지 않는다. 걷기를 시작해서는 과잉행동과 충동행동이 뚜렷해지며, 7세에서 9세 때인 학령기가 되면 동등한 발달 수준에 있는 아동들에게서 관찰되는 것보다 더 빈번하고, 더 심하고, 더 지속적인 주의 산만이나 과잉행동-충동성이 나타나서 세부적인 면에 주의를 기울이지 못하고, 부주의한 실수를 저지르며, 또래 아이들을 방해하고 관계가 원만하지 못하며, 부모나 선생님의 말을 듣지 않으려고 하고, 반항하여 인지적·행동적 문제와 여타 정신과적 문제를 보이기도 한다.

(박현숙, 1999; 정영철 등, 2001)

참고문헌

김승태(1995). **학습장애.** 서울: 신한.
김의수(2001). **특수체육.** 서울: 무지개사.
박현숙(1992). 학습장애아 판별방법간 비교 연구. **논총, 61**(3). 서울: 이화여자대학교 한국문화연구원.
박현숙(1999). 주의력 결핍-과잉행동 장애의 교육적 접근. **교육과학연구, 29**(1), 113-138.
박현숙(2001). **학습장애아의 이해와 교육.** 직무연수 제9기 일반교사(유, 초, 중등) 과정 연수교재. 국립특수교육원.
정영철, 이종범, 박형배, 정성덕, 성형모, 사공정규(2001). 주의력결핍 과잉행동장애 아동의 연령에 따른 특성비교. **생물치료정신의학, 7**(1), 137-146.
특수교육진흥법시행령. 대통령령 제14395호(1994. 10. 4).
한국보건사회연구원(2001). **2000년도 장애인 실태조사.**
American Psychiatric Association(1994). *Diagnostic and statistical manual of mental disorders(4th ed.).* Washington, DC: Author.
Federal Register, September 29, 1992. Vol. 57, No. 189, *The Individuals with Disabilities Education Act.*
Hallahan, D., Kauffman, J., & Lloyd, J. (1999). *Introduction to learning disabilities(2nd ed.).* Boston: Allyn & Bacon.
Hammill, D. D. (1990). On defining learning disabilities: An emerging consensus. *Journal of Learning Disabilities, 23,* 74-84.
Lerner, J. (1997) *Learning disabilities.* Boston, NY: Houghton Mifflin.
Lerner, J. (2000). *Learning disabilities: Theories, diagnosis, and teaching strategies(8th ed.).* NY: Houghton Mifflin.
Mercer, C. (1997). *Students with learning disabilities(5th ed.).* Upper Saddle River, NJ: Prentice-Hall.
Mercer, C., Jordan, L., Alsop, D., & Mercer, A. (1996). Learning disabilities definitions and criteria used by the state education departments. *Learning Disability Quarterly, 19*(2), 217-232.
National Joint Committee on Learning Disabilities(1988). *Letter to NJCLD member organizations.*
Silver, L. (1988). A review of the Federal Government's Inter Agency Committee on learning disabilities: Report to the U. S. Congress. *Learning Disability Focus, 3,* 73-81.

제 **8** 장

정서 및 행동장애

1. 정서 및 행동장애의 이해

2. 특성 및 지도전략

3. 자폐 스펙트럼 장애

1. 정서 및 행동장애의 이해

다른 장애 영역도 마찬가지이지만, '정서 및 행동장애'는 법률, 학문 영역 및 개인과 단체마다 매우 다양한 용어 및 분류를 사용하고 있다. 이러한 이유는 정서 및 행동과 관련된 장애를 정의하는 목적이 서로 다르고(예를 들어, 교육자, 의사, 법률가 등), 정서 및 행동장애를 판정하는데 있어서 하나의 기준으로 사람의 행동이나 감정을 측정하는데 한계가 있기 때문이다. 또한 많은 행동 특성이 다른 장애영역의 특성과 중복되는 경우가 많아서 딱 잘라 어떤 장애라고 확정짓는데 어려움이 있다. 이러한 이유 때문에 정서 및 행동장애를 적절하게 정의하고 분류하는 것은 매우 힘들다. 따라서 본 장에서는 교육현장에서 가장 많이 사용하는 정의 및 특성을 중심으로 살펴보고자 한다.

1) 정의

정서 및 행동장애를 가진 아동의 교육에서 이들을 누가 다루어야 하는가, 다시 말해 문제의 소속이 어디인가 하는 전문 영역에 대한 논쟁이 계속되어 왔다. 소아정신과 영역에서는 정신과적인 입장에서 프로이드의 이론들을 내세우며, 정서 및 행동장애와 관련된 장애를 psychotic disorders(정서장애: 예를 들어, 정신분열증, 자폐성 장애 등), neurotic disorders(신경장애: 예를 들어, 우울증, 불안증 등), affective disorders(정동장애: 예를 들어, 조울증, 조증 등)의 3가지로 분류하고 있다. 반면에 심리학이나 교육학에서 말하고 있는 정서 및 행동장애와 관련된 장애는 보다 더 폭넓은 의미에서의 심리병리학적인 개념에 초점을 맞춰 행동장애(예를 들어, 자폐성 장애, 정신지체, ADHD 등), 품행장애, 성격장애(예를 들어, 우울증, 불안증, 조울증 등)의 3가지로 분류하고 있다. 이와 같이 정서 및 행동장애는 지난 수십 년 간 여러 가지 용어로 표현되어 왔으며, 현재까지도 공식적으로 사용되는 용어는 각 단체나 개인의 견해에 따라 매우 다양하다. 그 중에서 가장 빈번하게 사용되어 온 용어는 정서장애(emotionally disturbance)와 행동장애(behaviorally disorders)이다. 우리 나라의 특수교육진흥법은 '정서장애', 장애인 등에 대한 특수교육법은 '정서·행동장애'와 '자폐성 장애(이와 관련한 장애'를 포함하고 있다. 미국의 IDEA에서는 '중증 정서장애(serious emotional disturbance)'라는 용어를 사용하고 있다. 그러나 특수교육 영역의 많은 전문가들은 나타내고자 하는 장애영역을 표현하기에 더 적절하고, 아동에게 주어지는 장애 낙인이 덜하다는 이유 때문에, 정서장애라는 용어보다 행동장애라는 용어를 더욱 선호해 왔다. 최근에 이르러서 정서장애 영역과 관련된 30여 단체들의 모임인 미국의 국립정신건강 및 특수교육협회(National Mental Health and Special Education Coalition)에서 '정서 및 행동장애'라는 용어 사용을 제안하였다. 그 이후로 현재까지 많은 전문가들이 이 용어를 가장 적절한 용어로 선호하고 있으며, 비록 '정서 및 행동장애'라는 용어가 법적인 공식용어가 아님에도 불구하고 학문적 분야와 교육현장에서 가장 폭넓게 사용되고 있는 용어로 정착되어가고 있다(이소현·박은혜, 1998).

(1) 미국국립정신건강 및 특수교육협회의 정의

미국의 국립정신건강 및 특수교육협회는 '정서 및 행동장애'를 다음과 같이 정의하고 있다.

① 정서 및 행동장애는 학교생활에서의 행동이나 정서적 반응이 정상 또래의 나이나 문화, 민족 내의 평균치로부터 매우 떨어져 있어 결과적으로 학업, 사회성, 직업, 성격적인 면을 모두 포함한 교육적 성취에 부정적인 영향을 미치게 되는 것으로 특징 지워지는 장애로서, (a) 일시적인 현상으로 나타나는 것이 아니며, 환경 내의 스트레스성 사건에 대해서 예측이 가능한 반응을 보이고, (b) 두 개의 다른 환경에서 지속적으로 나타나고 적어도 그 중 하나는 학교생활과 관련된 생활이며, (c) 교수방법이 적절하지 못하다는 전문가의 판단이 없음에도 불구하고 계속적인 개별화 교육을 받아 온 경우를 말한다.
② 정서 및 행동장애는 기타 장애와 중복되어 나타날 수 있다.
③ 항목 ①에서 명시한 대로 교육적인 성취에 부정적인 영향을 미치는 경우에는 정신분열증, 애착장애, 불안장애, 품행이나 적응에 문제를 보이는 아동이 포함될 수도 있다.

(2) P.L. 101-476의 중증 정서장애의 정의

미국의 경우는 P.L. 101-476에서 자폐성 장애를 정서장애와 별개의 장애로 간주하고 있다.

① 중증 정서장애(serious emotional disturbance): 장기간 동안 학습에 뚜렷하게 불리한 영향을 주며, 다음 중 하나 또는 그 이상의 특성을 나타낸다: 지적, 감각적 혹은 건강요인에 의하여 설명할 수 없는 학습장애; 또래나 교사와의 만족스러운 상호관계를 형성·유지하지 못하는 상태; 일상생활에서 부적절한 행동과 감정 발현; 일반적으로 만연되어 있는 불행이나 억압의 정서; 대인관계나 학교문제와 관련된 신체적 증상이나 두려움 발현. 이 용어는 정신분열증을 포함한다. 그러나 심한 정

서장애가 있는 것으로 확인되지 않은 사회적 부적응 아동에게는 적용하지 않는다 (P.L. 101-476 Rules, Federal Register, September 29, 1992, p. 44802).
② 자폐증(autism): 언어 및 비언어적 의사소통과 사회적 상호작용에 심각한 영향을 미치는 발달장애로 아동의 교육수행에 부정적인 영향을 미치며, 일반적으로 3세 이전에 나타난다. 자폐증과 관련된 기타 특성으로는 반복적인 활동과 상동행동, 환경 및 일상의 변화에 대한 거부나 독특한 감각반응이 있다. 중증 정서장애로 인하여 아동의 교육수행에 불리하게 영향을 미치는 경우는 해당하지 않는다(P.L. 101-476 Rules, Federal Register, September 29, 1992, p. 44801).

(3) 특수교육진흥법의 정의

우리 나라 특수교육진흥법시행령 제9조 제2항(1994)에 제시된 '특수교육 대상자의 진단, 평가, 심사 및 선정의 기준'에 따르면 '정서장애를 지닌 특수교육 대상자'를 다음과 같이 규정하고 있다.

가. 지적, 신체적 또는 지각 면에 이상이 없음에도 학습 성적이 극히 부진한 자
나. 친구나 교사들과의 대인관계에 부정적 문제를 지닌 자
다. 정상적인 환경 하에서 부적절한 행동이나 감정을 나타내는 자
라. 늘 불안해하고 우울한 기분으로 생활하는 자
마. 학교나 개인문제에 관련된 정서적인 장애로 인하여 신체적인 통증이나 공포를 느끼는 자
바. 감각적 자극에 대한 반응, 언어, 인지능력 또는 대인관계에 결함이 있는 자

위의 기준 중에서 '가'에서 '마'항까지는 정서장애아의 기준이며 '바'항은 자폐성 장애 아동의 기준으로 특수교육진흥법 시행령에서는 두 장애영역을 함께 정의하고 있다. 또한 '바'항의 기준이 너무 형식적이고 빈약하다는 평을 듣고 있으며(윤점룡, 1998), 최근 정서장애와 자폐성 장애를 두 개의 서로 다른 영역으로 따로 분류해서 정의하고 있는 추세를 반영하여 2007년에 제정된 장애인 등에 대한 특수교육법에서는 정서·행동장애와 자폐성 장애를 분리하였다.

2) 정서 및 행동장애와 전반적 발달장애

앞서 언급한 것과 같이 정서 및 행동장애는 법률 및 학문 영역마다 다양한 용어를 사용하고 있다. 최근 들어, 정서 및 행동장애와 관련하여 아동기에 나타날 수 있는 발달장

애의 한 영역으로 미국정신의학협회(American Psychiatric Association, APA)에서는 1980년에 출간한 정신장애 진단 및 통계편람 3판(DSM-Ⅲ)에서 전반적 발달장애(pervasive developmental disorders, PDD)를 제시하였다. 여기에서 정서 및 행동장애와 관련된 내용을 다루는데 있어서 전반적 발달장애를 소개하는 이유는 전반적 발달장애가 기존에 정서장애의 분류 속에 포함되어 있던 자폐성 장애를 포함하는 장애영역이고, 이러한 장애를 가지는 아동의 수가 증가하여 관심이 고조되고 있으며, 연구도 활발히 이루어지고 있기 때문이다.

미국정신의학협회는 DSM-Ⅲ에서 전반적 발달장애 속에 자폐성 장애를 포함시킴으로써 이전까지 정신병적인 상태로 보아 왔던 자폐성 장애를 심각한 발달장애로 보는 획기적인 개념상의 변천을 가져왔다(홍강의, 1993). 이후 미국정신의학협회에서는 1994년에 DSM-Ⅳ라는 개정판을 발행하였는데, 여기에서는 전반적 발달장애를 다음과 같이 5가지로 분류하였다.

① 자폐성 장애(autistic disorder): 사회적 상호작용과 의사소통의 문제 그리고 상동행동이 진단 준거의 요소들이다. 자폐성 장애는 3세 이전에 발병하며 남아가 여아보다 4~5배 정도 출현율이 높은 것으로 보고되고 있다. 자폐성 장애아동의 약 75~80%는 정신지체를, 그리고 약 25%는 간질을 동반한다. 또한, 이들의 약 50%는 기능적인 언어습득에 실패하며(Charlop, Schreibman, & Kurtz, 1991), 약 25~40%는 평생동안 함묵 증세를 보이기도 한다(Siegel, 1996). 처음 Leo Kanner가 이 장애를 보고하면서 부모의 양육태도를 장애의 원인으로 밝혔으나, 오늘날에는 장애의 원인이 중추신경계의 이상에 있다고 보고되고 있다.

② 렛 장애(Rett's disorder): 렛 장애는 생후 약 5개월 동안의 정상적인 발달 기간이 있는 것이 특징이다. 이 장애를 가진 아동은 정상적인 머리둘레를 가지고 태어나지만 생후 48개월에서 5세 사이에 머리 성장이 감속한다. 또한 30개월과 5세 사이에는 과거에 습득한 손 기술을 상실하는 특성을 보이는데, 초기 증상으로 손을 비트는 동작이나 손을 씻는 듯한 비비기 동작이 흔히 나타난다(Tsai, 1998). 이들은 전형적으로 심한 정신지체를 동반하며, 여아에게서만 발견되는 것이 특징이다. 약 10,000~15,000명당 1명 꼴로 발생하는 드문 장애이다.

③ 소아기 붕괴성 장애(childhood disintegrative disorder): 생후 2년 동안 정상발달이 이루어지지만, 그 후에 현저한 퇴행이 나타난다. 사회적 상호작용과 의사소통 기술의 지체를 보임과 동시에 대상과 환경에 대한 전반적인 관심의 상실을 나타낸다. 이 장애는 매우 드문 장애로 남아에게서 더 많이 나타나는 것으로 알려져 있다.

④ 아스퍼거 장애(Asperger's disorder): 자폐성 장애와 공통된 특성을 보이지만, 임상적으로 심각한 언어발달의 지체가 없는 것이 차이점이다. 이 장애를 가진 아동은

운동 지연 혹은 서투른 동작을 나타내기도 하는데, 발병시기는 자폐성 장애와 비슷하지만 학령기에 들어가면서 사회적 상호작용의 어려움을 뚜렷하게 나타낸다. 이들은 인지기능이 정상 범위에 속하는 자폐성 장애아동과 구별하기가 쉽지 않지만, 지능검사상의 점수 분포가 고기능 자폐성 장애아동의 경우 언어성 검사와 비언어성 검사간에 불균형을 나타내는 반면, 아스퍼거 장애아동은 균형적인 점수 분포를 나타낸다.

⑤ 비전형 전반적 발달장애(pervasive developmental disorder not otherwise specified, including atypical autism): 비전형 전반적 발달장애는 사회적 상호작용의 결여나 의사소통 기술의 결함 혹은 상동행동의 특성이 뚜렷이 나타나지만 위에 언급한 다른 장애의 특성에 정확하게 맞지 않는 경우를 모두 포함한다. 흔히 자폐성 장애보다 경미한 증상을 나타내는 경우로 비전형 자폐증으로 생각될 수 있다.

3) 원인

정서 및 행동장애에 영향을 미칠 수 있는 요인으로는 생물학적 요인, 가족요인, 학교요인 및 문화요인을 들 수 있다(방명애, 2002; Kauffman, 2000).

① 생물학적 요인: 유전적 요소, 뇌손상, 영양실조, 기질 및 질병 등이 포함되는데, 이러한 생물학적 요인들은 환경적 요인들과 상호 작용하여 정서 및 행동장애를 일으키게 된다.
② 가족요인: 부모의 행동과 상호작용의 형태, 학교에 대한 태도 및 아동의 성취에 대한 기대감 등을 포함한다.
③ 학교요인: 일관성이 없는 행동중재, 비효과적인 교수, 비기능적인 기술의 지도 및 아동에 대한 부적절한 기대 등을 들 수 있다.
④ 문화요인: 대중매체, 또래집단의 문화, 사회계층간 갈등 등을 포함한다.

4) 출현율

미국의 경우 정서 및 행동장애의 출현율은 학령기 아동의 2%로 추정되고 있으며, 남아 대 여아의 비율이 4:1로 보고되고 있다(Heward, 2000). 우리 나라의 경우는 자폐를 포함한 발달장애의 출현율은 0.01%로 추정하고 있으며, 장애인 전체 인구 1,449,496명 중 4,626명으로 보고하고 있다(한국보건사회연구원, 2001). 하지만 정서장애는 장애의 특성상(연속성 개념, 정신분열증과의 혼동 등) 명확한 숫자보다 다음과 같은 특성을 제시하는 것이 바람직하다고 할 수 있다.

- 정서장애나 사회적 부적응 아동들의 행동은 성인의 문제행동과 유사한 경향을 보인다.
- 사회경제적 수준이 낮은 사람들이 중간 이상의 사회경제적 수준을 가진 사람들보다 부적절한 행동을 하는 경우가 더 많다.
- 남성이 여성보다 정서장애로 분류될 가능성이 더 높다. 문헌에서 제시하고 있는 평균 비율은 6:1이다(Reinert, 1980). 그러나 실제로 정서장애를 가진 남학생 수가 더 많은 지의 여부는 명확하지 않다.
- 정서장애 수용시설에 있는 환자의 약 절반이 정신분열증을 가지고 있다.

2. 특성 및 지도전략

일반적으로 정서 및 행동장애아들은 IQ가 75~100 정도로 평균 이하이며, 대인관계에 어려움을 나타낸다. 또한, 반사회적 행동을 나타내고 지나치게 위축된 행동을 보이기도 한다. 정서 및 행동장애아들도 일반아동들과 같은 인지발달 단계를 거치지만 사회-인지적 발달이 지체되어 있고 자기중심적이어서 자신의 행동이 다른 사람들에게 어떠한 영향을 미치는지 깨닫지 못하고, 과거의 경험을 현재의 문제에 적용시키지 못하며 간접 경험을 통해 학습하지 못할 뿐 아니라 사회적 문제를 해결하기 위한 전략이 부족하여 사회적으로 고립되기 쉽다.

대부분의 정서 및 행동장애아들은 학교를 싫어하고 낮은 학업성취를 보인다. 이는 과제를 완수하고 교사의 지시를 따르는 등의 학업적 생존기술(academic survival skills)이 부족하거나, 아동의 정서적 문제들(예: 불안, 낮은 자존감, 우울증)이 학업에 부정적인 영향을 미치기 때문인 것으로 보인다. 뿐만 아니라 자신의 능력에 대한 자신감이 없고 자신을 무가치하게 여기는 경우가 많으며, 새로운 경험에 대해 거부감과 공포감을 가지고 있어서 학습에 부정적인 영향을 미친다. 정서 및 행동장애아들은 자신의 분노, 두려움, 불안 등의 감정을 사회적으로 수용 가능한 방법으로 나타내지 못하고, 부적절한 행동으로 표출하기 때문에 긍정적인 사회적 관계 형성에 있어서 어려움이 많다.

심동적 영역 특성	지도전략
① 정서장애를 가진 학생들은 신체적으로는 일반적인 성장을 보이지만, 이에 상응하는 정의적 영역의 발달(사회적, 정서적, 심리적 발달)이 이루어지지 않는다.	① 정서적 발달을 도모할 수 있는 대인(people-oriented) 신체활동을 선택한다. 또한, 자신의 행동을 성찰할 수 있는 시간을 제공한다.

정서 및 행동장애

② 정서장애가 심할수록 지각능력과 체력수준이 낮다. 이러한 경향은 특히, 유사자폐와 같은 극단적인 반사회적 행동을 보이는 학생에게서 두드러진다.	② 신경정신과 전문의 등 정신건강을 담당하는 모든 인적자원을 최대한 활용한다. 강화가 되는 활동을 찾고, 체력, 운동, 놀이 및 사교기술을 발달시키는데 이 활동을 사용한다. 유사자폐 학생에게 운동기술을 습득시킬 때에는 촉각단서를 사용하는 것이 가장 적합하다. 이러한 단서를 제공할 때에는 여러 신체부위에 가볍게 적용하여야 한다. 하지만, 아동이 특정 감각자극을 선호한다면 그 감각을 사용하여 지도한다.
③ 생리적 요인(예를 들어, 위액 분비 증가, 심박수의 증가)에 직접적으로 영향을 주는 격앙된 감정을 보이는데, 이것 때문에 부적절한 감정 변화가 나타난다.	③ 체계적인 체육프로그램은 보다 정상적인 생리적 반응을 자극시키고, 격앙된 감정을 적절히 분출시켜 준다. 문제행동을 보이는 경우 학생을 타임-아웃시킬 수 있다.
④ 정서장애를 가진 아동들은 운동기능과 건강체력 수준의 편차가 크다.	④ 가능한 체육프로그램들을 개별화하여 지도한다.
⑤ 산만, 공격 성향 및 위축 행동 등이 운동학습과 체력 향상을 방해한다.	⑤ 심동적 영역의 학습에는 행동관리 및 친밀감(rapport) 형성이 필수적이다.
⑥ 때때로 심동적 영역의 수행이 다양하게 나타난다.	⑥ 자세, 운동, 체력 및 놀이 숙달 정도를 검사할 때에는 1회 이상의 평가자료를 수집한다. 점수의 평균이 가장 유용하게 사용될 것이다.
⑦ 활동 지향적인 경향을 보인다.	⑦ 모든 유형의 구조화된 활동 지향적 체육활동이 성공적으로 제공될 수 있다.
⑧ 사회 부적응 학생과 정서장애 학생은 종종 스포츠나 게임에 우수한 능력을 나타낸다.	⑧ 스포츠와 게임을 강조한다. 그렇지만, 학업시간을 할애하면서까지 신체적 능력을 추구하지 않도록 학생을 이해시킨다.
⑨ 부적응 학생 및 비행 청소년들은 승패를 강조하는 스포츠를 피하려는 경향을 보이기도 한다.	⑨ 참여하기 싫어하는 학생에게 경쟁 스포츠를 절대로 강요하지 않는다. 처음에는 관람하게 하고 일정시간이 지난 후 비경쟁적인 자기향상 활동에 참여하도록 유도한다.

인지적 영역 특성	지도전략
① 보통 행동장애를 가진 학생들은 지능검사 점수가 평균보다 다소 낮고, 학업성적도 예상되는 것보다 크게 낮으며, 많은 학생들이 학습에 문제를 가지고 있다.	① 전통적으로 모든 영역의 성취를 동기유발 시키는 방법으로 학교대항경기나 대내경기에 참가하도록 유도한다. 스포츠 및 대내경기 참가 및 모든 과목의 학업성취 등에 대해 교사, 학부모, 학생간에 행동관리 기법의 하나로 서면계약 시스템을 활용한다.
② 종종 교사나 부모 등 다른 사람의 의도와 반응을 잘못 지각한다.	② 학생을 진심 어린 마음으로 대한다. 적절한 방법을 사용하여 그들의 관심사에 대해 이야기해 본다.

③ 일부 중증 장애학생은 안전에 대한 이해가 전혀 없으며 안전을 무시하는 행동을 한다.	③ 교사와 학생이 엄격하게 지켜야 하는 규칙을 정하고, 반드시 안전교육을 실시한다.
④ 대부분의 학생들은 주의집중 시간이 매우 짧다.	④ 매 체육수업에 여러 가지 활동을 계획한다. 다양한 활동으로 구성된 체육수업에 참여한다면 주의집중이 향상될 것이다.
⑤ 종종 자신들의 요구를 비언어적인 방식으로 표현한다.	⑤ 학생의 눈과 몸짓을 정확하게 관찰한다(예를 들어, 마주보기를 하는가? 몸을 또래나 교사 쪽으로 돌리거나 접근하는가? 또, 미소짓고 있는가?). 산만한 행동을 보일 때, 그 학생의 입장에서 생각해 보고 대처하도록 한다.

정의적 영역 특성	지도전략
① 정서장애를 가진 학생들은 정서면에서 이질적이다.	① 학생의 행동특성에 대하여 사전에 잘 숙지하고, 개별화 및 구조화된 프로그램을 지속적으로 계획하여 지도한다.
② 행동에 장애를 보이는 학생은 접촉에 민감하게 반응한다.	② 근운동감각 및 촉각운동을 하기 전에 친밀감을 형성한다.
③ 쉽게 산만해진다.	③ 모든 환경자극은 구조화된 환경 내에서 교사의 통제 하에 있어야 한다. 적절한 자극(예를 들어, 밝은 노란색 공)을 사용하여 지도하고, 주의를 분산시키는 자극(예를 들어, 문이 열려 복잡한 복도가 보이는 상황)을 줄이거나 제거한다. 또, 활동 시 기다리는 시간을 최소화시켜야 한다.
④ 쉽게 동요하거나 흥분한다.	④ 흥분을 가라앉히고 인내심을 가지게 한다. 동적인 활동과 차분하고 정적인 활동을 모두 제공한다. 학생이 흥분을 일으킬 때의 신호를 감지하고 폭발하기 전에 흥분을 가라앉히는 방법을 익히도록 지도한다.
⑤ 일부 학생들은 공격행동과 같은 외향적 행동을 나타내는 경향이 있다.	⑤ 심동적 요구를 충족시킬 뿐 아니라 극단적인 행동을 중화시키는 비접촉, 비경쟁적 신체활동을 제공한다. 때때로 공격성, 분노, 짜증을 억제시킬 필요가 있다. 아마도 이성적으로 설득하는 것은 소용이 없을 수도 있지만, 시기 적절하고 세련된 유머로 공격성을 분산시킬 수 있을 것이다.
⑥ 일부 학생들은 부끄러움이나 회피와 같은 내성적 행동을 보인다.	⑥ 상호작용이 가능한 활동을 통하여 건전한 관계를 형성하도록 한다. 활동은 대인, 소집단, 대집단 활동의 순서로, 또 협동활동에서 경쟁활동으로 진행해야 한다.

⑦ 때때로 교사의 특정 권위에 언어적 또는 신체적으로 도전할 수 있다.	⑦ 관심을 가지고 확고하며 지속적인 훈육 지침을 적용한다. 무엇보다도, 침착하고 능동적인 청취자가 되어야 한다. 그리고 아동이 자신, 타인 혹은 물품에 해를 가할 경우 물리적 제재를 가한다. 이러한 상황을 회피하지 않고 적극적으로 대처한다.
⑧ 자신의 생각에 사로잡혀 있으며(때때로 병적인 상태), 환각이나 망상을 보인다.	⑧ 중단되거나 주저하는 시간 없이 활동을 계속하도록 하는 수업을 계획한다. 학생의 비정상적인 사고를 강화시켜서는 안 된다. 한 가지 예로, 학생의 이야기를 들어줄 필요가 있지만 환상적인 이야기에 몰두되어서는 안 되며, 비정상적인 행동이나 생각을 인정하지 않도록 한다.
⑨ 분열성 행동은 때때로, 절식, 과식 및 약물 남용과 같은 자기학대로 나타난다.	⑨ 학생에게 관심을 보이고, 상담하며, 심리학적 장애와 부적응 반응을 다루는 데에 경험이 풍부한 전문가들에게 도움을 구한다.
⑩ 과잉행동 및 활동 저하 상태와 같이 극단적인 행동을 보인다.	⑩ 과잉행동을 보이는 학생들을 위해 이완 및 비경쟁 활동을 제공한다. 활동 저하 상태인 학생들에게는 활동적인 놀이와 게임이 적합하다.
⑪ 다른 사람을 의심한다.	⑪ 활동이 성공적으로 이루어지려면 먼저 친밀감이 형성되어야 한다. 위협적이지 않고 안전한 환경을 제공한다.
⑫ 대다수의 학생은 자아 개념이 약하다.	⑫ 학생들에게 수행 즉시 양으로 측정할 수 있는 피드백을 제공하여 운동수행의 향상 정도를 알 수 있게 한다. 이렇게 함으로써, 빠른 시간 내에 성공을 경험할 수 있다. 활동의 예로, 근력 운동과 장애물 코스가 있다. 체력활동은 외모를 개선시키고 신체상과 자긍심을 향상시킬 것이다. 학생을 부를 때에는 이름을 부르도록 한다.
⑬ 쉽게 위협받으며 현실과 상상 속에서 제재나 처벌에 대하여 두려움을 갖고 있다.	⑬ 비위협적이고 승패를 결정짓지 않는 활동부터 시작한다. 학생에게 실제 또는 잠재적으로 위협적인 상황을 제공하지 않는다.
⑭ 보통 사람들과 적절한 관계를 유지하는 데 문제를 보이며, 싸우거나 피하는 행동(달아나기) 등 다양한 대인 반응이 나타난다.	⑭ 고학년 학생에게는 여가시간에 초점을 맞춘 대인 혹은 집단 체육활동을 많이 제공해야 한다. 반면, 어린 학생은 놀이의 발달단계를 향상시킬 수 있는 다양한 놀이경험이 필요하다. 만약 학생이 처음에 교사나 또래들과 어울리려 하지 않는다면 기구를 사용하는 활동에 참가하게 한 후 익숙해지면 최종적으로 다수의 또래나 성인들과 상호작용을 할 수 있도록 분위기를 마련해 준다.

15	일반적으로 심각한 부적응 및 행동문제를 가진 학생들은 자신을 통제할 수 없다.	15	이 학생들은 교사가 직접 지도하는 구조화된 환경이 필요하다. 초기에는 학생이 주로 프로그램을 선택하도록 하고, 차후에 몇 가지 조건만을 선택하게 한다. 그리고 행동에 책임질 수 있게 되면 자유스럽게 선택하도록 한다. 규칙, 경계선, 휴식 지역은 활동 시작 전에 교사와 학생이 충분히 합의해야 한다. 수업 시작과 끝에 학생이 앉거나 서는 자신만의 자리를 지정해 주는 것도 효과적인 방법이다.
16	행동에 문제를 가진 학생들은 변화, 비판 및 제한하는 것을 받아들이기 어렵다.	16	적극적인 의사소통을 통하여 공격성이나 회피성향을 보이지 않으면서 각 사람의 차이를 인식하고 한계와 변화를 받아들이도록 지도해야 한다. 수업 시작(예를 들어, 항상 교사가 주도하는 운동으로 시작) 및 종료(예를 들어, 항상 이완운동으로 종료) 시에 항상 동일한 활동을 실시하며 수업 중간부분에 변화를 준다.
17	어떤 형태로든 친숙한 것을 찾는다.	17	가능하면 부적절한 행동을 강화하지 않도록 한다. 적절하게 행동하는 학생에게는 각기 다른 수준의 역할(예를 들어, 조장, 반장)을 부여한다. 이러한 역할 행동은 책임감과 주의력을 필요로 하며, 이 역할을 수행하는 동안 부적절한 행동이 감소할 것이다.
18	일반적으로 새로운 활동에 대하여 과도하게 두려워하거나 불안해한다.	18	학생에게 활동을 강요하지 않는다. 친숙한 환경에서 점차적으로 새로운 활동을 도입한다.
19	규칙을 고의로 위반하기도 한다.	19	팀 스포츠나 게임에 참가할 때 규칙이나 교사, 코치 및 심판의 판정을 존중해야 한다는 것을 가르쳐야 한다.
20	두드러진 신경증적 행동(예를 들어, 연축이나 틱)이나 강박-충동(예를 들어, 복도의 선이나 갈라진 틈을 밟지 않으려고 하는 행동)을 보인다.	20	이러한 행동을 상쇄시키기 위해서는 비경쟁적인 활동이 바람직하다. 예를 들어, 손에 일시적인 구축을 보이는 학생은 무거운 기구를 들어올리는 운동이 바람직하고, 머리에 연축이 있는 경우에는 신체부위에 의식적으로 집중하여 움직이지 않도록 '정지' 활동(예: '얼음-땡' 놀이)을 함으로써 상쇄시킬 수 있으며, 선이나 갈라진 틈을 밟지 않으려는 행동을 하는 학생은 선이나 갈라진 틈 위에 서 있게 함으로써 교정할 수 있다.
21	이성인 학생들과 활동할 때 추가적인 문제를 가질 수 있다.	21	남녀 학생들이 자연스럽게 함께 활동할 수 있는 체육활동을 선정한다. 이러한 활동에는 사교댄스, 배구, 이어달리기 및 협동게임 등이 있다.

일반적 특성	지도전략
① 극단적 부적응 행동을 보이는 경향이 있다.	① 교사는 바람직한 행동모델이 되어야 한다. 효율적인 지도를 위해 극단적인 행동을 측정하여 반영한다. 행동관리 전문가의 도움을 구한다. 또한, 비슷한 문제를 가진 아동들로만 학급을 편성해서는 안 된다.
② 정서장애를 가진 학생들의 행동은 예측이 불가능하고 비이성적이다.	② 예측할 수 없는 행동이 나타날 것이라고 예상하고 적절한 행동으로 대체시켜 준다. 학생들에게 자신의 부적절한 행동이 어떤 결과를 초래하게 되는 지를 알게 한다.
③ 지속되는 장애행동과 부적응 행동으로 인하여 일상생활을 영위하기 어렵다.	③ 초기에 적절한 행동과 학교체육 활동을 실시하는 것이 중요하다.
④ 부적절한 행동을 조절하는 약물을 복용하는 경우가 많다.	④ 일반적으로 투여되는 약물과 운동에 대한 약의 효과를 알아둘 필요가 있다. 예를 들어, 진정제를 복용한 학생은 줄타기와 같은 활동에서 반드시 제외시켜야 한다.

(김의수, 2001)

3. 자폐 스펙트럼 장애

자폐 스펙트럼 장애(autistic spectrum disorder, ASD)

자폐증(autism)이라는 용어는 미국의 존스 홉킨스(Johns Hopkins) 의과대학의 소아정신과 의사였던 레오 카너(Leo Kanner) 박사가 처음으로 사용한 병명으로, 아동의 공통적인 특성인 사회성 결여로 인해 자기만의 삶에 심취하는 듯한 태도를 보고, 자폐증이라는 용어를 사용하였다. 본래 희랍어 '아우타(auto): 자기 자신만의 세계 속에 고립된 증세 - 영어의 self(자기 자신)'에서 유래하였으나, 학계에서는 용어자체를 하나의 특이한 정신병리 현상으로 보는 시각에서 명칭을 만들었기 때문에 가장 적절한 용어로 보지 않고 있다. 최근에는 '자폐증'을 특정한 정신적인 질환으로 간주하기보다는 발달적인 장애, 즉 아동이 정상적인 발달 속도를 따르지 못하거나 어느 특정 기능들의 발달이 중단되어서 나타나는 증후군으로 보고 있다. 그럼에도 불구하고 '자폐증'이라는 명칭이 오랫동안 사용되어 왔기 때문에 지금 와서 새롭게 개명하는 것은 더욱 어려운 일이다.

미국정신의학협회(American Psychiatric Association)에서 편찬한 DSM-IV(1994)에서는 현재까지 사용되어 왔던 'autism'이라는 명사적 용어 대신에 형용사 형태로 수정된 '자폐성 장애(autistic disorder)'라는 용어로 바꾸어 사용하기 시작하였는데 이는 새로운 뉘앙스를 함축하려는 의지를 담은 것이라 할 수 있다. 그러나 원천적으로 '자폐'라는 기본적 이미지에는 변화를 주지 않았다.

  그러다가 최근 1990년대 중반기부터 학계에서 '자폐 스펙트럼 장애(autistic spectrum disorder)'라는 용어를 도입하게 되었고(Wing, 1988), 이 용어가 각종 저널 속에 부쩍 많이 등장하게 되었다. 이러한 용어의 변화는 많은 의미를 함축하고 있다. 과거 자폐 스펙트럼 장애에 속하지 못하였던 기타 전반적 발달장애나 비전형 자폐증 그리고 아스퍼거 장애들도 포함하게 된 것이다. 이러한 추세에 발맞추어 자폐 스펙트럼 장애의 발생율도 바뀌게 되었는데, 전에는 10,000명에 4명 내지 5명이 발생하는 것으로 발표되었으나 현재는 10,000명에 15명으로 늘어나게 되었다.

  우선, '스펙트럼'이라는 말을 이해할 때 그러한 변화의 추세를 깨달을 수 있을 것이다. 원래 스펙트럼이라는 용어는 빛과 관련된 말로 햇빛이 프리즘을 통과하면 여러 가지 색의 빛으로 나뉘어지는데 이렇게 여러 가지의 빛으로 나뉜 연속체를 말한다.

  우리는 이를 통해서 햇빛이 하나의 빛이 아니고 여러 가지 빛의 합성체라는 사실을 알 수 있다. 이와 같이 자폐증이라는 하나의 이름으로 모인 아동들에게 평가라는 프리즘을 통하면 빛의 연속체인 스펙트럼과 같이 다양하게 분류되어질 수 있다는 의미에서 이러한 명칭을 선호하는 경향이 생긴 것이다. 따라서 이러한 용어의 변화는 몇 가지 점에서 큰 의미를 부여하고 있다.

 첫째, 자폐증으로 진단 받은 아동들 중에는 증상적 특성이나 기능 수준이 전적으로 같은 아동들이 거의 존재하지 않을 정도로 개개인이 독특성을 갖는다는 점이다.
 둘째, 이러한 이유에서 아동을 위한 치료 및 교육을 위한 프로그램이나 교육과정을 일괄적으로 설정해서는 안 된다는 것이다. 즉, 아동의 특성, 기능 수준, 인식 능력에 가장 적합한 치료 교육 프로그램과 IEP를 만들어야 한다. 말하자면 자폐 스펙트럼 장애아동들 사이에는 내용이 전적으로 일치된 IEP가 존재해서는 안 된다는 말이다.

● 자폐 스펙트럼 장애의 유형

특성적인 면으로 볼 때, 광범위한 다양성을 보이는 자폐 스펙트럼 장애를 특정한 몇 가지의 유형으로 분류한다는 것은 그리 쉬운 일이 아니다. 아동의 지적 수준, 기술 수준, 기능 수준, 언어 수준, 의료적 특성, 생리학적인 특성 등 어느 하나의 기준에 의하여 분류할 수 있겠지만 전반적인 특성을 고려하여 분류할 수 있는 기준을 정한다는 것이 제일 어려운 일이다. 그러나 자폐 스펙트럼 장애 아동에 대하여 이해의 폭을 넓히거나 혹은 실제적으로 효과적인 치료 교육에 대한 계획을 세우는데 앞서서 아동에 대한 프로필을 작성할 때에는 이러한 유형별 분류가 큰 도움이 될 수 있을 것으로 생각한다. 이러한 이유에서 지금까지 많은 학자들이 나름대로 분류한 유형들이 소개되었지만 지금까지 알려진 유형 중에서 미국 스탠포드 의과대학의 시겔(Siegel) 박사가 저술하여 JADD(1986)에서 발표한 네 가지 유형이 가장 설득력이 있고 합리적인 것으로 평가되고 있다('Empirically Derived Subclassification of the Autistic Syndrome'의 제목으로 발표). 먼저 이러한 유형을 나눌 때 구체적이고 절대적인 분류 기준은 없다는 것과 반드시 모든 아동들이 어느 한 유형에만 속하기보다는 종종 다른 유형에도 해당될 수 있는 속성을 갖고 있을 수 있다는 사실을 염두에 두고 인지하는 것이 필요하다.

(1) 반향어성 자폐 스펙트럼 장애(echolalic autistic spectrum disorder)
마치 메아리 치는 양상으로 의미 없는 말을 반복하는 유형의 아동이 여기에 속한다. 여기에 속하는 대부분의 아동은 언어 능력이 지체된 속성을 갖고 있고, 이러한 매너리즘은 언어적 성향에만 국한되지 않고 무의미한 신체의 반복적인 움직임도 같이 동반하는 경향이 있다. 아동들이 반향어나 행동적 매너리즘을 보일 때에는 다른 세계에 빠져든 것과 같은 백일몽에 심취하게 되는 특징이 있다.

(2) 원천적인 자폐 스펙트럼 장애(primitive autism spectrum disorder)
지적 능력(intelligence)이나 인지 능력(cognition)이 크게 뒤떨어지며 자발어가 거의 나오지 않는 유형의 아동이 여기에 속한다. 전적으로 외부에 반응하지 않고 자극이 부족하여 끊임없는 자기자극 행동을 보인다. 전반적인 감각적 자극에 대해서는 대체로 부적절한 반응을 보인다. 다른 유형의 아동들보다도 주의를 끌기가 무척 어려우며 기능적인 상호작용이 가장 어려운 유형이다.

(3) 후유적 상태 자폐 스펙트럼 장애(residual state autism spectrum disorder)

아스퍼거 증후군이나 경계선 고기능 자폐 스펙트럼 장애를 가진 아동들이 여기에 속한다. 이러한 특성을 가진 아동들은 언어를 사용하거나 다른 사람들과 교제를 나누는데 크게 뒤떨어지지는 않지만 약간의 특이성을 보이고 다른 사람들을 다소 기피하게 되는 경향이 있다. 때문에 자폐성향이 반영된 자신의 특이한 언어 습관이나 사교적 특성으로 대인관계를 맺는 것을 다소 기피하거나 사람들에 대한 반항적인 속성을 갖는 경우도 있다. 때로 친숙한 사람들과는 교제를 가지려 하나 사회적 규범이나 법도에 대한 이해 혹은 인식이 부족하여 타인에게 불편함이나 거부감을 주게 되는 경우가 많다.

(4) 거절적 자폐 스펙트럼 장애(negativistic autism spectrum disorder)

사회적 접촉을 통렬하게 거부하는 속성을 가진 아동들이 여기에 속한다. 이는 원천적인 자폐증 유형의 아동들에게서 보이는 대인관계에 소극적이거나 무관심한 특성보다는 오히려 다른 사람들의 접근을 거부하고 장소를 이탈할 정도의 반사회적인 특성으로 사람의 관계를 거절하는 유형이다. (양문봉, 2000)

DSM-Ⅳ(APA, 1994)의 자폐성 장애 진단기준

A. (1), (2), (3)에서 총 6개(또는 그 이상) 항목, 적어도 (1)에서 2개 항목, (2)와 (3)에서 각각 1개 항목이 충족되어야 한다.

(1) 사회적 상호작용에서의 질적 장애를 보인다.
  (a) 눈맞춤, 얼굴 표정 짓기, 몸 제스처와 사회적 상호작용을 조율하는 몸가짐과 같은 갖가지 비언어적 행동을 사용하는데 현저한 장애를 보인다.
  (b) 발달 정도에 알맞은 또래와의 관계를 발전시키지 못한다.
  (c) 타인과 기쁨이나 관심 그리고 자신의 업적을 나누려는 자발적 노력이 부족하다(관심 있는 사물을 보여주거나 가져온다든지 가리키지 않는다).
  (d) 사교적 혹은 감정의 교환이 부족하다.

(2) 의사소통에 있어서 질적 장애를 보인다.
  (a) 언어의 발달이 지체되거나 결여되어 있다(몸짓이나 흉내내기와 같은 대체 의사소통 방법을 사용하기 위한 의지도 결여).
  (b) 말을 적절히 구사하더라도 타인에게 말을 걸거나 대화를 지속하는 능력에 현저한 장애를 보인다.
  (c) 언어를 반복적으로 혹은 상투적으로 사용하거나 색다르게 사용한다.

(d) 발달정도에 알맞은 자발적인 여러 가지 변장 혹은 흉내내기 놀이 능력이 부족하다.
(3) 행동, 관심과 활동이 한정된 범위 안에서 반복적이고 상투으로 나타난다.
(a) 강도와 초점에 있어서 비정상적이며 하나 혹은 다양한 형태의 관심을 보이면서 강도 높은 집착을 보인다.
(b) 융통성이 부족하여 특정적이며 비기능적인 의례적 일과에 뚜렷한 집념을 보인다.
(c) 상투적이며 반복적이고 타성적인 근육운동을 보인다(손이나 손가락을 턴다거나 꼰다든지 혹은 복합적으로 상체를 움직이는 행동).
(d) 사물의 일부분에 대해 끈질긴 집착을 보인다.

B. 3세 이전에 다음의 세 영역 중에서 적어도 한 가지 이상 지체되거나 비정상적인 기능을 보인다.
(1) 사회적 상호관계
(2) 사교적 의사소통의 방법으로 언어 사용
(3) 상징적 혹은 흉내내기 놀이

C. 렛 장애(Rett's disorder)나 소아기 붕괴성 장애(child disintegrative disorder)와는 다른 특성을 가져야 한다.

ICD-10에 의한 자폐성 장애의 분류

1. 3세 이전에 비정상적인 혹은 손상된 발달이 나타남

2. 사회적 상호작용에 있어서 질적인 손상들(다음 5가지 중에서 3가지)
(1) 적절한 상호 작용을 위해 눈맞춤, 몸의 자세, 얼굴표정, 몸짓을 적절하게 사용하지 못함
(2) 정신 연령에 적합한 방식으로 충분한 기회가 주어짐에도 불구하고, 흥미, 활동, 감정 등을 같이 공유하는 또래 관계를 형성하지 못함
(3) 긴장되거나 고통스러울 때 다른 사람으로부터 거의 위로와 애정을 얻으려고 하지 않으며 또한 다른 사람들이 어려움에 처하거나 불행할 때 그들에게 위로와 애정의 표현을 하지 못함
(4) 다른 사람의 속에서 같이 행복할 수 있는 대리만족을 느끼지 못하고 또한 자발직으로 자기 자신의 기쁨을 다른 사람들과 함께 나눠 갖지 못함

(5) 사회, 정서적 상호작용의 결핍으로 타인의 감정에 대해 반응을 하지 않거나 조절하지 못하고 정서적인 행동과 의사소통적 행동을 조화롭게 잘 통합하여 사용하지 못함

3. 의사소통에서의 질적인 손상(다음 5가지 중에서 2가지)
   (1) 구어가 지체되거나 전반적으로 부족하고 의사소통의 대안적 방법으로써 몸짓이나 무언극을 사용하여 구어의 문제를 보충하려고 하지 않음
   (2) 어떠한 수준의 언어 기술을 갖고 있더라도 타인과 서로 반응을 계속적으로 주고받아야 하는 상호작용을 시도하지도, 지속시키지도 못함
   (3) 진부하고 반복적인 언어의 사용, 특이한 단어나 구를 사용
   (4) 말의 고저, 강세, 속도, 리듬, 억양의 부적절함
   (5) 다양하고 자발적인 가장놀이, 혹은 어린 시절 사회적 모방 놀이의 부족

4. 제한되고 반복적이며 진부한 형태의 행동, 흥미, 활동(다음 6가지 중에서 2가지)
   (1) 진부하고 제한적인 형태로 관심 있는 것에 열중
   (2) 유별난 대상에 대한 특별한 애착
   (3) 특정하고 비기능적인 일상의 일이나 의식에 대한 분명한 강박적인 집착
   (4) 손이나 손가락을 비틀거나 몸 전체를 다 움직이는 등의 진부하고 반복적인 행동
   (5) 놀이 도구의 냄새, 표면의 감촉, 소리/진동과 같은 비기능적 요소나 한 부분에 집착
   (6) 환경에서 미세하고 비기능적이고 세부적인 것이 변화되었을 때 괴로워 함

5. 임상적인 병상이 다음과 같은 다른 전반적 발달장애에 속하지 않아야 한다: 사회·정서적 문제를 가지면서 수용 언어 발달장애, 반응성 애착장애 혹은 억제되지 않은 애착장애, 정서/행동장애에 관련된 문제를 수반하는 정신지체, 특별히 초기에 나타난 정신분열증, 렛 장애.

☞ 생각해 봅시다 !!

1. 교사의 소진과 감정 표출에 대한 해결방안에 대해 토론해 봅시다.

참고문헌

김의수(2001). **특수체육.** 서울 : 무지개사.
방명애(2002). **정서·행동장애 학생의 이해와 교육.** 직무연수 제9기 일반교사(유·초·중등)과정 연수교재. 국립특수교육원. 111-124.
양문봉(2000). **자폐 스펙트럼 장애.** 서울: 도서출판 자폐연구.
윤점룡(1998). **정서 및 행동장애.** 제1회 이화특수교육연수회. 이화여자대학교 특수교육과. 33-49.
이소현, 박은혜(1998). **특수아동교육.** 서울: 학지사. 107-142.
장애인 등에 대한 특수교육법. 법률 제8483호(2007. 05. 25).
특수교육진흥법시행령. 대통령령 제14395호(1994. 10. 4).
한국보건사회연구원(2001). **2000년도 장애인 실태조사.**
홍강의(1993). 자폐 장애. **소아·청소년정신의학. 4**(1), 3-26.
American Psychiatric Association(1994). *Diagnostic and statistical manual of mental disorders(4th ed.).* Washington, DC: Author.
Charlop, M. H., Schreibman, L., & Kurtz, P. F. (1991). Childhood autism. In T. R. Kratochwill & R. J. Morris(Eds.). *The practice of child therapy.* New York: Pergamon Press. 257-297.
Federal Register, September 29, 1992. Vol. 57, No. 189, *The Individuals with Disabilities Education Act.*
Kauffman, J. M. (2000). *Characteristics of emotional and behavioral disorders of children and youth.* Upper Saddle River, NJ: Merrill.
Reinert, H. (1980). *Children in conflict.* St. Louis, Mo: Mosby.
Siegel, B. (1996). *The world of the autistic child.* New York: Oxford University Press.
Tsai, L. Y. (1998). *Pervasive developmental disorders.* NICHCY Briefing Paper, National Information Center for Children and Youth with Disabilities.
Wing, L. (1988). The continuum of autistic disturbance. In E. Schopler & G. M. Mesibov(eds.). *Diagnosis and assessment in autism.* New York: Plenum Press, 91-110.

제 9 장

청각장애

1. 청각장애의 이해
2. 특성 및 지도전략

1. 청각장애의 이해

아동은 태어나면서부터 시끄러운 소리와 조용한 소리, 높은 소리와 낮은 소리, 불쾌한 소리와 즐거운 소리를 변별하는 학습을 자연스럽게 시작하며 나아가 사람의 목소리를 분석하고 알아듣게 된다. 특히, Erickson이 인간 발달에서 가장 기초가 되는 것으로 제시한 신뢰 대 불신의 단계에서 어머니의 목소리를 잘 듣지 못함으로써 어머니가 항상 자기와 함께 하지 않는다는 막연한 불안감과 불신감을 가지게 할 수 있다. 유아들은 12~24개월 사이에 결정적인 말하기와 언어 기술 발달시기를 맞이한다. 청각장애는 말과 언어의 발달에 지체 현상을 일으킨다. 이러한 말과 언어의 발달 지체는 청각장애 아동으로 하여금 읽기와 쓰기, 듣기와 말하기에 걸쳐 어려움을 가지게 만든다. 나아가 학령기의 이러한 어려움은 사회 진출을 어렵게 만들고, 낮은 사회 경제적 수준을 갖게 하는 결정적 요인이 되기도 한다. 이와 같이 삶을 영위하는데 있어 청각이 가지고 있는 중요성은 매우 크다(강창욱, 2001).

1) 정의

일반적으로 청각장애에 대한 국내·외의 정의는 청력손실이라는 원인에 초점을 두고 있다. 청각장애 학생은 음성언어 인지에 한계가 있으므로 보청기와 같은 보장구의 착용이 필요하며, 정상적인 교육환경에서 교육의 효율성을 기대하기 어렵다고 할 수 있다.

(1) P.L. 101-476의 정의

청력에 심각한 이상을 가진 경우로 난청과 농이 있다. 이와 같은 문제를 지닌 학생들의 교육을 위해 P.L. 101-476에서는 다음과 같이 정의하고 있다.

① 청각손상(또는 난청, hearing impairment): 영구적이거나 일시적으로 아동의 교육수행에 불리한 영향을 미치는 청력의 손상으로 농의 정의에 포함되지 않는 상태를 의미한다.
② 농(deaf): 보청기를 착용하거나 착용하지 않은 상태에서 청각을 통한 언어 정보처리과정에 심각한 손상이 나타나는 것으로 교육 수행에 불리한 영향을 미치는 매우 심각한 청각손상을 의미한다(Federal Register, September 29, 1992, p. 44801).

(2) 우리 나라 법률의 정의

특수교육진흥법시행령(1994)에서는 청각장애를 다음과 같이 정의하고 있다.

① 두 귀의 청력손실이 각각 90데시벨 이상인 자
② 청력손실이 심하여 보청기를 착용하여도 음성언어에 의한 의사소통이 불가능하거나 곤란한 자
③ 일상적인 언어생활과정에서 청각의 기능적 활용이 불가능하여 일반인과 함께 교육받기가 곤란한 자

위의 정의를 살펴보면, 두 가지의 관점에서 청각장애를 정의한 것을 알 수 있다. 한 가지는 생리학적인 관점으로서 소리의 강도를 기준으로 어느 정도 크기의 소리를 듣지 못하는가에 따라 정의한 것이다. 우리 나라에서는 90데시벨 이하의 소리를 듣지 못하는 자를 청각장애의 정의에 포함시키고 있지만 실제로 90데시벨 이하의 소리를 들을 수 있으면서도 청각장애를 지닌 것으로 분류되는 사람들이 많다. 따라서 교육학적 관점에서는 단순히 소리의 강도만을 기준으로 삼기보다는 청력 손실이 아동의 말(speech)과 언어(language) 능력에 얼마나 영향을 미치는가를 기준으로 삼아야 할 것이다(이소현·박은혜, 1998).

반면, 장애인복지법시행령(2007)에서는 다음과 같이 정의하고 있다.

① 두 귀의 청력 손실이 각각 60데시벨(dB) 이상인 사람
② 한 귀의 청력 손실이 80데시벨 이상, 다른 귀의 청력 손실이 40데시벨 이상인 사람
③ 두 귀에 들리는 보통 말소리의 명료도가 50퍼센트 이하인 사람
④ 평형 기능에 상당한 장애가 있는 사람

(3) 기타 정의

교육적 관점에서는 구어(spoken language)의 발달에 따라 청각장애를 분류하는데, 그 이유는 청력의 손실과 언어능력의 발달은 밀접한 관계를 가지고 있기 때문이다.

① 청각손상(hearing impairment): 경도에서 최중도에 이르는 청력손실을 모두 지칭하는 일반적인 용어로 농과 난청이 모두 여기에 속한다.
② 농(deaf): 청력손실이 심하여 보청기를 착용하고도 청각을 통해 언어적 정보를 주고받지 못하는 사람을 지칭한다.
③ 난청(hard of hearing): 대개 보청기를 착용했을 때의 잔존 청력수준이 청각을 통한 정보 교환은 가능한 정도를 말한다.

2) 분류

청력을 측정하는데 있어서 일반적으로 동기, 지능, 사회성숙도, 가족배경 등과 같은 많은 외부 요인들이 고려되지 않은 채 이루어지고 있는데, 청각장애를 분류할 때는 크게 청력손실 정도, 청력손실 시기, 청력손실의 병리적 부위의 세 가지 기준에서 분류한다. 이들 세 가지의 분류 기준 중 청력손실 시기는 지식 습득의 도구가 되는 언어와 관련하여 매우 중요한 교육적 의미를 지닌다(강창욱, 2001).

(1) 청력손실 정도에 따른 분류

청력손실 정도를 나타내는 단위는 데시벨(decibel, dB)이다. 정상 청력을 가진 사람들의 가장 평균적인 청력을 0dB로 설정하고, 이 기준에 따라 청력 손실치를 계산한다. 청력 손실치의 계산에는 대개 4분법을 사용하는데, 500Hz(a), 1,000Hz(b), 2,000Hz(c)에서의 청력 손실치를 다음의 공식에 대입시켜 계산한다.

$$\frac{a+2b+c}{4}$$

청력손실 정도에 따라서는 다음의 표 9-1과 같이 청각장애를 경도, 중도, 중등도, 고도, 최고도로 분류한다.

표 9-1. 청력손실 정도에 따른 청각장애의 분류

정도(degree)	청력 손실치(dB)	음의 인지 특성
정상	25dB 이하	• 일상적인 의사소통에 지장이 없음
경도 (mild)	26 ~ 40dB	• 작은 소리를 인지하기 어려움 • 회화 거리를 유지하지 못하면 이해가 어려움 • 언어발달에 약간의 지체 현상이 야기됨
중도 (moderate)	41 ~ 55dB	• 입술 읽기와 말하기 훈련 필요 • 보청기를 사용하여야 함 • 의사소통이 어려움 • 그룹 토의가 어려움 • 특정 발음이 어렵거나 안 됨 • 언어습득과 발달이 지체됨
중등도 (moderately severe)	56 ~ 70dB	• 말하기와 언어훈련이 가능함 • 교육보조 서비스가 필요(노트정리, 개인교수 등) • 큰 소리는 이해함 • 일대일 대화도 어려움 • 보청기를 착용하면 음을 이해함

고도 (severe)	71 ~ 90dB	• 부분적인 정규교육 배치 또는 전일제 특수교육 • 구화기술 훈련이 중요함 • 언어훈련이 부분적으로 가능함 • 큰 소리로 이야기해도 이해가 어려움 • 보청기를 착용해도 음을 이해하기 어려움 • 어음 명료도가 현저하게 떨어짐
최고도 (profound)	91dB 이상	• 언어와 의사소통 훈련 필요 • 청력에 의존한 학습활동이 어려움 • 청력에 의존한 음의 수용과 이해가 어려움 • 어음 명료도와 변별력이 현저하게 떨어짐 • 보청기를 착용한 어음 변별력도 현저하게 떨어짐

(2) 청력손실 시기에 따른 분류

청각장애가 언제 발생하였느냐 하는 것은 교육적으로 매우 중요한 의미를 가진다. 바꾸어 말하면, 언어를 습득하기 이전과 이후에 발생한 청각장애는 학교에서의 여러 가지 학습에 있어 많은 차이를 나타낸다.

인간의 언어가 발달하는 결정적인 시기를 생후 2년까지로 보았을 때, 생후 2년 이전에 청각이 손상된 경우 언어발달에 중대한 영향을 미치게 되며, 이 시기에 적절한 조기 교육적 조치를 취하지 않으면 성장을 하면서 언어발달에 큰 어려움이 생긴다. 반대로 이 시기를 지난 후에 청각의 손상을 입으면 언어 수행 능력의 습득과 발달에 있어 많은 장애 요인들을 극복할 수 있게 된다.

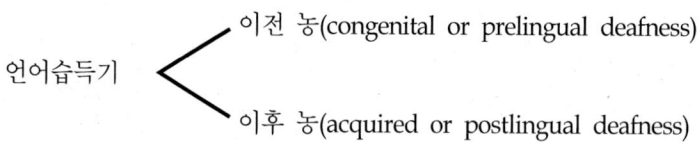

(3) 청력손실의 병리적 부위에 따른 분류

① 전음성 난청(conductive hearing loss): 외이와 중이에서 발생하는 청각장애로서 듣는 소리의 세기에 영향을 미친다.
② 감음신경성 난청(sensorineural hearing loss): 내이와 대뇌에 이르기까지의 감각기관과 신경계에서 발생하는 청각장애로서 듣는 소리의 주파수, 명료성, 이해성에 영향을 미친다.

표 9-2. 청각손실의 병리적 부위에 따른 청각장애의 분류

전음성 난청	감음신경성 난청
• 청력 손실이 전 주파수대에 걸쳐 60~70dB을 넘지 않음 • 음의 강화를 통해 건청인에 가깝게 들을 수 있음 • 보청기 착용 효과가 뛰어남 • 약물이나 수술로 치료 가능 • 기전도(氣傳導)	• 90dB 이상에 이르기까지 고도, 최고도의 청력 손실치를 보임 • 보충현상을 수반하여 음의 크기가 큼에도 불구하고 정확하게 인지하는데 어려움이 있음 • 보청기 착용 효과가 떨어짐 • 현재로는 치료가 어려움 • 기전도와 골전도(骨傳導) 모두 장애가 있으며, 골도와 기도 청력에 차이가 없음

(4) 장애인복지법시행규칙에 의한 분류

장애인복지법시행규칙(2007)에서는 청각장애를 다음과 같이 청력을 잃은 사람과 평형기능에 장애가 있는 사람으로 분류하고 있다.

◆ 청력을 잃은 사람
  ① 2급: 두 귀의 청력을 각각 90데시벨(dB) 이상 잃은 사람(두 귀가 완전히 들리지 아니하는 사람)
  ② 3급: 두 귀의 청력을 각각 80데시벨 이상 잃은 사람(귀에 입을 대고 큰 소리로 말을 하여도 듣지 못하는 사람)
  ③ 4급: ㉠ 두 귀의 청력을 각각 70데시벨 이상 잃은 사람(귀에 대고 말을 하여야 들을 수 있는 사람)
         ㉡ 두 귀에 들리는 보통 말소리의 최량(最良)의 명료도가 50퍼센트 이하인 사람
  ④ 5급: 두 귀의 청력을 각각 60데시벨 이상 잃은 사람(40센티미터 이상의 거리에서 발성된 말소리를 듣지 못하는 사람)
  ⑤ 6급: 한 귀의 청력을 80데시벨 이상 잃고, 다른 귀의 청력을 40데시벨 이상 잃은 사람

◆ 평형기능에 장애가 있는 사람
  ① 3급: 양측 평형기능의 소실로 두 눈을 뜨고 직선으로 10미터 이상을 지속적으로 걸을 수 없는 사람
  ② 4급: 양측 평형기능의 소실 또는 감소로 두 눈을 뜨고 10미터를 걸으려면 중간에 균형을 잡기 위하여 멈추어야 하는 사람
  ③ 5급: 양측 평형기능의 감소로 두 눈을 뜨고 10미터 거리를 직선으로 걸을 때 중앙에서 60센티미터 이상 벗어나며, 복합적인 신체운동은 어려운 사람

3) 원인

청각장애의 원인은 외적 요인과 내적 요인, 출생시기 및 유전적 접근에 따른 원인으로 나눠 볼 수 있다.

(1) 외적 요인과 내적 요인
① 내적 요인: 신체 내의 원인(유전적인 특성이나 선천성 원인)
② 외적 요인: 신체 외부의 원인(질병, 약물중독, 상해 등)

(2) 출생시기에 따른 요인
① 출생 전 원인: 유전, 풍진, 임신 합병증, 성병, 약물중독, RH 인자 등
② 출생 시 원인: 겸자분만으로 인한 뇌손상, 8시간 이상의 산고로 인한 신생아의 산소결핍 등
③ 출생 후 원인: 중이염, 수막염, 신생아 황달, 경기, 박테리아에 의한 감염 등

(3) 유전적 접근에 따른 원인
① 유전자에 의한 청각장애: 선천성 청각장애의 약 50%는 유전에 의해 발생한다. 즉, 청각장애의 유전적 특징은 부모로부터 자식에게로 계승된다는 점이다.
② 후천적으로 획득되는 비유전자에 의한 청각장애
③ 원인불명 청각장애: 청각장애 아동의 약 25~40%는 원인불명으로 알려져 있다.

4) 출현율

우리 나라의 경우 청각장애인은 약 19만 명 정도(인구 1,000명당 4.15명)이며, 이 중 평형기능장애인은 0.1%이다. 출현율의 특징으로는 연령이 높아짐에 따라 증가하고 남성이 여성보다 훨씬 높다는 점을 들 수 있다(한국보건사회연구원, 2001).

최근에 신생아를 대상으로 청각장애학생의 출현율을 조사한 미국의 연구결과에서 출현율은 약 0.6~0.7%라고 보고하였다. 구체적으로, 청각장애가 될 고위험군은 신생아 10명당 1명이고, 200명당 1명은 여러 형태의 청각장애가 될 수 있으며, 1,000명당 1명은 두 귀가 모두 고도 이상의 청각장애로 태어난다. 이와 같은 통계자료는 신생아를 대상으로 연구되었으나, 원인불명 또는 고열 등과 같은 후천성 청각장애를 합친다면 청각장애의 출현율은 보다 높을 것으로 예상된다(최성규, 2001).

2. 특성과 지도전략

심동적 영역 특성	지도전략
① 청력에 문제를 가진 학생은 부분적인 청력 손상을 보이며, 전농 아동들은 청력이 거의 없다.	① 다른 감각을 사용하여 지도한다. 특히, 게시판, 슬라이드, 흑판, 비디오테입, 자막 처리된 필름, 오버헤드프로젝터, 거울 및 시범과 같은 시각적인 보조물을 사용하여 지도한다. 또한 수화 및 잔청을 사용하도록 유도한다.
② 청각이상을 지닌 많은 학생들이 귀의 감염을 가지고 있다.	② 귀에 감염이 있는 경우, 기온의 변화가 심하거나(추위), 습기(수영) 및 먼지가 많은 환경에서 활동을 지양한다.
③ 일부 학생들은 귀의 울림현상(tinnitus)이 지속적으로 나타난다.	③ 체육관, 수영장, 운동장 등의 과도한 소음을 줄여 준다.
④ 청력손상의 결과 청각적 피드백이 제공되지 못하기 때문에 공간 및 동작과 관련된 능력에 부정적 영향을 미친다.	④ 움직임교육이나 구조화된 자유놀이 등 대근운동을 통해 공간감각을 익힌다. 이러한 활동들은 초등학교 초기에 특히 중요하다.
⑤ 삐뚤어진 자세를 취하는 경향이 있다.	⑤ 교사는 바른 정적·동적 자세를 보임으로써 모델 역할을 한다. 거울 또는 다른 유형의 시각적 피드백을 사용하여 바른 자세를 강화시킨다.
⑥ 가끔 목적 없는 움직임(deafisms)을 보인다.	⑥ 학생 스스로 매너리즘(mannerisms)을 없애지 못하기 때문에 매너리즘을 개선하는데 교사가 직접적으로 개입한다. 조작적 조건형성 기법을 사용하는 것이 효과적이다.
⑦ 일부 청각장애인들은 발을 끌며 보행한다. 이 문제는 듣기 능력이 결여되어 있고, 땅과의 접촉을 통한 안정감을 느끼기 위해서 발생한다.	⑦ 일반학생이나 교사 자신이 모델이 되어야 하며, 청각피드백과 거울을 사용하여 지도한다. 신체적 보조로 발을 가볍게 두드려 주어 걷게 하고, 다리를 질질 끌며 걷지 않으면 보상을 하는 것이 효과적이다.
⑧ 운동발달이 평균 이하이다.	⑧ 걷기, 달리기, 기어오르기 및 눈-사지 협응력에 의한 점프기술 등을 강조한다. 자신의 운동하는 모습을 볼 수 있는 거울과 비디오테입을 이용한 피드백은 운동패턴을 향상시키는데 효율적으로 사용될 수 있다.
⑨ 전반적으로 일반아동들보다 신체적 능력이 뒤떨어진다. 10~17세 연령층의 복근력은 매우 낮다. 이것은 이 학생들이 비활동적이며 심리적, 신체적 에너지를 대부분 의사소통 하는데 소비하기 때문이다.	⑨ 적어도 주당 3회 근력(특히, 복근력), 심폐지구력 그리고 유연성 활동을 제공하며, 시각 보조도구를 최대한 활용한다. 각 학생의 진보차트를 만들고 가정에서도 체력관련 활동을 할 수 있도록 격려한다.
⑩ 내이에 합병증이 있는 학생들은 정적평형성, 동적평형성 및 민첩성이 부족하다.	⑩ 높은 장소에서 이루어지는 활동(로프, 사다리)이나 신체를 여러 방향으로 지나치게 움직이는 민첩성 훈련은 지양한다.

인지적 영역 특성	지도전략
1 대부분의 청각장애 학생들은 정상 지능을 가지고 있지만, 의사소통에 문제가 있기 때문에 학업성취 수준이 일반아동들보다 낮다. 보통 추상적인 것을 이해하는 능력이 낮으며, 청력손상이 클수록 전반적인 학업성취 수준이 감소한다. 2 의사소통 및 표현능력이 부족하다.	1 청각장애 학생들을 정신지체 학생으로 간주해서는 안 된다. 학업성취 수준이 낮은 주된 원인은 지능이 아니라 청각문제 때문이라는 점을 기억한다. 2 독순술(lipreading), 독화술(speech-reading) 그리고 말하기 훈련, 청각훈련, 수화, 읽기, 쓰기는 청각장애 학생들이 사용하는 수용적 그리고 표현적 의사소통방법들이다. 교사 또는 또래의 행동을 모방하는 것은 또 다른 의사소통방법으로 특히 체육교사에게 중요하다. 메시지는 필요한 단어나 동작만을 사용하여 전달하며, 의사소통이 잘 안 되는 경우 여러 가지로 다르게 구두메시지를 전달해 본다. 독화술을 사용하는 경우, 입술의 움직임을 지나치게 과장하지 않도록 한다. 독화술이 가능하도록 평소의 말하기 속도보다 조금 느리게 말하고, 가능한 제자리에서 아동과의 거리를 가깝게 유지하며, 얼굴을 마주보기 위해 자세를 낮추는 것이 바람직하다. 필요하다면 종이와 연필을 사용한다. 지도 시 원형대형(circle formations)을 피하고 청각장애 학생들이 교사의 입 모양을 볼 수 있는 대형을 선택한다. 시범을 보일 때에는 학생을 교사 등뒤에 위치하게 하여 좌우를 혼동하지 않게 하며, 설명할 때에는 반드시 학생과 얼굴을 마주 보도록 한다. 정확한 동작이 요구되는 경우 신체 보조를 사용하여 지도하며, 필요하다면 수화를 사용하여 설명한다. 이동 상황에서는 휴대용 의사소통판(communication board)을 사용할 수 있다. 특정 운동기술, 주요 인물, 신변자립 표시(예를 들어, 화장실) 등을 판 위에 그려 넣어 활동내용을 설명할 수 있으며, 학생 수준에 맞춰 판마다 여러 가지 내용으로 구성할 수 있다.
3 언어기술은 종종 소리를 증폭시켜 주는 보청기를 착용함으로써 향상된다. 보청기는 가슴, 귀 뒤 또는 안경에 착용할 수 있다. 그러나 보청기가 감각신경 결함 때문에 발생하는 문제를 해결해 주지는 못한다. 대부분의 학생들은 한 쪽 귀에만 착용하는 보청기를 사용한다.	3 활동유형에 따라 보청기를 착용하거나 착용하지 않을 수도 있기 때문에 학생이 보청기를 어떻게 착용, 제거, 관리하는가에 대해 알고 있어야 한다. 또한 땀은 보청기에 좋지 않으며, 여분의 보청기용 충전기를 가지고 다니도록 지도해야 한다. 뻣뻣한 직물이나 옷은 보청기에 정전기를 발생시킬 수 있으므로 주의한다.

④ 보청기나 잔청을 이용하는 것과 상관없이 청각장애 학생들은 청력손상을 보상하기 위해 주로 수화나 몸짓과 같은 시각적 언어를 사용하고, 환경적 단서를 판독한다. 촉감은 이차적인 의사소통방법이다.	④ 손들기, 발구르기, 원격조정기, 전등, 깃발 등을 사용하여 주의를 집중하게 한다. 중요한 정보를 강조하고 산만해지지 않도록 한다. 조명이 적절해야 하며 지나치게 밝은 빛(예를 들어, 태양)은 의사소통을 방해할 수 있다.
⑤ 유능한 독순가라도 다른 사람이 말하는 것의 1/3~1/2 정도 밖에 이해하지 못하며, 명확하게 알아듣는 것은 극소수에 불과하다.	⑤ 중요한 지시사항은 활동을 시작하기 전에 전달하거나 짝을 통하여 이해시켜야 한다. 이미 활동하고 있는 학생에게 전달하는 것은 효과적이지 못하다.

정의적 영역 특성	지도전략
① 청각장애 학생들은 외롭고 고독하기 때문에 주로 같은 장애를 가진 청각장애 동료들과 어울려 다니는 경향이 있다.	① 우선적으로 사교활동을 할 수 있도록 돕고, 일반 또래들이 수화를 배우고 사용함으로써 청각손상의 영향을 이해할 수 있게 한다.
② 대부분 자연스럽게 놀이할 기회를 갖지 못하기 때문에 사회성이 결여된다.	② 선천성 청각장애 아동들에게는 가능한 초기에 개입해야 한다. 놀이기회를 제공하고 일반아동이 청각장애 학생과 함께 활동할 수 있도록 환경을 조성하며, 아동들 간의 상호작용을 강조하여 지도한다.
③ 청각장애가 심한 학생들은 일반적으로 말이 없으며 잘 웃지 않는다.	③ 다른 사람들과 함께 할 수 있는 다양하고 광범위한 체육활동을 제공한다. 힘든 운동은 감정을 적절히 정화시켜 주기 때문에 바람직하다.
④ 듣는데 문제가 있는 학생들은 위험에 대한 경고를 쉽게 알아듣지 못하기 때문에 과도하게 두려워하는 경향이 있다.	④ 활동 전에 시설이나 기구를 충분히 익히도록 해야 하며, 안전하게 넘어지는 방법을 지도한다. 활동 전에 필요한 사항을 전달하기 위해 시각 및 촉각 신호를 사용한다.
⑤ 나이가 들어 후천적으로 청력이 손상된 경우 우울증을 보이는 경향이 있다.	⑤ 낙천적이고 긍정적인 모습을 보여주며, 활동을 재미있게 구성한다.

(김의수, 2001)

☞ **생각해 봅시다 !!**

1. 청각장애 학생의 경우 일반학교 통합에서 특히, 체육수업에서의 문제점과 대책에 대해서 토론해 봅시다.

참고문헌

강창욱(2001). **청각장애학생의 이해와 지도방법.** 직무5기 통합학급(유·초등)교사 연수교재. 국립특수교육원.

김의수(2001). **특수체육.** 서울: 무지개사.

이소현, 박은혜(1998). **특수아동교육.** 서울: 학지사.

장애인복지법시행규칙. 보건복지부령 제424호(2007. 12. 28).

장애인복지법시행령. 대통령령 제20323호(2007. 10. 15).

최성규(2001). **청각장애학생의 이해와 교육.** 직무 11기 특수교육장학(초·중등 교감)과정 연수교재. 국립특수교육원.

특수교육진흥법시행령. 대통령령 제14395호(1994. 10. 4).

한국보건사회연구원(2001). **2000년도 장애인 실태조사.**

한국장애인복지체육회(1994). **특수체육총론.** 서울: 태근문화사.

Federal Register, September 29, 1992. Vol. 57, No. 189, *The Individuals with Disabilities Education Act.*

제10장

시각장애

1. 시각장애의 이해

2. 특성 및 지도전략

1. 시각장애의 이해

1) 정의

시각장애(visual impairment)는 크게 법적인 관점과 교육적인 관점에서 정의하는데, 시력(visual acuity)과 시야(visual field)만으로 시력의 손상정도를 나타내는 법적인 정의는 교육적인 차원에서 시사해주는 바가 많지 않아 시각장애인들의 잔존 시력 사용여부에 관심을 두는 교육적 정의가 대두되었다. 여기에서 시력은 눈으로 볼 수 있는 명료도를 의미하며, 시야는 눈으로 정면의 한 점을 주시하고 있을 때 눈에 보이는 외계의 범위를 말한다(김종무, 2001; 이소현·박은혜, 1998).

⑴ P.L. 101-476의 정의
맹을 포함한 시각장애란 교정 후에도 학습에 불리하게 영향을 미치는 시각의 손상을 의미한다. 이 용어에는 약시(partial sight)와 맹(blindness)이 포함되어 있다.

- **법적 맹**: 시력 교정 후 잘 보이는 눈의 시력이 20/200 이하이거나 시야가 20도 이하인 자. 이것은 정상시력을 가진 사람이 200피트 거리에서 볼 수 있는 것을 안경이나 콘택트렌즈를 착용하고 20피트 거리에서 볼 수 있음을 의미한다.
- **법적 약시**: 시력 교정 후 더 잘 보이는 눈의 시력이 20/200 이상이더라도 20/70 이하인 자. 이것은 정상시력을 가진 사람이 70피트에서 읽을 수 있는 문자를 안경이나 콘택트렌즈를 착용하고 20피트 거리에서 읽을 수 있다는 의미이다.

하지만, 법적인 정의에는 시각장애인이 어떻게 시력을 이용하는지에 대한 내용이 간과되어 있어 보다 더 기능적이고 교육적인 정의가 만들어졌다(Scholl, 1986). 현재 가장 많이 사용되는 정의로서 '맹인'은 빛을 지각할 수는 있지만 완전히 시각을 상실한 사람을 말한다. 그리고 '저시력'이라는 용어는 심각한 시각장애가 있으나 어느 정도의 사용 가능한 시각능력이 있는 경우를 말하며, 저시력을 가진 사람은 교정 후에도 심한 시각장애가 있으나 광학기구, 비광학기구, 환경적 변형기술 등을 통하여 시각 기능이 향상될 수 있는 사람을 말한다. 최근에 미국에서는 약시(partial sight)라는 용어는 사용하지 않으며, 저시력(low vision)이라는 용어가 사용되고 있다. Winnick(2000)은 시력, 시야, 동작 지각 및 빛 지각 정도에 따라 시각장애를 표 10-1과 같이 분류하고 있다.

표 10-1. 시각장애의 분류

용어	설명
시각장애(visual impairment)	전맹과 약시를 포함하는 포괄적인 용어
약시(partial sight)	확대 인쇄를 통해 인쇄물을 읽을 수 있는 경우
맹(blind)	확대 인쇄를 통해서도 인쇄물을 읽을 수 없는 경우
법적 맹 (legal blindness)	시력 교정 후 잘 보이는 눈의 시력이 20/200 이하이거나 시야가 20도 이하인 경우
여행시력 (travel vision)	정상시력을 가진 사람이 200피트에서 읽을 수 있는 것을 5~10피트에서 읽을 수 있는 경우
동작 지각 (motion perception)	정상시력을 가진 사람이 200피트에서 읽을 수 있는 것을 3~5피트에서 읽을 수 있는 경우로서 동작지각이 거의 제한
빛 지각 (light perception)	3피트의 거리에서 강한 불빛을 구별할 수는 있지만 손의 움직임을 인지할 수 없는 경우
전맹(total blindness)	눈으로 직접 비춰지는 강한 불빛조차도 지각할 수 없는 경우

(2) 우리 나라 법률의 정의

특수교육진흥법시행령(1998) 제9조 2항에서는 시각장애인을 다음과 같이 정의하고 있다.

◆ 두 눈의 교정시력이 각각 0.04 미만인 자
◆ 시력의 손상이 심하여 시각에 의하여 학습과제를 수행할 수 없고, 촉각이나 청각을 학습의 주요 수단으로 사용하는 자
◆ 두 눈의 교정시력은 각각 0.04 이상이나 특정의 학습매체 또는 과제의 수정을 통하여서도 시각적 과제수행이 어려운 자
◆ 특정의 광학기구·학습매체 또는 설비를 통하여서만 시각적 과제수행을 할 수 있는 자

그러나 특수교육에서는 점자나 촉각 및 청각매체를 통하여 교육해야 할 아동을 맹으로 분류하고, 잔존시력을 활용하여 문자를 확대하거나 광학적인 기구를 사용하여 교육해야 할 아동을 약시로 규정하고 있다.

반면, 장애인복지법시행령(2007)에서는 시각장애인을 다음과 같이 정의하고 있다.

◆ 나쁜 눈의 시력(만국식시력표에 따라 측정된 교정시력을 말함)이 0.02 이하인 사람
◆ 좋은 눈의 시력이 0.2 이하인 사람
◆ 두 눈의 시야가 각각 주시점에서 10도 이하로 남은 사람
◆ 두 눈의 시야 2분의 1 이상을 잃은 사람

장애인복지법시행규칙(2007)에서는 시각장애인의 장애등급을 다음의 표 10-2와 같이 6개 등급으로 나누고 있다.

표 10-2. 시각장애인의 장애 등급

등급	기준
1급	좋은 눈의 시력(만국식 시력표에 의하여 측정한 것을 말하며, 굴절이상(屈折異常)이 있는 사람에 대하여는 교정시력을 기준으로 한다. 이하 같다)이 0.02 이하인 사람
2급	좋은 눈의 시력이 0.04 이하인 사람
3급	1. 좋은 눈의 시력이 0.08 이하인 사람 2. 두 눈의 시야가 각각 주시점(注視點)에서 5도 이하로 남은 사람
4급	1. 좋은 눈의 시력이 0.1 이하인 사람 2. 두 눈의 시야가 각각 주시점에서 10도 이하로 남은 사람
5급	1. 좋은 눈의 시력이 0.2 이하인 사람 2. 두 눈에 의한 시야를 2분의 1 이상 잃은 사람
6급	나쁜 눈의 시력이 0.02 이하인 사람

2) 시각장애의 원인

시각장애의 원인은 매우 다양하다. 가장 흔한 시각의 문제는 근시, 원시 등의 굴절이상(refractive error)이다. 시각의 상이 망막보다 앞에 맺히는 근시, 너무 뒤에 맺히는 원시 또 각막이나 수정체의 표면이 균일하지 않아 발생하는 난시는 모두 안경이나 콘택트렌즈를 사용하여 어느 정도 교정이 가능하다. 그러나 심한 경우에는 교정 후에도 시각장애를 초래할 수 있다. 굴절이상 이외에 심한 시각장애를 초래하는 대표적인 원인들을 살펴보면 다음과 같다.

(1) 선천성 백내장

선천성 백내장(congenital cataract)은 수정체가 혼탁해지거나 불투명해져서 빛이 망막에 도달하지 못하게 되어 시각상이 왜곡되고 희미하게 보이는 증상이다. 백내장이 시력에 미치는 영향은 혼탁한 부위의 크기, 위치, 농도 등에 따라 다르다. 선천성이란 아동이 백내장을 가진 상태로 태어난다는 것을 의미하며, 수술로 수정체를 제거하고 콘택트렌즈나 안경 등을 착용해도 심한 시각장애를 가지는

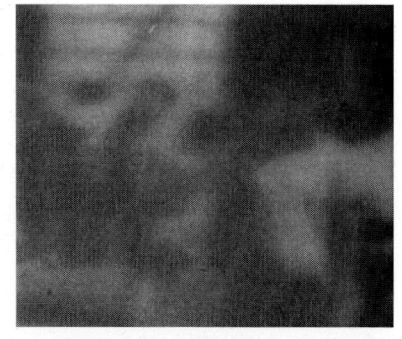

그림 10-1. 백내장 환자의 시각상

경우가 많다. 참고로 노인성 백내장은 주로 50~60대에 후천적으로 나타나며, 수술 후 인공 수정체를 삽입하면 예후가 좋은 편이다.

(2) 선천성 녹내장

선천성 녹내장(congenital glaucoma)은 선천적으로 방수의 배출이 원활하게 이루어지지 않음으로 인해 안압이 높아지는 병이다. 적절한 치료를 받지 않으면 녹내장은 시신경의 손상을 가져오고 영구적인 시력 손실을 초래하게 된다. 만 3세 이후에 녹내장 증세가 생기는 경우는 안압이 증가하여 통증, 메스꺼움, 두통 등의 증세가 보인다. 시력 손상을 최소화하기 위해서는 조기치료가 필수적이다.

(3) 백색증

백색증(albinism)은 신체 전반의 색소(pigment)가 부족하거나 없는 병으로서 선천성으로 유전된다. 안구백색증(ocular albinism)은 남자에게 더 많이 발생하며, 시력저하, 난시, 광선공포증(photophobia), 안구진탕증을 가져온다.

(4) 안구진탕증

안구진탕증(nystagmus)은 한 쪽 혹은 양 쪽 눈 모두에서 불수의적인 움직임을 보이는 증상으로, 빠르게 나타나기도 하고 느리기도 하며, 빙글빙글 돌거나 좌우 방향으로만 움직이기도 한다. 안구가 움직여도 아동은 물체를 고정되어 있는 것으로 인식한다. 이 증상은 대부분 다른 안과 질환과 함께 나타난다.

(5) 망막 박리

망막 박리는 망막이 맥락막으로부터 떨어져서 망막의 감각기능이 저하됨으로써 심각한 시각장애를 초래하는 상태를 말한다. 원인은 외상이나 고도근시, 백내장 수술 후 무수정체안 등을 들 수 있으나 원인을 알지 못하는 경우도 많은 것으로 알려져 있다.

(6) 망막색소변성

망막색소변성(retinitis pigmentosa)은 청소년기에 나타나는 경우가 많으며, 유전적인 질환으로 망막을 점진적으로 퇴화시킨다. 처음에는 간상체 세포에 먼저 영향을 미쳐 주변시력이 약화되고 야간시력

그림 10-2. 망막색소변성이 있는 환자의 시각상

이 저하되지만, 진행됨에 따라 터널시력이나 시각장애를 초래한다. 선청성 농을 초래하는 Usher's 증후군과도 관련되어 있다.

(7) 사시

사시(strabismus)는 두 눈이 동시에 같은 물체에 초점을 맞추지 못하는 상태를 말한다. 근육의 불균형에 의하여 생기며, 두 안구가 모두 안쪽으로 몰리는 경우, 모두 바깥으로 몰리는 경우, 한 쪽에 비해 다른 한 쪽이 위쪽으로 치우친 경우 등이 있다. 마지막과 같은 경우 사시로 인한 이중적 시각상을 피하기 위해 대개 더 나은 쪽의 시력을 사용하고 다른 쪽 눈을 가리는 경우가 많으며 이에 따라 약시(amblyopia)가 초래되기도 한다.

(8) 시신경 감퇴

시신경 감퇴(optic nerve atrophy)는 시신경 섬유가 손상된 것을 말하며, 이 경우 전기적 자극이 망막에서 두뇌의 시각중추로 전달되지 않게 된다. 시각장애의 정도는 손상된 부위와 정도에 따라 달라지며, 시력 및 시야의 손상, 색깔 지각의 어려움 등을 나타낸다.

(9) 기타

이 외에도 미숙아를 위한 인큐베이터에서 산소를 지나치게 많이 공급함으로 인해 근시 또는 전맹을 초래하는 수정체후부섬유증식증(retrolental fibroplasia)이 있는데, 이는 산소 사용을 줄인 이후 출현율이 많이 감소하였으며, 임산부가 임신 초기에 감염되면 시각, 청각, 정신지체 등의 장애를 가진 아동이 태어날 가능성이 매우 높은 풍진에 대한 주의는 계속적으로 요구되고 있는 추세이다(이소현·박은혜, 1998).

3) 출현율

우리 나라의 경우, 시각장애 인구를 163,309명으로 추정하고 있으며, 출현율은 0.35%이다(한국보건사회연구원, 2001). 이 수치는 1995년의 조사결과(57,541명, 출현율 0.13%)에 비해 크게 증가한 것이다. 시각장애 인구는 연령이 증가함에 따라 높게 나타나며, 특히 50대 이후 급격한 증가추세를 보이고 여성보다는 남성에게서 더 높게 나타나고 있다(한국보건사회연구원, 2001).

2. 특성 및 지도전략

심동적 영역 특성	지도전략
① 복잡한 형태의 움직임을 수행하는 경우 또는 어린 나이에 시력이 손상된 경우에는 움직임과 체력에 심각한 문제를 나타낸다.	① 시각장애 학생들은 제자리에서 실시하는 단순한 활동의 경우 일반학생과 수행능력이 유사하다. 예를 들어, 학생들은 팔굽혀매달리기, 턱걸이, 윗몸일으키기, 제자리멀리뛰기를 할 수 있다(Winnick, 1979). 활동은 단순한 것에서 복잡한 것으로, 정적인 것에서 동적인 것으로 진행시키며, 가장 어려운 것은 한 번에 복합적인 운동들을 모두 해야 하는 운동과 공중동작이다.
② 평형성은 평균 이하이다(Ribaldi, Rider, & Toole, 1987).	② 신체상을 강조할 경우, 낮은 자세에서 높은 자세까지 점진적으로 진행하는 정적·동적 평형성 향상을 위한 활동을 제공하며, 넘어지거나 뛰어내리는 방법도 지도한다.
③ 시각장애의 정의에 의하면 시각장애인은 심각한 감각이상을 가지고 있으나, 시각장애인들 간에도 시력 차이가 많다. 또한 시력이 좋지 않을수록 전반적인 심동적 영역의 발달이 더 크게 저해 받는다.	③ 체육활동 시 가능한 빨리 실내 및 실외 환경에 대한 소개를 하고, 이동하면서 환경을 익히도록 한다. 탈의실, 샤워실, 화장실을 비롯하여 모든 활동영역 및 부대 시설을 익힐 필요가 있다. 체육수업 시작 전에 약시 학생으로 하여금 몇 가지 움직임을 실시하게 하여(1대 1) 정확한 잔존시력과 언어 능력을 확인한다. 새로운 활동을 할 때에는 주변환경을 변화시키지 않도록 하며, 환경 내에 준거점을 포함하여 방향감을 제공하고, 학생의 청각, 촉각, 근운동감각 및 잔존시력을 이용하게 하는데 초점을 맞춘다. 잔존시력이 더 높은 학생들은 그렇지 못한 학생들을 도울 수 있다. 큰 글씨가 적힌 차트, 주위 환경과 대조를 이루는 색(오렌지색, 노란색) 또는 강한 빛을 사용하는 것이 좋다. 잔존시력을 가진 일부 학생들을 위하여 사물과 지면이 대조되도록 환경을 구성하며, 벽, 마루 및 백열 전구 등 조명이 대조를 이루도록 배려한다(Gardner, 1985). 호각, 박수, 말소리가 나는 목표물 또는 기타 음향을 사용한다. 음향을 지속적이거나 자주 제공하는 것이 바람직하며, 옆이나 사각에서 보다는 앞이나 뒤에서 제공해야 한다. 움직임을 지도할 때에는 소리의 위치와 의미를 구별하도록 하는 것이 중요하다. 학생이 교사를 만져보는 것처럼 동작을 손으로 안내하는 방법이나 모델이 되는 인형, 마네킹 등을 이용하는 방법 등 촉각을 사용하는 지도법이 효과적이다.

④ 정상적인 운동발달 단계를 나타내지만 속도가 느리다. 이것은 움직임 경험이 부족하고 이동 및 공간정향이 어렵기 때문이다. 시각장애 청소년들과 정상시력 청소년들 간의 운동능력 차이는 연령이 증가하면서 감소하는 경향을 보인다.	④ 약시 학생들은 학생의 요구에 따라 일반학급 또는 치료나 특수학급에서 교육받는 것이 바람직하다. 어린 학생의 경우, 체육뿐 아니라 타 교과나 집에서도 공간정향, 평형성, 이동운동 및 눈-사지 협응력 향상을 위한 활동에 참여해야 한다.
⑤ 체력점수는 일반적으로 또래들보다 낮다 (Hopkins, Gaeta, Thomas & Hill, 1987; Seelye, 1983). 시력이 나쁠수록 점수는 낮아지며, 여학생이 남학생보다 점수가 낮다 (유연성은 제외). 시각장애인의 체력점수는 연령과 함께 증가하며, 시각장애 학생들과 일반 또래들간의 차이는 연령이 증감함에 따라 감소한다(10대 소녀들은 제외)(Winnick & Short, 1982).	⑤ 매주 또는 매일 체력활동을 지속적으로 할 필요가 있다. 필요한 경우 이동, 복합운동 (왕복달리기, 소프트볼 던지기 등) 그리고 심폐지구력 등의 검사를 수정·사용하여 학생들의 체력검사 점수 및 운동수행능력을 알아보도록 한다.
⑥ 바른 자세를 취하지 못하는 경향이 있다. 일반적으로 몸이 경직되어 있고, 어깨가 둥그렇게 구부려져 있으며, 물체를 만져보기 위해 상체를 앞으로 구부리거나 머리를 보호하기 위해 뒤쪽으로 기울인다.	⑥ 이완된 자세유지, 근육의 장력과 힘을 증가시키는 운동을 제공하며, 경직된 근육은 이완시켜 준다. 정적·동적 자세에서 이완하는 방법을 지도하며, 자세 단서를 제공해주는 모델(교사, 또래 또는 마네킹)을 촉각으로 자세히 살피도록 한다.
⑦ 신체상이 제대로 형성되어 있지 않기 때문에 달리기와 던지기에서 낮은 수행능력을 나타낸다.	⑦ 던지기와 달리기를 할 때에는, 지도자나 또래의 팔과 다리를 시각장애 학생들이 만져보게 한다. 또한, 두 사람 사이에서 달리게 하여 가까이 달리는 사람의 둔부 움직임을 느껴보도록 할 수 있으며, 언어 지시와 손을 사용하여 보조함으로써 바람직한 움직임이 이루어지도록 지도한다.
⑧ 전반적인 신체상이 결여되어 있다.	⑧ 신체상이 결여되어 있는 경우, 신체 부위 확인, 여러 신체 부위의 관계 이해, 다른 사람의 신체 부위 인지 등의 활동을 제시한다.
⑨ 과체중 경향을 보인다.	⑨ 여러 가지 활발한 신체활동에 참가하여 자신감을 얻게 되면, 비만을 예방하고 비활동적 습관을 없앨 수 있다. 방과후에도 실시할 수 있는 활동들을 제공한다.
⑩ 일반적으로 안경, 콘택트렌즈 또는 손으로 쥐는 확대경을 사용한다.	⑩ 글로 쓰여진 지도내용을 더 잘 이해하게 하는 도구를 사용하도록 하고, **빠른** 시간 내에 착용하고 벗을 수 있도록 훈련시킨다. 접촉활동을 할 때에는 안경을 벗거나 안경 보호대를 사용한다.

인지적 영역 특성	지도전략
1 지능은 일반인과 별다른 차이가 없다.	1 학생들에 대하여 낮은 기대를 갖거나 정신지체로 취급해서는 안 된다.
2 주로 읽기 능력에 기초하기 때문에 부분적으로 또는 완전하게 시력이 손상되면 학업성취를 방해받는다.	2 약시 학생들은 큰 글씨와 숫자를 통해 도움을 얻을 수 있으며, 시각장애로 분류된 학생들은 점자를 통해 배울 수 있다. 그러나 일반적으로 점자를 읽는 것은 눈으로 읽는 것보다 시간이 오래 걸린다.
3 일반 또래들과 비교하면 전반적인 인지적 인식의 정도가 낮다. 사물들 간의 관계 인지 및 전체에서 부분을 구분하는 것이 어려우며, 추상적인 개념을 이해시키는 것이 어렵다.	3 시각효율성 훈련이 필요하다. 시각이 흐린 것은 훈련을 통해 향상될 수 있으며, 사람마다 제한된 시력을 활용하는 능력이 다르다. 듣기기술도 훈련이 필요하며, 가능하다면 잔존시력을 사용하게 한다. 시각 기전으로부터 정상적인 피드백이 결여되어 있기 때문에 매 시도마다 과제피드백을 필수적으로 제공해야 한다.

정의적 영역 특성	지도전략
1 자신감이 부족하며 자신의 가치를 인정하지 않는 경향이 있다.	1 교사 자신이 시각장애 학생들을 긍정적으로 바라보며, 또래들에게 긍정적인 태도를 가지도록 지도한다. 여러 가지 활동을 실시하는 과정에서 자신감이 향상될 것이다.
2 대근운동에 자발적으로 참여하지 않는다. 이것은 시력이 나쁘고 운동수행의 결과를 볼 수 없는 것과 직접적으로 관련이 있다.	2 새로운 환경과 장비에 철저하게 적응시키며, 장비는 사용 전에 조작해 보도록 한다. 일단, 오리엔테이션이 끝나면 혼자 또는 다른 사람과 함께 운동하도록 한다. 개별훈련을 위해서 장비의 사용법이나 기타 활동 중의 지시 사항을 테입에 녹음해 놓는다.
3 시각장애를 가진 아동들은 구조화되고 자발적인 놀이 경험이 제한되기 때문에 사회성 발달이 지체된다.	3 절대로 고립시켜서는 안 된다. 다른 아동들과 자주 놀이경험을 가지도록 체계적으로 활동을 제공한다.
4 움직이는 것을 두려워하고 다른 사람에게 지나치게 의존한다.	4 먼저 환경에 적응한 후 독립적으로 활동하게 한다. 또 필수기술을 숙달하게 하며, 매사에 최선을 다하도록 지도한다.
5 비언어적 단서를 주의하여 듣거나 쉽게 전달할 수 없기 때문에 큰소리로 말하는 경향이 있다.	5 학생의 이름을 호명하며, 자신을 충분히 표현하게 한다. 말을 반복하는 습관을 없앤다. 또 같이 있다가 자리를 떠날 때에는 반드시 학생에게 그 사실을 알린다.
6 상동행동[stereotyped behaviors, 과거 블라인디즘(blindism)으로 명명되었음]은 시각장애 학생들의 주된 특성이다. 이것은 원하는 대로 움직이지 못함으로써 나타나는 좌절에 대한 반응이며, 몸 흔들기, 눈 찌르기, 사용하지 않는 사지 흔들기 등이 있다.	6 특별히 눈에 거슬릴지라도 무시하고 그대로 두어서는 안 된다. 이것은 자연적으로 사라지지 않기 때문에 적절히 움직이도록 해주며 상동행동을 다른 것으로 전환시키기 위한 여러 가지 활동을 제공한다.

7 일부 약시 학생들은 정상이라는 인상을 주기 위해 자신의 실제 시력보다 높은 시력을 가진 것처럼 보이려고 노력한다.	7 시각장애 학생들을 또래와 짝을 맺어준다. 이 학생들은 곧 한계에 직면하게 되지만, 지도 시에는 장점을 강조한다.
8 일부 시각장애 학생들은 자신의 장애를 중요하게 생각하지 않으며, 독립생활기술 습득을 자랑스럽게 생각한다.	8 시각장애 학생을 위한 편의제공이 오히려 장애를 고착시킬 수 있기 때문에 이에 대한 대책을 강구해야 한다. 따라서, 수업은 안전을 최대한 고려하여 변형 없이 실시하는 것이 바람직하다.

(김의수, 2001)

시각장애인의 체육활동

시각장애인들도 일반인과 마찬가지로 어떠한 종목이든 모두 참여할 수 있지만, 특히 시각장애인을 위해 변형한 론볼, 키퍼볼, 골볼, 시각장애 야구, 시각장애 배구, 시각장애 탁구 등의 참여율이 높은 편이다. 여기에서는 골볼에 대해 간단히 알아보도록 하자.

● 골볼(goal ball)

시각장애인이 참가하는 이 경기는 3명의 선수로 구성된 두 팀이 중앙선에 의해 분리된 직사각형의 실내체육관에서 실시한다. 경기 내용은 소리나는 방울이 들어 있는 1,250g의 볼을 공격 팀이 상대 팀의 골을 향하여 굴리면 볼의 소리를 듣고 방향을 잡아서 그 볼을 막아야 한다. 이 때, 골인이 되면 공격 팀은 1점을 얻는다. 선수가 공을 던지는 횟수는 연속 2회까지 던질 수 있으며 3회 및 다른 투척 행위를 할 경우 페널티를 주게 된다. 경기가 진행되는 동안 선수가 방울소리를 듣는데 지장이 없도록 경기장은 조용한 장소여야 한다. 경기시간은 전·후반 각 10분씩 20분이며, 동점일 경우에는 전·후반 3분씩의 연장전을 한다. 작전시간은 45초이며 횟수는 3회이다.

1. 기본규칙
   국제시각장애인경기연맹(IBSA)의 규칙이 적용된다.

2. 참가자격
   IBSA 의무등급 B1~B3 등급이 출전가능하며 통합등급의 경기이다.

3. 세부종목
   남자팀, 여자팀

4. 경기규칙

   가. 경기장
   경기장의 규격은 최소한 가로 세로가 21m×30m, 높이가 5m 이상이어야 하고, 경기장 바닥의 표면은 매끄러워야 한다. 이 경기는 선수들이 소리를 듣고 볼을 막아야 하므로 경기장 주변이 시끄러우면 부적합하다.
   코트는 길이 18m, 너비 9m의 직사각형이며 측정은 바깥쪽 테두리를 기준으로 한다. 코트 위에는 코트 표시만 가능하며 기타 표시는 허용되지 않는다.

   나. 경기용구
   - 볼(Ball): 볼의 둘레는 76cm이고, 무게는 1,250g이며 안에 소리나는 방울이 들어 있어야 한다. 볼의 표면에는 직경이 약 1cm인 구멍이 8개 있어야 한다. 볼의 재질은 고무로 IBSA 골볼 경기기술위원회가 정하는 견고도를 가져야 한다.
   - 골(Goal): 골의 너비는 9m, 골포스트는 1.3m 높이의 원통으로 되어 있다. 골 크로스바는 견고하여야 한다. 골포스트는 코트 바깥쪽에 골 베이스라인과 같은 라인에 설치된다. 골 안쪽에서 측정 시 골포스트와 크로스바의 최대직경이 15cm를 초과해서는 안 되며 보호대로 감싸서 선수들이 부딪쳐도 부상이 없도록 안전한 구조물이어야 한다.
   - 눈가리개: 코트 내의 모든 선수는 눈가리개를 착용해야 한다. 눈가리개는 위, 아래, 양 옆 어느 곳에서도 빛이 들어가서는 안 되며, 선수들의 안전을 위해 볼에 맞더라도 부상을 당하지 않는 것을 착용해야 한다.
   - 유니폼: 모든 선수는 공식 유니폼을 착용하여야 한다. 유니폼에는 번호표를 부착하여야 한다. 번호의 크기는 20cm 이상이어야 하며 용이한 식별을 위하여 번호표는 가슴과 등에 부착되어야 한다.

다. 경기방법
- 경기는 각 팀 3명의 선수와 최대 3명의 교체선수로 구성된다. 선수의 부상으로 인하여 더 이상 경기를 할 수 없을 때 공식선수보다 적은 수의 선수로 경기를 계속할 수 있다. 그러나 한 명의 선수로는 더 이상 경기를 진행할 수 없다. 각 팀은 팀 벤치에 3명의 에스코트를 둘 수 있다.
- 경기시간은 전·후반 각 10분씩이고, 하프타임은 3분이다. 연장전은 전·후반 3분씩이며 정규 경기와의 간격은 3분이다. 연장전에서도 승패를 가릴 수 없으면 프리스로로 승부를 가른다.
- 각 팀은 정규 경기시간 동안 코치의 지시에 의해 45초간의 타임아웃을 3회 실시 할 수 있으며, 연장전에서는 코치 또는 선수가 수신호로 요청할 때 45초간의 타임아웃을 1회 실시할 수 있다. 타임아웃 종료 15초 전에 음향신호가 주어진다.
- 팀 선수교체는 정규 경기시간 중 3명, 연장전에서 1명의 선수를 교체할 수 있으며 같은 선수가 한 번 이상 교체될 수 있다. 선수교체는 공식 휴식시간이나 요청팀이 볼을 다루고 있을 때 허용된다. 의무상의 이유로 선수를 교체한 경우는 허용된 교체인원에 해당하지 않으며 45초 이내에 경기에 임할 수 없을 때엔 즉각 선수교체를 실시하여야 한다. 이 때, 부상선수는 그 이닝 종료 전까지 경기장에 복귀하지 못한다.
- 반칙이 일어난 경우 심판은 경기를 중단시키고 볼을 상대팀에게 넘겨준다. 반칙은 선수가 허락을 받기 전에 볼을 굴려 공격하는 조기스로(Premature Throw), 스로하는 선수가 볼을 놓기 전에 어느 한 발 전체가 아웃 오브 바운드되는 스텝 오버(Step Over), 팀 동료간 볼을 패스할 때 그 볼이 사이드 라인을 벗어나거나 볼이 코트 밖의 어떤 물체에 접촉하는 패스 아웃(Pass Out), 볼이 수비팀에 의해 블로킹되거나 골 포스트 또는 크로스바를 맞고 중립지역의 센터 라인을 넘어가는 볼 오버(Ball Over) 등이 일어났을 때 반칙이 된다.
- 페널티는 개인 페널티와 팀 페널티가 있으며, 두 경우 모두 한 선수만이 남아서 페널티 스로를 방어해야 한다. 개인 페널티인 경우 페널티를 범한 선수가 방어하게 되며 팀 페널티의 경우 페널티가 일어나기 전 마지막으로 스로한 선수가, 스로 전에 일어난 경우 코치가 지정한 선수가 방어하게 된다. 공통적으로 선수나 팀이 볼을 잡은 후 10초 이내에 던지지 못한 경우 적용된다.

- 개인 페널티에는 스로한 볼이 상대편 팀 에어리어 라인 전방에서 정지한 숏 볼(short ball), 선수가 투구한 볼이 팀지역이나 랜딩지역에 적어도 한 번 이상 닿지 않은 하이 볼(high ball), 중립지역의 바닥에 닿지 않은 롱 볼(long ball), 선수가 자신의 눈가리개를 허락 없이 만지는 경우, 한 선수가 3회 스로하는 행위, 불법 수비, 선수의 경기 지연, 비스포츠맨적인 행위, 스로 시 발생되는 과다한 소음이 수비팀의 볼 추적을 방해할 경우가 해당된다.
- 팀 페널티에는 10초 반칙(볼에 접촉 후 10초 이내에 그 볼을 스로하지 못하는 경우), 팀이 심판의 지시에도 경기를 할 준비가 안 되었을 때와 팀의 어떠한 행위로 경기의 지속을 방해할 때, 심판에게 알리지 않고 선수를 교체하는 등 경기지연 상황이 발생한 경우, 비합법적인 코칭 행위가 일어난 경우, 팀이 비신사적인 행위를 하는 등의 경우가 해당된다.
- 골볼경기는 경기진행심판(game referee) 2명, 골심판 4명, 득점기록원 1명, 전체 시간 계시원 1명, 10초 계시원 1명, 숏 기록원 1명의 경기임원으로 구성되어 경기를 치르게 된다.

(한국장애인복지진흥회, 2002)

☞ 생각해 봅시다 !!

1. 일상생활에서 부딪히는 상황에서 시각장애 체험을 해 봅시다(예: 안대 끼고 전철 타기, TV 시청 등).

참고문헌

김의수(2001). **특수체육.** 서울: 무지개사.
김종무(2001). **시각장애학생의 이해와 지도방법.** 직무5기 통합학급(유,초등)교사 연수교재. 국립특수교육원.
이소현, 박은혜(1998). **특수아동교육.** 서울: 학지사.
장애인복지법시행규칙. 보건복지부령 제424호(2007. 12. 28).
장애인복지법시행령. 대통령령 제20323호(2007. 10. 15).
특수교육진흥법시행령. 대통령령 제 15967호(1998. 12. 31).
한국보건사회연구원(2001). **2000년도 장애인 실태조사.**
한국장애인복지진흥회(2002). **2002~2004 경기규정집(골볼).**
Cratty, B. J. (1971). *Movement and spatial awareness in blind children and youth.* Springfield, IL: Thomas.
Gardner, L. (1985). Low vision enhancement: The use of figure-ground reversals with visually impaired children. *Journal of Visual Impairment and Blindness, 79*(2), 64-69.
Hopkins, W., Gaeta, H., Thomas, A., & Hillm P. (1987). Physical fitness of blind and sighted children. *European Journal of Applied Physiology, 56,* 69-73.
Individuals with Disabilities Education Act. (1997). *Individuals with disabilities education act amendments of 1997.* Washington, DC: U.S. Government Printing Office.
Ribaldi, H., Rider, R., & Toole, T. (1987). A comparison of static and dynamic balance in congenitally blind, sighted and sighted blindfolded adolescents. *Adapted Physical Activity Quarterly, 4,* 220-225.
Scholl, G. T. (1986). What does it mean to be blind? In G. T. Scholl(Ed.). *Foundation for education for blind and visually handicapped children and youth(pp. 23-34).* New York: American Foundation for the Blind.
Seelye, S. (1983). Physical fitness of blind and visually impaired Detroit public school children. *Journal of Visual Impairments and Blindness, 77*(3), 117-118.
Winnick, J. P. (1979). *Early movement experience and development: Habilitation and remediation.* Philadelphia: Saunders.
Winnick, J. P. (2000). *Adapted physical education and sport(3rd ed.).* Champaign, IL: Human Kinetics.
Winnick, J. P., & Short, F. (1982). *The physical fitness of sensory and orthopedically impaired youth: Project UNIQUE final report.* Brockport, NY: SUNY College at Brockport, Physical Education Department.

제 11 장

지체장애

1. 지체장애의 이해
2. 특성

사실상 지체장애는 그 종류가 200여 가지가 넘을 정도로 다양하지만, 신체에 이상이 있다는 공통점만으로 하나의 장애영역 안에 포함되어 있다. 지체장애는 크게 신경계의 이상으로 인한 경우, 근골격계의 이상으로 인한 경우, 선천성 기형으로 분류된다. 신경계의 이상이 있는 경우는 뇌성마비가 대표적이며 간질도 여기에 해당한다. 근골격계의 이상으로 인한 경우는 내반족(clubfoot), 소아 류머티스 관절염, 진행성 근위축증 등이 있다. 마지막으로, 선천성 기형의 예로서는 고관절 탈구(hip dislocation), 이분척추 등이 있다. 본 장에서는 이러한 다양한 장애 중에서 우리 나라 지체장애 인구 중 많은 비율을 차지하고 있는 뇌성마비, 외상성 뇌손상, 척수장애에 대해 알아본다.

1. 지체장애의 이해

미국의 장애인교육법에서 정의하는 장애영역 중에 정형외과적 장애(orthopedic impairment)가 우리 나라에서 말하고 있는 지체장애에 해당된다고 볼 수 있으며, 이 외에도 기타 건강장애(other health impairment), 외상성 뇌손상(traumatic brain injury), 중복장애(multiple disabilities)의 세 범주도 지체장애에 포함되는 장애영역으로 보고 있다.

반면에 우리 나라의 특수교육진흥법, 장애인 등에 대한 특수교육법, 장애인복지법에서도 각각 지체장애를 규정하고 있으나 약간의 차이를 보인다. 장애인복지법에서는 장애 정도에 따라 1급부터 6급까지의 급수를 규정하고 있는 반면, 특수교육진흥법에서는 교육적 필요를 강조하고 있지만 따로 급수를 정하지는 않고 있다. 또한 용어의 문제에서도 장애인복지법과 장애인 등에 대한 특수교육법에서는 '지체장애'라는 용어를 사용하지만 특수교육진흥법에서는 '지체부자유'라는 용어를 사용하였다. 하지만 본 장에서는 '지체장애'라는 용어를 사용하도록 하겠다. 특수교육진흥법과 장애인복지법에서 정의하고 있는 지체장애인의 규정은 다음과 같다.

- ◆ 특수교육진흥법시행령(1998)에서 규정하고 있는 지체부자유 특수교육대상자
    지체의 기능·형태상 장애를 지니고 있고, 체간의 지지 또는 손발의 운동, 동작이 불가능하거나 곤란하여 일반적인 교육시설을 이용한 학습이 곤란한 자

- ◆ 장애인복지법시행령(2007)에서 규정하고 있는 지체장애인의 기준
    가. 한 팔, 한 다리 또는 몸통의 기능에 영속적인 장애가 있는 사람

나. 한 손의 엄지손가락을 지골(指骨 : 손가락 뼈) 관절 이상의 부위에서 잃은 사람 또는 한 손의 둘째 손가락을 포함한 두 개 이상의 손가락을 모두 제1지골 관절 이상의 부위에서 잃은 사람
다. 한 다리를 리스프랑(Lisfranc : 발등뼈와 발목을 이어주는) 관절 이상의 부위에서 잃은 사람
라. 두 발의 발가락을 모두 잃은 사람
마. 한 손의 엄지손가락 기능을 잃은 사람 또는 한 손의 둘째 손가락을 포함한 손가락 두 개 이상의 기능을 잃은 사람
바. 왜소증으로 키가 심하게 작거나 척추에 현저한 변형 또는 기형이 있는 사람
사. 지체(肢體)에 위 각 목의 어느 하나에 해당하는 장애정도 이상의 장애가 있다고 인정되는 사람

2. 특성

다양한 지체장애 영역 중에서 우리 나라 지체장애 인구 중 많은 비율을 차지하고 있는 뇌성마비, 외상성 뇌손상, 척수장애에 대해 살펴보면 다음과 같다.

1) 뇌성마비

뇌성마비(cerebral palsy) 아동들의 체육활동에 대한 이전 연구들은 그다지 활발하게 이루어지지 못했다. 특히, 이들의 손상이 신경학적인 문제를 갖는 것이기 때문에 그 동안의 접근 방식은 대체로 물리치료 형태와 의료적인 수술이 주를 이루었다. 대부분의 지체장애 학교에서도 체육 시간에 물리치료 원리를 바탕으로 한 소근 움직임 훈련이 많은 것을 보면 이를 어느 정도 확인할 수 있다.

뇌성마비는 장애정도가 개인별로 매우 다양하여 일괄적인 활동이나 프로그램의 적용이 매우 어려운 것이 사실이다. 하지만, 최근 들어 각계의 교육기관에서는 물리치료 이상의 신체활동 프로그램을 요구하는 목소리가 커지고 있으며, 물리치료사들 또한 충분한 대근활동의 필요성을 강조하고 있다. 이러한 경향은 그 동안 신체 일부분의 가동범위 확대나 단순한 물체의 조작 기능 향상에 목적을 두었던 뇌성마비 아동 교육이 보다 더 활발한 신체움직임과 함께 정의적 측면의 발달 및 사회성 함양의 중요성을 깨닫는 것이라고 볼 수가 있다. 그러나 우리는 어떤 것은 중요하고 어떤 것은 불필요하다는 흑과 백의 관점으로 뇌성마비 아동의 신체활동을 국한해서는 안 되며, 신체 기능의 향상과 인지적·정의적 발달의 효과를 나타낼 수 있는 모든 분야를 고려하여 각 분야의 전문가들이 교육과 치료를 병행하는 팀 접근방식(team approaching or team teaching)이 절실히 필

요하다(김의수, 2003). 팀 접근방식은 아동의 교육 혹은 생활기능 향상을 위한 목적을 위해 관련된 모든 분야의 전문가가 협조하여 원하는 것을 효과적으로 달성하려고 하는 교육 방식으로서 장애아동의 교육에서 반드시 필요하다.

(1) 정의

뇌성마비란 뇌 신경계의 손상으로 운동장애가 주로 나타나는 비진행성 증상군으로 신경학적 질환의 복합체이다(한국뇌성마비복지회, 2000). 이러한 뇌 신경계의 손상은 협응력, 근장력, 근력 등의 손상으로 이어져 자세의 유지와 운동수행을 정상적으로 할 수 없게 하고, 감각기능장애, 정신지체, 언어기능장애도 함께 나타나는 경우가 많다. 뇌성마비의 경우 출생 전과 출생 시의 문제로 인해 발생하게 되는 경우가 많으므로, 유아 및 아동기의 적절한 치료와 운동은 매우 중요한 재활의 요건이다.

(2) 원인

뇌성마비는 뇌의 손상으로 중추신경계에 지장을 초래하는 증상으로, 그 원인 가운데 일부는 밝혀져 있으나 아직 완전히 밝혀지지는 않았다. 시기적으로 볼 때, 출생 전, 출생 시, 출생 후에 발생하고, 뇌성마비의 약 85%는 선천성이다. 이러한 뇌성마비의 원인을 구체적으로 살펴보면 표 11-1과 같다.

표 11-1. 뇌성마비의 발생 원인

출생 전	출생 시	출생 후	복합적
풍진	미숙아 출생	홍역	산소결핍증
산모의 부주의	출산 부주의	유행성 이하선염	사고/외상
산모의 잘못된 건강습관	역산(다리부터 출산)	백일해	뇌출혈
종(種)의 부적합	난산	수두	비타민, 칼륨의 감소
산모의 당뇨병	뇌막염	감기	
산모의 고혈압		뇌염	
산모의 유전질병		뇌손상	
방사선(X-rays) 노출		혈관질병	
산모의 성병		아동학대	

(3) 출현율

우리 나라에는 뇌성마비와 관련하여 109,866명(출현율 0.23%)이 뇌병변장애를 가지며(한국보건사회연구원, 2001), 약 6만~10만명 정도의 뇌성마비 인구가 있는 것으로 추정하고 있다(한국뇌성마비복지회, 2000). 미국의 경우, 한 해에 영유아 5,000명 정도가 뇌성마비로 진단되고 있으며, 이전에 뇌성마비로 진단 받지 않은 취학 전 아동 1,200~1,500명이 뇌성마비로 확인되고 있다. 결국, 미국의 전체 인구 중 약 500,000명이 뇌성마비 인구로 추정되고 있다(United Cerebral Palsy Associations, 1998).

(4) 분류

뇌성마비의 분류는 증상에 따른 분류, 국소 해부학적 분류, 임상적 분류 그리고 기능적 의무분류 등의 방법이 있다. 이를 살펴보면 다음과 같다.

① 증상에 따른 분류

운동이나 활동에 지장을 초래하는 정도에 따라 뇌성마비를 경증(mild involvement), 중증(moderate involvement), 심증(severe involvement)으로 분류한다.
- 경증(輕症) 뇌성마비: 활동에 제한이 있거나, 운동기능이 상실되지 않은 가벼운 정도의 뇌성마비
- 중증(中症) 뇌성마비: 운동기능을 발휘하거나 말하는데 어려움이 있으며, 이동하기 위해 보조기구를 필요로 함
- 심증(深症) 뇌성마비: 자기 스스로 이동하기 곤란하여 전동 휠체어를 사용함

② 국소 해부학적 분류

국소 해부학적 분류는 사지의 마비 정도에 따라 다음과 같이 분류한다.
- 단마비(monoplegia): 뇌성마비에서는 드물게 나타나며, 하나의 수족이 마비된 상태
- 편마비(hemiplegia): 몸 한 쪽 부분의 수족이 마비된 상태로, 다리보다는 팔이 심함
- 대마비(paraplegia): 양쪽 다리가 마비된 상태로, 대부분의 경직성 뇌성마비가 여기에 속함
- 삼지마비(triplegia): 팔다리 중 세 부분이 마비된 상태
- 사지마비(quadriplegia): 두 팔과 두 다리가 마비된 상태로, 경직성 및 무정위운동증에서 많이 나타남
- 양측마비(diplegia): 신체 양측에 오는 마비로, 상지보다는 하지의 마비가 심함
- 이중 편마비(double hemiplegia): 몸의 양측에 마비를 보이지만, 한 쪽이 조금 더 심한 상태로 다리보다는 팔이 심함

③ 임상적 분류

임상적 분류는 운동 능력의 제한 정도에 따라 경직성(spastic), 강직성(rigidity), 무정위운동증(athetoid), 운동실조증(ataxia), 진전성(tremor), 혼합형(mixed) 뇌성마비 등으로 분류한다.
- **경직성 뇌성마비**: 경직성 뇌성마비 아동은 근육의 장력이 증가함에 따라 근육의 움직임이 둔화되고, 과긴장 상태가 나타난다. 운동피질의 손상으로 발생한 뇌성마비의 50~60%는 경직성 뇌성마비에 속한다. 경직성 뇌성마비 아동은 일반적으로 가위걸음을 걷는다. 가위걸음은 다리가 안으로 굽어 발가락으로 걷게 되고, 무릎,

엉덩이, 몸통, 팔꿈치, 손목이 수축되며, 팔을 앞쪽으로 향할 때 손바닥이 아래로 향한 형태를 보인다. 경직성 근육의 수의적 움직임은 느리고 협응력이 없는 경향을 나타낸다. 보통 뇌성마비 아동들은 성장할 때 뼈가 길어지지만, 경직성 뇌성마비 아동은 성장한 만큼 근육이 길어지지 않기 때문에 근수축 시 장력의 증가로 압축이 일어난다. 이러한 압축은 비복근이 뒤꿈치를 위로 당기는 것과 같은 근육의 굳어짐이나 구축(contracture)의 원인이 된다. 그리고 경직성 뇌성마비 아동은 사시나 체중미달 등의 특징을 갖기도 하며, 정신지체를 동반하기도 한다.

- **무정위운동증 뇌성마비**: 무정위운동증은 뇌성마비의 약 20%를 차지하며, 목적성 운동을 조절하는 대뇌 중앙에 위치한 기저핵 부분에 손상을 입었을 경우에 나타난다. 무정위운동증 뇌성마비 아동은 사지가 목적 없이 불수의적으로 불규칙하게 움직이는 특성을 나타내며, 팔을 뒤로 당길 때 손바닥을 아래로 하고, 손가락, 손목, 팔꿈치가 펴지고 움직임을 조절하거나 선택할 때, 목적한 대로 멈추지 못하고 계속 움직이게 된다. 이들의 움직임은 때때로 발작에 가깝고 빠르기도 한 반면 느리고 율동적이기도 하다. 이들은 항상 침을 흘리고, 등이 휘어서 움푹 들어가 있어(척추전만) 사지운동에 큰 영향을 받는다. 무정위운동증을 나타내는 뇌성마비인은 대부분 과체중을 보이며, 근육의 장력이 지속적으로 변화하기 때문에, 구축이나 근장력의 증가는 그다지 많지 않다. 이들의 이동운동은 보통 매끄럽지 못하고 언어구사도 부자연스러우며, 얼굴이 일그러지게 된다.
- **운동실조증 뇌성마비**: 소뇌는 인체의 평형과 협응에 큰 영향을 미치며, 소뇌가 손상되면, 운동실조증을 일으킨다. 운동실조증은 보통 아동이 걷기 시작할 때 나타나고, 비정상적인 근육의 저긴장 상태를 갖게 된다. 운동실조증을 갖는 아동은 팔과 다리 동작의 협응과 균형에 어려움을 나타내며, 이로 인해 다리는 벌리고 비틀거리는 보행동작을 나타낸다. 간혹 넘어지기도 하고 눈동자가 불수의적으로 움직이는 안구진탕증을 보인다. 운동실조증이 경미한 뇌성마비 아동은 서툰 운동동작을 나타내기도 하는데, 이들은 달리기, 점핑, 스키핑과 같은 이동운동에 큰 어려움을 나타낸다. 뇌성마비인의 약 10%가 운동실조증 뇌성마비에 속한다.
- **강직성 뇌성마비**: 강직성 뇌성마비는 전체 뇌성마비의 약 2~4%를 차지하며 심한 정신지체를 동반한다. 특히, 근육의 강직에 있어서 수축근과 길항근 모두에서 강직이 나타나지만, 길항근에서 보다 강하게 나타난다. 그 결과로, 비정상적인 움직임이 문제가 되는 것이 아니라, 움직임 자체가 없게 되어 탄력성을 잃고 근육이 굳어지게 된다. 이 강직성 뇌성마비는 경직성 뇌성마비와는 달리 신전반사가 거의 없으며, 최소한의 탄력성만을 갖는다.
- **진전성 뇌성마비**: 뇌성마비의 약 2%가 진전성 뇌성마비로, 율동적인 운동이나 순서에 입각한 운동을 할 때에 불수의적으로 떠는 현상이 나타난다. 소뇌의 손상에

의한 진전성 뇌성마비 아동은 수의적 운동을 할 때에 움직임이 끝나는 지점에서 심하게 떨게 된다. 또한 기저핵의 손상에 의한 진전성은 집중이 필요한 운동과제나 수면 중에는 증상이 없어지거나 감소하는 경향을 나타내기 때문에 비지향성, 휴식성 또는 수동성의 진전성 뇌성마비라고도 한다. 진전성 가운데 가장 심한 증상은 근육의 장력이 비정상적으로 높아지거나 낮아지는 근긴장 이상(dystonia)이다. 이런 진전성 뇌성마비인은 자기 의지와 상관없이 신체의 일부가 정기적으로 흔들리는 증상을 보인다.
- **혼합형 뇌성마비**: 혼합형 뇌성마비는 경직성과 무정위운동증의 특성이 복합된 증상으로, 중증이거나 중복장애인 경우가 많으며, 뇌성마비를 어떤 형태로 분류할 것인가에 있어서는 증상이 보다 두드러지게 나타나는 형태에 따라 분류한다. 일반적으로 큰 특징이 없으면 혼합형으로 분류한다.

④ 기능적 분류

국제뇌성마비스포츠레크리에이션협회(Cerebral Palsy-International Sports and Recreation Association, CP-ISRA)는 기능적 분류에 대해서 "등급 분류의 목적은 모든 선수가 동등한 상황에서 경기하도록 하는데 있으며, 신경학적 손상의 문제로 경기에서 배제되는 것을 방지하는 데 있다"고 규정하고 있다. 뇌성마비인의 스포츠를 위한 스포츠 의무 분류는 1등급부터 8등급까지 있는데, 먼저 휠체어 사용 등급(1~4등급)과 보행 가능 등급(5~8등급)으로 분류하고, 다음은 하지, 몸통, 상지의 기능을 평가하여 결정한다. CP-ISRA의 기능적 분류를 알아보면 표 11-2와 같다.

(5) 특성

뇌성마비 아동의 지능은 정상 수준에서 정신지체까지 그 범위가 넓게 분포되어 있다. 그러나, 대부분의 뇌성마비 아동은 지능이 낮은 범위에 집중되어 있다. 즉, 1/4은 지능지수가 90~110 이상, 1/4은 70~89, 1/2은 50~69 이하이다. 이렇게 지능이 낮은 이유는 뇌성마비 아동이 의사소통과 신체적 능력의 제한 때문에 지능검사를 제대로 받을 수 없기 때문이다. 우리 나라에서도 곽승철(1987)이 뇌성마비 아동 179명을 대상으로 콜롬비아 지적 능력검사(CMMS)를 실시한 결과, 지능이 112~127 이상은 5.5%, 88~111은 34.5%, 71~87은 40.4%, 70 이하는 18.9%로 나타나 일반아동에 비해 낮은 지능지수 분포를 보였다.

뇌성마비 아동은 이러한 지능 특성과 함께 몇 가지의 행동 특성을 보이기도 한다. 첫째, 과잉행동증(hyperactivity)을 나타내는 경우가 있다. 즉, 뇌성마비 아동들은 눈에 띄는 것이나 빛나는 것, 움직이는 물체에 시선이 모아져 충동적인 반응을 하게 된다. 둘째, 주의력 결핍을 보인다. 이 아동들은 주의집중 시간이 짧아 환경 내의 특정 대상에 집중하지 못하고, 불필요한 자극이나 관계없는 자극에 무선택적으로 반응을 한다. 흔히 수업을 할 때 교사의 지시에 관심을 갖기보다는 주위의 잡음, 색채 등과 같은 불필요한 자극에 반응하는 것이 좋은 예이다. 셋째, 고집성을 보인다. 일부 뇌성마비 아동은 어떤 장면에서 다음 장면으로, 혹은 어떤 관념에서 다른 관념으로 전환할 때 큰 어려움을 보이는데, 이런 뇌성마비 아동들에게는 새로운 학습의 전이가 곤란하고 재학습도 쉽지 않다.

뇌성마비 아동은 각종 운동능력을 습득하기 이전에 뇌가 손상된 상태에서 몸이 성장하기 때문에 정상적인 발육이 결여되고 신체의 일부분이 마비되어 일반적인 활동을 수행하는 데 어려움을 겪는다. 이러한 뇌성마비 아동은 언어장애, 정신지능 발육장애, 시각장애, 경련 및 발작, 청각장애, 감각장애, 감정장애, 학습능력의 감퇴 등을 보이며, 구르기, 앉기, 기기, 웃기, 걷기와 같은 신체발달 단계에서도 이상을 보인다. 뿐만 아니라 일부 뇌성마비 아동은 비정상적인 근육 긴장도를 보이는데, 대체로 과긴장증(hypertonia: 뻣뻣하고 딱딱해 보이는 증상)이나 저긴장증(hypotonia: 근육이 축 늘어지고, 이완되며, 심하게 약해 보이는 증상)을 보인다.

표 11-2. CP-ISRA의 기능적 분류

구 분	기 준
1등급	사지의 경련이 심한 중증의 사지마비로 전동 휠체어를 사용하는 수준
2등급	사지의 경련이 보통에서 심한 정도의 중증 사지마비와 무정위운동증, 근력의 기능이 극히 낮으며 휠체어에 의존하여 생활하는 수준
3등급	팔다리 부위에 약간의 사지마비가 있으며 기능적 근력이 보통이고, 상지를 조절할 수 있으며 하지는 보통 심한 정도까지의 경직성이 있고, 휠체어에 의존하여 일상생활을 하지만 보조기를 착용하고 걸을 수 있는 수준
4등급	기능적 근력이 양호한 하지마비로서 조절문제는 최소이고 하지의 경직성은 보통에서 심한 정도까지 나타나며, 보조를 받아 걸을 수 있는 수준
5등급	휠체어를 사용하여 이동할 수 있는 하지마비와 보통의 편마비가 있는 사람으로 하지의 한 쪽에는 보통에서 심한 정도까지 경직성이 있고 상체는 기능적 근력이 양호하여 조절문제에 어려움이 없이 보조기나 휠체어를 사용하여 경기에 참여할 수 있는 수준
6등급	무정위운동증 사지마비자로 심각할 정도의 삼지마비가 있으나 도움 없이 걸어서 이동할 수 있는 정도로 하지의 기능이 조금 더 좋으며, 팔다리 중 셋 또는 네 부위에 보통에서 심각할 정도의 신체 조절 문제가 있고, 상지에서는 5등급보다 조금 더 많은 신체 조절 문제가 있는 수준
7등급	보통의 편마비가 있거나 보통으로 경미한 사지마비가 있는 정도로 신체의 절반이 보통의 경련이 있으며, 다리를 약간 절룩거리는 수준
8등급	경미한 편마비, 단마비, 최소의 사지마비로 불능 상태가 최소 정도로 자유롭게 달리고 뛰어오를 수 있는 수준

※ CP-ISRA의 기능적 분류에 대한 더 자세한 내용은 한국뇌성마비복지회에서 발간한 뇌성마비 등급분류와 경기규정(이인경·최승권, 1998)을 참조할 것.

(6) 지도 시 고려사항

체육교사는 보행이 가능한 뇌성마비 아동을 지도할 때보다 휠체어를 사용하는 뇌성마비 아동들을 지도할 경우 안전에 더 큰 주의를 기울여야만 한다. 휠체어를 사용하는 뇌성마비 아동들을 가르칠 때 체육교사는 다음과 같은 안전 수칙을 꼭 숙지해야 한다.

① 아동이 휠체어를 타고 내릴 때 휠체어를 고정시킨다.
② 아동이 휠체어를 타고 있을 때에는 안전벨트를 매도록 한다.
③ 아동이 휠체어를 통제할 수 있을 정도로 속도를 유지하게 한다.
④ 내리막이나 경사로에서 항상 휠체어의 등받이 부분을 바닥 쪽으로 기울어지게 한다.
⑤ 층계를 오를 때에는 가급적 2명이 보조하는 것이 바람직하며, 등받이가 계단 위쪽을 향하도록 한다.

또한, 체육교사는 뇌성마비 아동들에게 운동프로그램을 실시할 때, 먼저 뇌성마비 아동의 신체적 특성을 알고, 다음과 같은 사항을 고려하여 지도해야 한다.

① 시행에 앞서 아동의 인지적·신체적 수준을 파악하고 계획을 세운다.
② 아동이나 보조기구가 지도자의 통제 범위에서 벗어난다면 다른 사람에게 도움을 요청한다.
③ 무엇을 할 것인지 아동에게 전달하고 점진적으로 진행한다.
④ 아동이나 보조기구를 항상 주변에 두고 운동을 실시한다.
⑤ 몸이 지나치게 기울어지거나 신전되는 상태를 피한다.
⑥ 뇌성마비 아동을 들어올릴 때에는 무릎과 엉덩이를 굽히고 등은 편다.
⑦ 물체를 들거나 옮길 때 몸을 비틀지 않도록 하며, 물체를 들고서 방향전환을 해야 할 때에는 몸 전체를 돌려 척추나 허리가 비틀어지지 않도록 한다.

2) 외상성 뇌손상

외상성 뇌손상(traumatic brain injury; TBI)의 출현 특성이 사고로 인한 두부 충격임을 감안할 때, 사고의 위험이 높은 현대 사회는 외상성 뇌손상 아동의 비율이 많아질 수 있다는 잠재 가능성을 가지고 있다. 외상성 뇌손상 아동을 위한 체육활동은 뇌성마비나 기타 지체장애 아동의 체육활동 프로그램과 크게 다르지는 않다. 그러나, 사고의 정도와 손상부위에 따라 기능 수준이 매우 다르므로 정확한 진단과 수준을 파악한 후에 개별화 교육을 실시해야 한다. 또한, 후천적으로 발생하기 때문에 심리적인 문제와 사회성 문제를 충분히 고려한 프로그램의 구성이 요구된다.

(1) 정의

'외상성 뇌손상'이란 외력에 의해 야기된 후천성 뇌손상으로 완전 또는 부분적 기능장애나 사회·심리적 장애 혹은 이 두 가지가 결합되어 나타나며, 교육수행에 불리한 영향을 미친다. 이 용어는 인지, 언어, 기억, 주의집중, 추상적 사고, 판단, 문제해결, 감각, 지각 및 운동능력, 사회·심리적 행동, 신체적 기능, 정보처리, 담화 같은 영역에서 한 가지 이상의 손상을 가져오는 개방 및 폐쇄성 두부 손상에 적용한다. 선천성 또는 퇴행성 뇌손상이나 출생 시의 외상에 의한 뇌 손상은 포함하지 않는다(Federal Resister, 1992).

(2) 원인

뇌손상의 원인은 추락, 스포츠와 레크리에이션 활동 시 손상, 교통사고, 아동학대 등으로, 연구에 의하면 대부분의 유아는 추락으로 인한 뇌손상이 많은 반면, 10대는 교통사고로 인한 뇌손상이 많다. 특히, 15~24세 때 발생하는 외상성 뇌손상의 경우에는 자동차나 오토바이 사고가 많은 것으로 알려져 있다(Talbott, 1989). 미국에는 약 50만~150만명의 인구가 외상성 뇌손상자로 추정되며, 이들 중 5만~7만명은 중도 이상의 장애로 분류되어 있다. 원인에 관계없이 외상성 뇌손상자들은 부족한 인지, 신체, 행동, 사회성을 바탕으로 남은 인생을 살아야 하기 때문에 사고 후 즉각적인 재활서비스가 필요하다.

(3) 출현율

우리 나라의 경우, 외상성 뇌손상 인구에 대한 구체적인 집계나 통계치가 없다. 그만큼 외상성 뇌손상의 문제는 일반적이어서 특별한 장애로 부각되지 못하고 있는 이유라고 할 수 있다. 하지만, 외국의 경우 1990년대 이후 이에 대한 심각성이 국가적으로 대두되고 있으며, 예방과 재활이라는 측면에서 많은 문헌과 연구 결과들이 제시되고 있다. 미국의 경우 외상성 뇌손상의 출현율은 500명당 1명이었으며, 대략 매년 50만명이 병원에 입원하고, 이중 약 5만명 이상이 장애를 갖게 된다. 매년 뇌손상을 입는 사람들의 대부분은 35세 이하의 어린이와 젊은 성인들이며, 외상성 뇌손상을 입은 남자가 여자보다 2배 더 많다. 아동기의 경우 외상성 뇌손상은 아이들이 밖에서 놀거나 차를 타는 봄, 여름, 주말과 오후에 높은 발생율을 보인다(김의수, 2003).

(4) 분류

외상성 뇌손상의 정도는 충격의 가속과 감속에 의한 전단력(shear force)의 정도와 직접 관련이 있으며, 이런 뇌손상을 임상적으로 분류하면 다음과 같다.

① 경도 두부손상

경도 두부손상(mild head injury)은 뇌손상을 입었을 때 단시간의 의식소실이 나타나며, 계속적인 국소적 신경학적 결함은 없으나 미미한 신경심리학적, 행동적 결함이 있을 수 있다. 이러한 경도 두부손상은 뇌간망상체와 대뇌의 전단력에 2차적으로 일어나는 축색 손상 때문이며, 증상으로는 두통, 현기증, 집중력 저하, 기억상실, 피로 및 자극과민성 등을 보인다. 최근의 진단기준은 20분 미만의 짧은 의식소실, 글라스고우 혼수 척도 13 이상, 국소적·신경학적 증상이 없고 뇌단층 촬영상에 이상 소견이 없으며, 병원에서 48시간 이내에 퇴원한 경우가 이에 속한다.

② 중도 두부손상

중도 두부손상(moderate head injury)의 진단기준은 처음 글라스고우 혼수 척도가 9~12 정도인 환자이거나 외상성 기억상실이 1~24시간 사이인 사람들이 해당된다.

③ 중증 두부손상

중증 두부손상(severe head injury) 환자는 의식은 회복했으나 분명한 장애를 갖게 되는 환자들로 최소한 6시간 이상의 의식소실이 있었던 환자를 의미한다. 이런 환자는 전체 외상성 뇌손상 환자의 10%를 차지하고 적극적인 재활치료로 많은 회복을 얻을 수 있으며, 정신과적 보호가 요구되기도 한다.

④ 식물인간 상태

식물인간 상태(persistent vegetative state)는 뇌손상 정도가 심하여 의식을 회복하지 못하고, 주위 환경을 인식하지 못할 뿐 아니라, 말이나 수의적 운동을 하지 못한다. 그러나 수면과 각성, 하품, 입맛 다시기, 통증자극에 대한 회피반응 및 기타 하부 뇌조직에 의한 반응들은 보일 수 있다. 이런 식물인간 상태는 수년간 지속되기도 한다.

(5) 특성

외상성 뇌손상 아동은 외부의 물체에 의해 타격을 받았을 때 의식을 찾지 못하고 혼수상태에 빠지게 된다. 이때 처음 단계에서는 외부 자극에 전혀 반응하지 못하고 통증 자극을 주어도 어디가 아픈지 알지 못하며, 비의도적인 반응을 한다. 그리고 간헐적으로 땀을 흘리거나 과긴장과 고열의 부작용을 나타내기도 한다. 혼수상태에서 깨어날 때에는 서서히 깨어나며, 외부의 자극, 특히 가족의 목소리나 소음 같은 소리에 의해 자발적으로 반응하기도 한다. 이때, 손으로 바닥을 친다거나 신음하고 울거나 앉으려고 시도하고, 공포의 상태를 나타내기도 한다. 외상성 뇌손상 아동의 일반적인 특성을 살펴보면 다음과 같다.

① 신경운동적 문제: 운동기능을 담당하는 소뇌와 대뇌 피질의 운동 영역 손상과 이러한 부위를 연결하는 신경망의 훼손으로 인해 근력, 평형성, 협응력, 민첩성 등의 신체활동 문제가 발생한다.

② 감각적 문제: 신경계와 뇌 기관의 충격에 의해 시각과 청각 이상, 촉각능력의 상실을 가져올 수 있다.
③ 인지적 문제: 뇌손상으로 인해 주의력, 기억력, 정보처리 능력, 신경운동 속도, 언어의 구성, 판단 능력 등에 어려움을 가져올 수 있다.
④ 행동적 문제: 외상성 뇌손상 아동은 일반적으로 공격적인 태도를 보이며 화를 참지 못하고, 충동적이고 주의력 감소를 보이며, 사회적 관계를 거부한다.
⑤ 심리·사회적 문제: 사고로 인한 갑작스런 뇌손상은 가족 구성원 모두에게 심한 절망을 안겨주며, 특히 본인에게는 신체에 대한 열등감과 감정조절의 문제로 인해 사회적응에 큰 어려움을 준다.

(6) 지도 시 고려사항

외상성 뇌손상 아동은 상해의 정도에 따라 그 결과가 다양하게 나타나기 때문에 체육교사는 이들에게 신체활동을 시킬 때 다음 사항을 고려하여 지도해야 한다.

첫째, 각기 다른 형태의 손상은 여러 형태의 장애를 가져오며, 신체활동 및 운동능력의 향상 정도도 각기 다르게 나타난다. 따라서 체육교사들은 신체운동 손상 측면에서 의료전문가와 협조할 필요가 있고, 사회성 및 감정 문제에 있어서 심리전문가와 함께 교육을 실시하는 것이 바람직하다. 특히, 신체활동에 있어서 체육교사들은 근력, 유연성, 균형발달, 신체상태와 관련된 운동프로그램을 계획해야 한다(Tomberlin, 1990). 적절한 의료 지원이 있을 때 체육활동은 재활프로그램과 재활 이후 프로그램에 적절히 이용될 수 있다.

둘째, 체육교사들은 아동들에게 일어날지 모르는 문제에 대해 미리 고민하고 조사해야 하며, 간단한 의료요법들을 알고 있어야 한다. 왜냐하면 극히 드문 일이지만 체육활동 중 뇌신경상의 문제로 발작 등의 부작용이 발생할 수도 있기 때문이다.

셋째, 다양한 행동관리 기술들은 외상성 뇌손상 아동이 보이는 반사회적 행동들을 다루는데 필요하며, 특정 아동들의 개인적 욕구 성향을 고려하여 계획하여야 한다. 심한 행동문제를 갖는 경우에는 행동관리 전문가의 조언을 받을 필요가 있다.

넷째, 대부분의 학교에서는 외상성 뇌손상 아동들에게 많은 운동 기회를 제공하지 못하고 있다. 이에 따라 이들 학교들은 교사들에게 외상성 뇌손상에 관한 일련의 연수프로그램에 많이 참여하게 하고, IEP 작성 시 경험이 많고 전문지식이 풍부한 재활전문가들에게 도움을 얻을 수 있도록 해야 한다(Kreutzer, Zasler, Camplair, & Leininger, 1990). 체육교사는 이러한 내용들을 잘 인식한 후 외상성 뇌손상 아동에게 알맞은 운동프로그램을 계획해야 하는데, 미국국립뇌손상협회는 교사들을 위해 다음과 같은 교수 전략을 제안하였다(National Head Injury Foundation, 1986).

① 외상성 뇌손상 아동이 수업시간에 좌절하고 수업의 진도를 따라갈 수 없을 때 수업을 변형하여 지도해야 한다.
② 외상성 뇌손상 아동이 피곤하지 않게 휴식 시간을 충분히 주어야 한다.
③ 외상성 뇌손상 아동은 감정상태가 불안정하기 때문에 강한 질책은 교육에 비효과적일 수 있다.
④ 외상성 뇌손상 아동의 수업 시 다른 아동들보다도 설명을 차분하게 또박또박 해주어야 한다.
⑤ 외상성 뇌손상 아동에게 기억을 강화시키기 위해서 차트, 그래프, 도표, 그림 등을 이용하는 것이 효과적이다.

뇌손상의 심각성을 나타내는 Glasgow의 혼수 척도
(성인용으로 고안)

이 검사는 외상성 뇌손상 후 초기 단계에서 심각한 손상을 구분하기에 유용한 방법이다. 외상성 뇌손상 환자의 Glasgow 혼수 점수가 8점 이하로 나타나면 최중도 뇌손상, 9~12점이면 중도 뇌손상, 13~15점이면 경도 뇌손상이다.

글래스고우 혼수 점수(Glasgow Coma Score)

반 응	점수
■ 개안(eye opening)	
• 자발적으로 눈을 뜬다	4
• 큰 소리로 불러서 눈을 뜬다	3
• 통증 자극에 의해서 눈을 뜬다	2
• 전혀 눈을 뜨지 않는다	1
■ 운동 반응(motor response)	
• 간단한 명령에 따른다	6
• 통증을 가할 때 검사자의 손을 잡아당긴다	5
• 통증을 가할 때 검사자의 몸 일부를 잡아당긴다	4
• 통증을 가할 때 이상 굴절반응이 나타난다	3
• 통증을 가할 때 이상 신전반응이 일어난다	2
• 통증을 가할 때 운동 반응이 없다	1
■ 언어 반응(verbal response)	
• 명확하게 대화를 할 수 있다	5
• 혼동된 대화를 보인다	4
• 혼란한 말을 한다	3
• 이해할 수 없는 소리를 한다	2
• 아무런 소리를 내지 않는다	1

Jennett & Teasdale(1981)

그림 11-1. Glasgow의 혼수 척도

3) 척수장애

척수장애(spinal cord injuries)는 주로 신체의 팔이나 몸통 혹은 다리에 완전 혹은 부분마비를 초래하며, 척수장애가 일어난 위치에 따라 마비 부위와 마비 범위가 다르다. 척수(spinal cord)는 척주(vertebral column)가 보호하고 있으며, 척수로부터 나온 신경가지들은 척추와 척추의 연결마디 사이로 뻗어 나와 등뼈를 중심으로 넓게 분포된다. 척수의 손상은 근신경 지배에 영향을 주며, 척수의 한 부위가 완전히 손상되면 상해가 일어난 아래부위의 감각과 운동기능이 완전히 마비되지만, 척수신경이 완전히 절단된 경우가 아니면 그 기능이 불완전하지만 가능한 경우도 있다. 예를 들어, 사고로 인하여 2번 흉추에서 4번 흉추까지 손상이 되면 신체의 한 쪽만 움직일 수 있다. 손상을 입은 척수의 위치가 높을수록 인체의 움직임에 더 많은 제한을 초래한다. 보통 3번 경추의 위쪽을 다치면 죽음에 이르는 경우가 대부분인데, 이것은 횡경막 근육의 마비로 인해 호흡이 곤란하기 때문이다. 척수장애인들을 주로 하지나 사지가 마비되어 있다(한국장애인복지체육회, 1994).

(1) 분류

척수장애는 주로 손상부위에 따라 분류하고 있다. 척주(vertebral column)는 경추, 흉추, 요추, 선추로 나뉘는데 손상부위에 따른 기능 수준은 표 11-3과 같다.

표 11-3. 척수 손상부위에 따른 기능 수준

손상 부위	기 능 수 준
C-4	목과 횡경막을 사용할 수 있으며, 휠체어를 오르내릴 때 완전한 보조가 필요하다.
C-7	주관절 신전 및 손가락 신전·굴곡 능력이 있으며, 독립적으로 휠체어를 추진시킬 수 있다. 또한 휠체어 오르내리기가 약간 가능하며, 보조 장치가 있는 자동차를 운전할 수도 있다.
T1-9	상지를 사용할 수 있으나 하지는 거의 또는 전혀 사용할 수 없다. 등, 복부, 늑간근이 어느 정도 제어되며 일반적으로 안정성이 증가되기 때문에 물체를 들 수 있다. 또한 브레이스를 사용하여 걸을 수 있고 휠체어를 사용하지 않는다.
T10-12	등, 복부, 늑간근을 완전히 제어할 수 있으며, 필요에 의해 휠체어를 사용하지만 다리용 장브레이스와 때때로 클러치를 사용하여 이동한다.
L1-3	고관절 유연성과 대퇴 굴곡능력이 있으며, 다리용 단브레이스, 지팡이, 클러치를 사용하여 독립적으로 걸을 수 있다.
S-1	무릎을 굴곡시키고 양 발을 들어올릴 수 있다. 클러치를 사용하여 걸을 수 있지만, 발목 브레이스와 정형외과용 신발이 필요할 수 있다.

C=경추, T=흉추, L=요추, S=천추 (김의수, 2001)

표 11-4. 척수장애인에게서 발생할 수 있는 손상의 원인과 예방법(Curtis, 1982)

연조직 손상
원인	1. 인대의 열상 및 과도 신전(추락, 물리적 접촉) 2. 장기간 근육과 건의 혹사 3. 충분한 준비운동 없이 과도한 운동 실시
예방법	1. 매 운동 시 규칙적으로 스트레칭, 준비운동 및 정리운동을 실시한다. 2. 컨디셔닝 프로그램 시 점진적으로 강도를 증가시킨다. 3. 손상이 오래된 경우, 안정성을 제공하기 위해 테이핑을 하거나 부목을 사용한다.

물집
원인	1. 휠체어 림과의 접촉에 의한 피부 견인 및 자극 2. 휠체어 등받이 기둥의 끝 부분과 피부의 마찰에 의한 과민반응
예방법	1. 손가락 테이핑을 한다. 2. 장갑을 착용한다. 3. 좌석 기둥 부분에 패드를 댄다. 4. 휠체어 등받이에 피부가 직접 닿지 않도록 셔츠를 착용한다.

찰과상/열상/자상
원인	1. 팔걸이나 림의 금속부분 또는 브레이크에 손가락들이 과도하게 마찰 2. 다운 스트록 시 육상경기용 휠체어 바퀴와 팔 안쪽의 접촉 3. 바퀴 사이에 손가락이 낌(예: 휠체어농구)
예방법	1. 브레이크를 제거한다. 2. 상판에 보호용 커버를 하거나 옷을 입는다. 3. 농구용 휠체어 바퀴에 캠버를 장착한다.

욕창성 궤양/압통
원인	1. 의자와의 마찰로 선골과 둔부에 가해지는 전단력이나 압력으로 인한 무감각화 2. 둔부보다 무릎이 높게 설계된 육상경기 트랙용 휠체어 3. 땀과 습기
예방법	1. 둔부에 적절한 쿠션이나 패드를 댄다. 2. 둔부의 피부를 자주 관찰한다. 3. 압력을 경감시키기 위해 체중을 자주 옮긴다. 4. 충분한 영양을 섭취하고 위생에 주의한다. 5. 습기를 흡수하는 의복을 착용한다.

체온조절
원인	1. 무덥거나 추운 환경에 노출(특히, 체온조절과 발한기전이 없는 척수장애의 경우 문제가 발생함) 2. 부적절한 음료수 섭취/과도한 수분 손실
예방법	1. 무덥거나 추운 날씨에 적절한 의복을 착용한다. 2. 음료수 대신 물을 마신다. 3. 체온조절이 원활하도록 시원한 수건을 덮어준다. 4. 그늘로 이동하거나 덮개를 이용하여 노출을 최소화한다.

(2) 원인

외상성 척수장애의 주요 5가지 원인은 교통사고(47.7%), 추락 또는 낙상하는 물체에 의한 충돌(20.8%), 총상이나 자상과 같은 폭력피해(14.6%), 다이빙, 미식축구와 같은 스포츠·여가활동(14.2%), 기타 손상(2.7%)이다. 척수손상은 대부분 16~30세 사이의 청년층에서 발생하며, 이 중 82%가 위험 가능성이 높은 활동에 참가하는 남성들이다. 척수장애가 발생할 수 있는 손상의 원인과 예방법은 표 11-4와 같다.

(3) 특성

척수장애인들은 중추 신경의 손상으로 손상된 부위 이하의 몸통과 사지에 근마비(paralysis), 불완전 마비(parapsis), 경련(spasticity) 등이 발생하여 운동기능을 상실하게 됨으로써 이로 인해 좌업생활을 주로 하게 되며, 재활 운동을 지속적으로 실시하지 않으면 작업능력의 감소가 필연적으로 야기되고 있다. 또한 휠체어에 의존하여 이동해야 하는 대부분의 척수장애인들은 약간의 일상적인 활동을 제외하고는 유산소성 능력을 향상시킬 만한 활동을 하지 못하므로 체력이 저하되며, 재활이 되었다고 하여도 일상생활의 활동량 정도로는 심폐 기능에 자극을 줄 만큼의 운동량에 이르지 못해 운동 효과를 얻기가 상당히 어렵거나 거의 없는 편이다(권영수, 1995). 일반적으로 이들은 공통적으로 ① 방광과 소화기관의 조절문제, ② 비정상적인 근수축, ③ 골다공증, ④ 비뇨기 감염, ⑤ 배변문제, ⑥ 욕창, ⑦ 근육의 경직, ⑧ 근육 경련, ⑨ 낮은 에너지 소비로 인한 비만증 등의 문제가 있다(한국장애인복지체육회, 1994). 이외에도 신체활동 프로그램을 참여하는데 영향을 미칠 수 있는 문제들은 다음과 같다(김의수, 2001).

① 심동적 영역
- 일반적으로 척수손상 직후에 척추쇼크를 보여 손상부위 이하에 반사가 나타나지 않으며, 보통 몇 달 안에 완전한 반사는 아니더라도 반사능력을 찾게 되는데, 이것이 가끔 불수의적인 근육활동을 일으킬 수 있다.
- 경추와 흉추에 손상을 입은 대부분의 사람들은 간헐적으로 근경련을 일으킬 수 있다. 따라서 이러한 증상이 심할 경우에는 기타 의학적인 치료가 필요하다.
- 장기간 정적인 자세로 있기 때문에 근육들이 지속적으로 짧아지는 경향을 보인다(구축). 이에 따라 정상적인 근육 길이를 유지하기 위해 유연성 운동이 필요하다.
- 자세결함, 특히 척추측만증이 나타날 수 있으며, 구축과 같이 운동프로그램이 추천되며 약화된 근육군을 강하게 하고 경직된 근육군을 신전시키는 운동을 해야 한다.
- 신체활동의 제한이나 활동의 부족으로 척수가 손상된 많은 학생들은 과체중이나 비만이 되기 쉽기 때문에 신체활동 프로그램을 지속적으로 실시해야 하며, 활발한 활동과 함께 식이요법도 병행해야 한다.

② 정의적 영역
- 우울증, 노여움, 가족과 친구들이 무관심하다는 느낌, 거부당하는 것에 대한 공포감 등의 기분이 드는 경우가 많은데, 휠체어 스포츠는 심리적 만족감을 향상시킬 수 있는 좋은 방법이다.

(4) 척주와 척수신경

척수신경은 척수에서 일정한 간격으로 나오는 위치에 따라서 경수, 흉수, 요수, 천수로 나뉘며, 경수에서 나온 경신경을 경신경(8쌍)이라 하고 이하 흉수에서 흉신경(12쌍), 요수에서 요신경(5쌍), 천수에서 천골신경(5쌍), 미골 신경(1쌍)으로 총 31쌍의 척수신경이 있다. 이들 척수신경은 몸통이나 사지에 일어나는 반사 운동을 조절·통합하는 작용을 하며, 뇌로부터 전달되는 신경의 통로 역할을 한다.

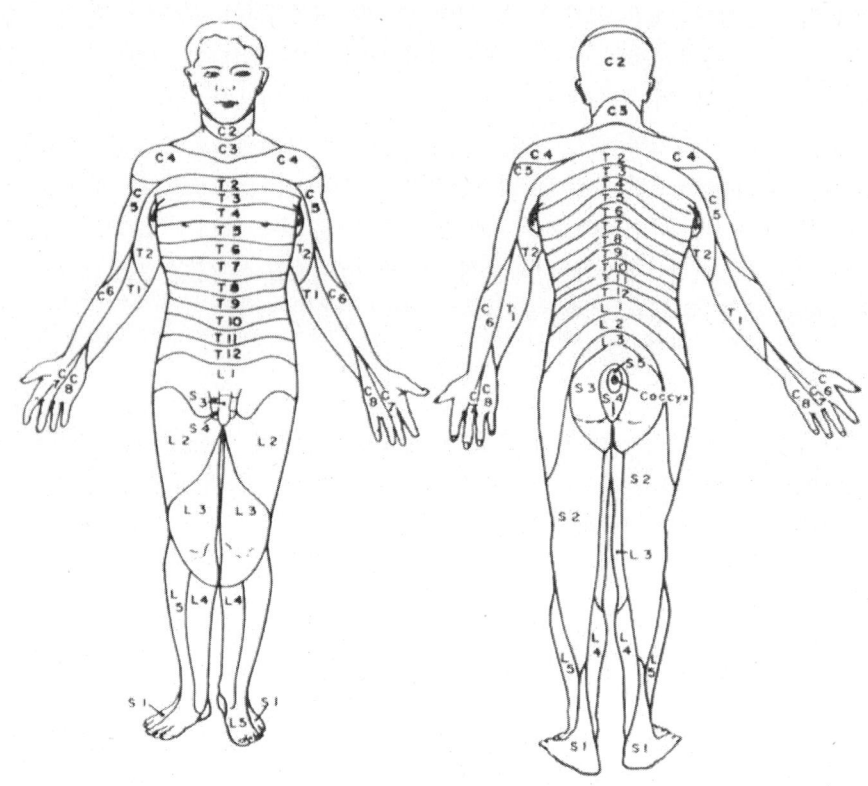

그림 11-2. 척수신경의 피부 분포(Sherrill, 1998)

보치아

보치아는 고대 그리스의 공던지기 경기에서 유래되어 로마 제국 전역에서 성행하였으며, 후에 론볼이나 나인볼 등으로 발전되었다. 보치아는 CP-ISRA가 처음으로 경기를 소개하였고, 1982년 덴마크 국제 경기에서 국제 경기 종목으로 부상되어 1988년 서울파랄림픽 대회에서 정식 종목으로 채택되었다.

1. 특성과 효과

보치아는 빨간 공을 가진 편과 파란 공을 가진 편으로 나누고, 흰색의 표적구에 가깝게 많은 공을 보내는 편이 이기는 게임이다. 보치아공을 표적구를 향해 보낼 때에는 손, 발, 홈통을 이용한다. 보치아는 뇌성 마비 C1, C2 등급이 참가하는 경기로 중증 뇌성 마비인들에게 운동할 수 있는 기회를 주며, 스트레스를 풀 수 있게 해 준다. 신체적으로는 올바른 자세 확립과 잡기, 던지기, 굴리기 등의 기술 습득, 대근육 운동과 소근육 발달을 통한 신경 발달, 눈과 손의 협응력을 통한 감각 등 신체 발달과 근육 제어의 향상을 가져온다. 인지적으로는 수 개념과 공간 지각을 발달시키며, 심리·사회적으로는 주의 집중력과 사회성을 기를 수 있는 운동이다.

2. 경기 방법과 규칙

개인 경기와 2인 1조 경기는 4회, 단체전은 6회로 이루어지며, 개인 경기 선수는 3번과 4번 던지기 구역에서 경기하고, 단체 경기는 1·3·5번(홈 사이드), 2·4·6번(어웨이 사이드) 던지기 구역을 사용하여 경기한다. 선수들은 공을 경기장 안으로 던지거나, 굴리거나 발로 차서 보낸다. 6개의 파란 공과 6개의 빨간 공을 가지고 표적구를 향해 던진다. 매 회마다 던진 공 가운데 표적구를 중심으로 상대방보다 더 표적구에 가까이 있는 공의 수가 득점이 된다. 6회를 실시한 후 점수를 합산하여 많은 득점을 한 팀이 승리한다.

■ 보치아 장애별 경기 종목

구분	BC1	BC2	BC3	BC4	경기 시간 (한 선수 팀당)
개인전	○	○	○	○	BC 1·2·4→5분 BC 3→6분
2인 1조			○		8분
단체전	○	○			6분

(1) 경기방법
- 개인전에서 1매치는 4엔드로, 단체전의 1매치는 6엔드로 구성되어 있으나 타이브레이크의 경우에는 예외로 한다.
- 심판이 동전을 던져 이긴 팀은 홈 사이드와 어웨이 사이드 중 어느 것을 할 것인지를 결정한다. 홈 투구 구역에는 빨간 공, 어웨이 투구 구역에는 파란 공을 준다.
- 표적구를 포함한 어떠한 공도 경계선에 닿거나 넘어가면 코트를 벗어난 것으로 간주한다. 만일, 선수가 표적구를 던져 코트 밖으로 나가면 표적구의 투구는 일렬로 있는 다음 선수에게 넘어간다.
- 선수가 불수의 행동으로 인해 공을 떨어뜨렸다면 심판은 그 공을 다시 던지도록 허용하며, 횟수에는 제한이 없다(시간 측정 계속).
- 표적구를 던진 선수가 반드시 제1구를 던진다.
- 한 사이드는 첫 번째 공이 코트 내에 위치하거나 모든 공이 다 던져질 때까지 공을 계속 던질 수 있다.
- 반대 사이드는 이미 공을 던진 사이드의 공 가운데 표적구에 가장 근접한 공보다 더 가깝게 던졌거나 모든 공을 다 던질 때까지 계속 던질 수 있다.
- 둘 이상의 공이 표적구로부터 같은 거리에 있게 되면, 반드시 마지막 공을 던진 사이드가 다시 던져야 한다.
- 경기 중 표적구가 코트 밖으로 나가게 되면 코트 중앙의 대체 표적구 표시에 표적구를 가져다 놓는다.

(2) 경기장의 진입
 게임이나 엔드를 끝내고 점수를 검산할 때 이외에 선수가 경기장 안으로 들어올 수 있는 경우는 자신이 던질 차례일 때 뿐이다.

(3) 득점
 표적구를 중심으로 상대방의 공보다 자신의 공이 표적구에 더 가까이 위치한 때의 공의 수가 득점이 된다. 예를 들어, 표적구에 가장 가까운 파란 공보다 빨간 공 두 개가 근접해 있다면, 빨간 공이 2점을 득점하게 된다. 만약, 표적구를 중심으로 두 공이 같은 거리에 있을 경우에는 1:1이 된다.

(4) 타이브레이크
 엔드가 모두 끝난 후 득점이 같은 경우 타이브레이크를 실시한다. 타이브레이크는 1회의 엔드 경기로, 표적구를 대체 표적구 표시에 놓고 동전 토스로 공을 던질 선수(팀)을 결정한다.

(5) 패널티 규정

공을 던지는 동작 중 신체의 일부, 휠체어의 일부 또는 보조 장치가 코트와 접촉하였을 경우, 심판의 허락 없이 코트 안으로 들어가는 경우, 마지막 투구 동작 시 휠체어 둔부가 최소한 한 부위이상 닿아 있지 않을 경우 벌칙 공이 주어지며, 투구된 공은 제거된다.

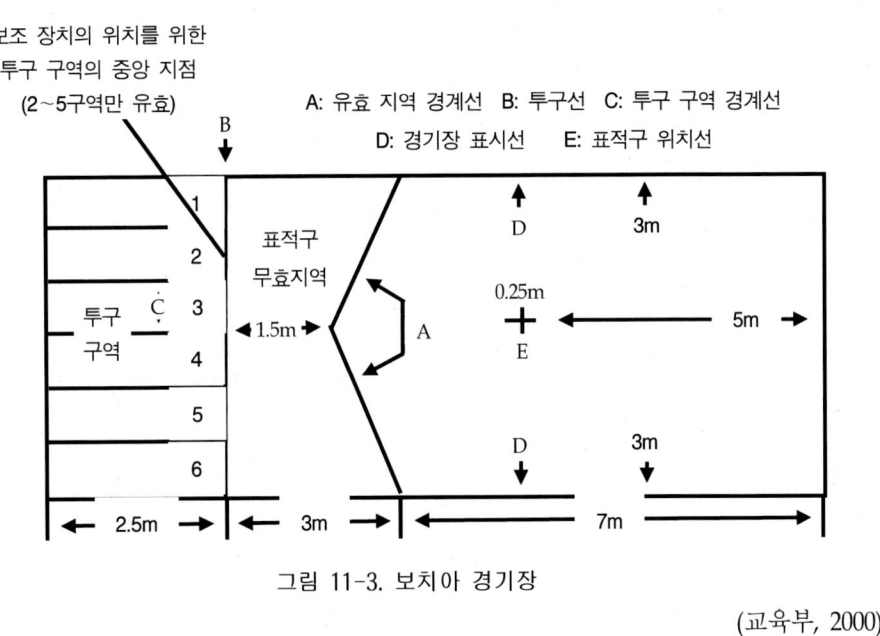

그림 11-3. 보치아 경기장

(교육부, 2000)

☞ 생각해 봅시다 !!

1. 일상생활에서 부딪히는 상황에서 지체장애 체험을 해 봅시다(예: 다리에 붕대 감고 계단 오르기, 손에 붕대 감고 식사하기 등).

참고문헌

곽승철(1987). **CMMS에 의한 뇌성마비아의 지적 능력**. 대구대학교 대학원 석사학위 논문.
교육부(2000). **특수학교(지체부자유) 체육 교사용 지도서**. 용인대학교 특수체육연구소.
권영수(1995). 척수 장애인의 심폐 적성 측정을 위한 운동부하 방법의 비교 분석. 서울대학교 대학원 석사학위 논문.
김의수(2001). **특수체육**. 서울: 무지개사.
김의수(2003). 장애아동 체육교실 프로그램(가제). 미발행.
이인경, 최승권(1998). 뇌성마비 등급분류와 경기규정(7판). 한국뇌성마비복지회.
장애인복지법시행규칙. 보건복지부령 제424호(2007. 12. 28).
장애인복지법시행령. 대통령령 제20323호(2007. 10. 15).
특수교육진흥법시행령. 대통령령 제 15967호(1998. 12. 31).
한국뇌성마비복지회(2000). 뇌성마비에 관하여 모든 사람이 알아야 할 것은?
한국보건사회연구원(2001). **2000년도 장애인 실태조사**.
Curtis, K. A. (1982). Athletic injuries. *Sports 'n' Spokes, 7*(5), 20-24.
Federal Register, September 29, 1992. Vol. 57, No. 189, *The Individuals with Disabilities Education Act*.
Jennett, B., & Teasdale, G. (1981). *Management of head injuries*. Philadelphia: FA Davis.
Kreutzer, J. S., Zasler, N. D., Camplair, P. S., & Leininger, B. E. (1990). A practical guide to family intervention following adlut traumatic brain injury. In J. S. Kreutzer and P. Wehman(Eds.). *Community integration following traumatic brain injury*. Baltimore: Brookes, 249-273.
Sherrill, C. (1998). *Adapted physical activity, recreation, and sport: Cross-disciplinary and lifespan(5th ed.)*. Boston: WCB/McGraw-Hill.
Talbott, R. (1989). The brain-impaired person and the family. In R. Wood & P. Eames, *Models of brain injury rehabilitation*. Baltimore: Johns Hopkins University Press. 3-16.
The National Head Injury Foundation(1986). *Annual Report*.
Tomberlin, J. (1990). Physical therapy in community reentry. In J. S. Kreutzer and P. Wehman(Eds.). *Community integration following traumatic brain injury*. Baltimore: Brookes, 29-46.
United Cerebral Palsy Associations, Inc. (1998). *Cerebral palsy-Facts and figures*. Washington, DC: Author.

제 12 장

장애인 스포츠

1. 장애인 스포츠의 이해
2. 장애인 스포츠의 발전과정
3. 국내 장애인 스포츠의 전망

1988년 서울 장애인올림픽대회(Paralympics)를 기점으로 우리 나라의 장애인 스포츠는 외형적인 면에서 많은 발전을 가져왔다. 장애인올림픽대회에서 지속적으로 중·상위권을 유지하고 있으며, 국제 대회의 참가 기회가 확대되고 우수 선수에 대한 연금지급, 이에 따른 재정지원도 조금씩 증가하고 있는 추세에 있다. 이러한 예로, 지난 시드니 장애인 올림픽대회에서 우리 나라는 123개 참가국 중에 9위를 차지했고, 15개의 세계기록을 경신하며 역대 대회사상 가장 좋은 성적을 거두었다. 하지만 이러한 외형적인 성과에도 불구하고 우리의 장애인 스포츠의 환경은 일반체육에 비하여 지극히 열악한 실정에 놓여 있는 것이 사실이다. 본 장에서는 특수체육의 영역 중에 전문 스포츠(엘리트체육)를 이해하고, 장애인 스포츠의 역사와 발전과정을 살펴본다.

1. 장애인 스포츠의 이해

1) 장애인 스포츠의 정의

장애인들이 스포츠 세계에 진출하면서 장애인들과 관련된 새로운 용어들이 많이 생겨났다. 그 중에서 자주 사용되는 용어에는 장애인 스포츠(handicapped sport), 장애인을 위한 스포츠(sport for the disabled), 적응 스포츠(adapted sport), 장애인 스포츠(disabled sport), 휠체어 스포츠(wheelchair sport), 청각장애인 스포츠(Deaf sport) 등을 들 수 있다. 이러한 용어들은 대개 장애인을 위해 만들어진 스포츠의 배경을 암시하거나 장애의 종류를 구체적으로 가리키고 있다.

그러나, 이런 용어들은 장애인 선수들이 참여하는 스포츠, 즉 장애인 선수들만 특별히 참가하는 스포츠와 장애인들과 일반인들이 함께 참여하는 스포츠의 광범위한 실체를 적절히 설명하지 못하고 있다. 여기에서 스포츠(sport)라는 용어가 단독으로 사용되었을 때는 가장 분명한 의미의 스포츠를 가리킨다. 보다 구체적으로 말하자면 경쟁스포츠를 의미하기 위해 이 용어를 사용하고 있다는 것이다.

물론 유럽 등 다른 나라에서 사용되고 있는 스포츠라는 용어는 경쟁 스포츠보다 훨씬 많은 의미를 포함하고 있지만, 여기에서는 신체장애, 감각장애, 정신지체를 가진 장애인 선수들을 위한 스포츠, 즉 장애인 스포츠에만 초점이 맞추어져 제한적인 의미로만 사용되고 있다.

우리는 일반적으로 장애인 선수들을 위해 만들어졌거나 장애인 선수들만 특별하게 행해온 스포츠를 언급할 때 '장애인 스포츠'라는 용어를 사용했다. 장애인 스포츠에는 시각장애인을 위한 골볼(goalball), 휠체어를 사용하는 장애인을 위한 휠체어농구, 하지장애인을 위한 좌식 배구(sitting volleyball)와 같이 특정 장애인 집단을 위해 만들어진 스포츠가 있다.

또한, 장애인 스포츠에는 장애인들이 참여할 수 있도록 수정되거나 변형된 스포츠(휠체어테니스, 휠체어농구 등)와 일반 스포츠와 마찬가지로 아무런 변형도 없이 장애인들이 참여할 수 있는 스포츠(육상, 레슬링, 수영 등)가 포함된다. 장애인 스포츠(disabled sport) 혹은 장애인을 위한 스포츠(sport for the disabled)라는 용어는 여기에서 말하는 장애인 스포츠(disability sport)와 동일한 의미를 갖는 용어로서, 이제까지 사용되어 왔고 아직도 각종 문헌에서 빈번하게 사용되고 있는 용어이다.

이러한 상황 속에서 장애인 스포츠(disability sport)라는 용어가 선호되는 이유는 스포츠가 장애가 될 수 없으며, 또 "장애인을 위한(for the disabled)"이라는 용어는 사람에게 우선적인 가치를 두는 용어가 아니기 때문이다.

2) 장애인 스포츠의 가치

1948년 척수장애인경기대회를 제창하여 오늘날의 장애인 스포츠를 활성화시킨 Ludwig Guttmann박사는 '신체장애인을 위한 스포츠'라는 저서에서 장애인이 스포츠 활동에 참여해야 하는 이유를 다음과 같이 제시하였다.

(1) 치료행위로서의 가치

장애인에게 스포츠는 가장 자연스러운 치료형태이며, 근력, 신체의 조화, 스피드 및 인내력과 같은 체력의 증진에 있어서도 매우 큰 가치를 지닌다. 특히, 지체장애인은 스포츠경기 참여를 통한 자신과의 투쟁과정에서 골절, 절단 및 마비 발생 후 회복단계의 초기과정에서 흔히 나타나는 피로감을 극복할 수 있게 되며, 장애로 인한 신체의 제한요소를 최소화할 수 있게 된다.

(2) 레크리에이션 및 심리학적 가치

치료요법으로서 스포츠는 레크리에이션으로서의 가치를 지닌다. 즉, 장애인 스포츠의 레크리에이션적 가치는 모든 인간이 기본적으로 타고난 스포츠 활동에 대한 정열과 삶의 즐거움을 추구하는 욕구를 회복시키는 동기유발이 가능하다는데 있다. 레크리에이션은 장애인으로 하여금 자신의 육체적 결함을 거부하지 않도록 하는 심리적 안정감을 제공하며, 이와 더불어 스포츠 참여를 통한 신체활동은 그들에게 자신감, 자존심, 자기 억제 및 경쟁심, 동료애를 북돋아 줄 수 있다.

(3) 사회통합 수단으로서의 가치

장애인 스포츠의 가장 중요한 목적은 사회 통합적인 측면에서 장애인을 자신의 이웃과 더불어 생활할 수 있도록 하는데 있다. 스포츠 참가를 통해 장애인은 자기극복, 자존, 동료간의 우애 등 사회통합에 필요한 정신자세를 함양할 수 있으며, 일반인과 함께 즐길 수 있는 스포츠 활동은 일반인과 장애인간의 상호이해를 증진시키는데 중요한 역할을 할 수 있다.

다음에 제시되는 내용은 실제로 미국에서 실시되고 있는 Challenger Baseball League에 대한 것이다. 이 내용은 장애인 스포츠의 가치를 이해하는데 도움이 될 것이다.

기존의 조직화된 스포츠는 특정한 어린이들(일반, 남자, 백인, 중상층)에 의해서만 사회적으로 구조화되어 왔다. 때문에 조직화된 스포츠에 장애를 가진 이들이 다가가기는 매우 힘들었다. 그러나 오늘날 장애를 가진 이들에게서도 개인적으로 의미 있고, 가족의 모든 구성원들의 만족을 가져다 줄 수 있는 스포츠가 요구되었고, 이를 위해 대안적 형태의 스포츠를 구성하려는 사람들이 늘어나고 있다. Challenger Division Baseball은 이러한 대안적 스포츠의 한 형태이다. Challenger Division Baseball의 철학은 5세에서 21세까지의 장애를 가진 모든 청소년들에게 또래들과 마찬가지로 지역 야구장의 다이아몬드 위에서 유니폼을 입고 팬들의 환호를 받으며, 미국 야구의 오랜 전통을 경험할 수 있는 기회를 제공하고자 하는 것이다.

Challenger baseball은 일반 야구의 대용으로 만들어 졌다기보다는 야구를 하기 위해 친구들의 도움을 필요로 하고, 전통적인 야구 규칙의 변형을 필요로 하는 어린이들과 가족들을 위해 만들어 졌다. 경기 규칙은 다음과 같이 변형되었다.

① 점수는 기록되지 않는다. 공수의 교대는 등록된 선수들의 반수가 타격을 한 후에 이루어진다.
② 선수들은 능력에 따라 batting tee 또는 코치의 투구를 사용하여 타격을 할 수 있다. 만약 선수가 코치의 투구를 선택하여 세 번의 타격 기회를 실패하였을 때에는 batting tee로 교체하여 타격을 실시한다. 삼진아웃과 사구는 허용되지 않는다.
③ 선수들은 기본적으로 나이와 능력에 따른 단계에 배치된다.
④ 선수들은 루 상에서 아웃되는 것에 상관없이 남아있게 되고 모든 루를 뛰게 된다(prep 단계와 minor 단계).
⑤ 인지 또는 신체적인 도움을 필요로 하는 선수들에게는 또래들의 보조가 허용된다(prep 단계와 minor 단계). 또래 보조자들은 선수들이 가능한 독립적으로 경기에 참여할 수 있도록 격려하는 방법을 훈련받는다. 또래 보조자의 배치는 선수들과의 관계가 일상생활 속에서 일반화될 수 있도록 동일 연령대 간에 이루어질 수 있도록 한다.
⑥ 14세에서 21세 사이의 청소년들이 참여하는 senior 단계의 경기는 일반 청소년들과 장애를 가진 청소년들을 한 팀으로 구성하도록 하는 특수올림픽 모델을 따르도록 한다.

Challenger baseball에 참여하는 가족들과 감독들은 유소년 야구 협회 규정(1997)에 의해 장애 특성과 능력에 따라 경기규칙을 변형하여 사용할 수 있다. 협회의 이러한 규정에 의해 prep, minor, major 그리고 senior 단계는 각 단계의 특성에 따라 변형된 경기규칙을 갖게 된다. 그리고 협회의 규정에 따라 각 지역은 필요에 따라 유소년 야구 협회 산하의 Challenger 리그를 만들 수 있는 자유가 허용된다.

Castaneda과 Sherrill(1999)은 Texas주의 Arlington 지방의 Challenger League를 대상으로

Challenger Baseball의 참여가 가져다 준 사회적 의미를 비판적 이론에 근거하여 연구하였다. 연구자들은 리그에 참여한 15가족을 대상으로 질적 연구를 실시한 결과, 대상 가족들은 리그 참여를 통해 1) 신체활동의 재미와 즐거움, 2) 동등한 기회부여에 의한 정상화 체험(feeling normalcy), 3) 대상 가족들에 대한 사회적 연계와 감성적 지원, 4) 야구의 지식과 기술 습득, 5) 또래들과의 사회적 상호작용에서 의미 있는 성과를 거두었다고 답하였다.

Challenger League의 성과 중 '신체활동의 재미와 즐거움'과 '동등한 기회부여에 의한 정상화 체험'에 주의를 기울여야 할 것이다. 이는 Challenger League가 '문화'로서의 야구를 전달하고자 하는 목적을 충실히 달성하였으며, 이를 통해 참여자들이 신체활동의 본질적 가치를 향유하고 야구라는 문화현상에 동참할 수 있었음을 뜻하기 때문이다.

Challenger League가 '신체활동의 즐거움'과 '동등한 기회부여에 의한 정상화 체험'이라는 값진 성과를 이룰 수 있었던 요인으로 대상자들은 '점수를 기록하지 않는' 변형을 들었다. 혹자는 경쟁이 제외된 신체활동은 스포츠로 정의될 수 없으며, 이들이 경험한 것은 진정한 의미의 스포츠가 아니라고 비판할 수 있다. 그러나 대상자들은 대화를 통해 "점수에 부담을 느끼지 않았기 때문에 아이들이 야구를 즐길 수 있었다"라고 말하며, 승패와 경쟁을 강조한 전통적인 방식의 스포츠에서 느낀 차별과 소외를 토로하였다. 연구자는 대상자들의 이러한 요구를 '전통적 질서와의 갈등'으로 정의하며, 이러한 과정은 자유와 역량강화(empowerment)를 위한 긍정적인 과정으로 설명하였다. 즉, '점수를 기록하지 않는' 변형은 스포츠의 본질을 부정하고자 함이나 장애를 가진 이들에게 대안적 신체활동을 제공하는 것을 목적으로 하지 않는다. 다만 '점수를 기록하지 않는' 변형은 우리가 절대적이라고 믿었던 가치조차도 필요에 의해서는 변화가 가능하다는 것을 뜻하며, 그 변화의 결과는 매우 긍정적으로 나타났다.

결론적으로, Challenger League는 신체활동이라는 사회적 환경에 개인이 상호 작용하도록 하는 생태학적 관점의 노력으로 대변된다. 그리고 그 노력은 우리가 반성하고자 한 신체활동 그 본질가치의 충실한 이행과 자연스러운 '정상화'라는 결과를 가져다주었다. 이러한 Challenger League의 철학과 방법적 측면은 우리가 추구해야 할 신체활동의 모습을 보여준 매우 실제적인 예로 평가될 수 있을 것이다.

2. 장애인 스포츠의 발전과정

스포츠 측면에서 특수체육의 역사와 발전은 각종 국내대회 개최 및 국제대회 참가 현황, 관련 경기 단체의 현황 등을 통해 파악할 수 있다. 특히, 서울장애인올림픽대회 조직위원회의 해체 후 설립된 한국장애인복지체육회(2000년 한국장애인복지진흥회로 개칭)가 전국장애인체육대회 개최, 장애별·종목별 경기대회 지원, 생활체육 활성화 등의 역할을 담당하고 있었지만, 2005년 11월 대한장애인체육회가 설립되면서 장애인스포츠가 또 다른 변혁의 시대를 맞이하고 있다.

1) 전국장애인체육대회

1981년 UN이 정한 세계장애인의 해를 맞이하여 개최되기 시작한 제1회 전국장애인체육대회는 한국장애인재활협회가, 2회부터 4회까지는 한국장애인재활협회와 문화방송이 공동 주최하였다. 이후 5회부터 7회까지 1985년 발족한 서울 장애인올림픽 조직위원회가 대회준비의 일환으로 주관을 하였고, 장애인올림픽이 열린 1988년을 제외하고 1989년 이후 2005년까지 한국장애인복지체육회가 주최·주관하였으며, 2006년 이후에는 새로 발족된 대한장애인체육회가 주최하고 있다. 또한, 장애인체육의 홍보와 질적 수준 향상, 시도 간 균형발전을 위해 2000년 인천, 2001년 부산 개최 등 전국 순회개최를 하고 있다(전혜자, 2001; 한국장애인복지진흥회, 2003).

표 12-1. 전국장애인체육대회 개최 현황

횟수	기간	장소	종목	선수단 계	선수	임원	대상	주최
제1회	'81. 10. 2 ~10. 4	정립회관, 현대건설운동장, YMCA체육관	5개 종목	1,011	761	250	전장애인	한국장애인 재활협회
제2회	'82. 10. 11 ~10. 12	여의도체육공원, YMCA체육관, 서울여상, 정립회관	7개 종목	1,295	945	350	전장애인	한국장애인 재활협회, 문화방송
제3회	'83. 9. 15 ~ 9. 16	여의도체육공원, 서울여상, 현대건설운동장, YMCA체육관, 정립회관	7개 종목	1,140	860	280	전장애인	한국장애인 재활협회, 문화방송
제4회	'84. 10. 24 ~10. 25	여의도체육공원, 정립회관, 보훈병원, 서울운동장, 유도회관	8개 종목	1,507	1.157	350	전장애인	한국장애인 재활협회, 문화방송
제5회	'85. 10. 19 ~10. 20	성남공설운동장, 민정당정치연수원, 보훈병원, 정립회관	7개 종목	1,624	1,224	400	전장애인	서울 장애인 올림픽대회 조직위원회
제6회	'86. 10. 11 ~10. 13	잠실종합운동장, 올림픽공원, 태릉국제사격장, 민정당정치연수원	9개 종목	1,733	1,314	419	전장애인	서울 장애인 올림픽대회 조직위원회
제7회	'87. 9. 19 ~9. 22	올림픽공원, 잠실종합운동장, 상무종합운동장, 정립회관, 보훈병원, 민정당정치연수원	16개 종목	1,932	1,500	432	전장애인	서울 장애인 올림픽대회 조직위원회
제8회		제8회 서울장애인올림픽대회 관계로 개최하지 않음						

회차	기간	장소	종목	계	남	여	대상	주최
제9회	'89. 10. 15 ~10. 17	올림픽공원펜싱경기장 (개회식), 성남공설운동장, 상무종합경기장, 태릉국제사격장, 정립회관체육관, 민정당정치연수원	16개 종목	1,469	1,129	340	전장애인	한국장애인복지체육회
제10회	'90. 5. 24 ~ 5. 26	올림픽공원펜싱경기장 (개회식), 상무종합운동장 (경기, 폐회식), 문무대종합행정학교 (선수촌)	15개 종목	1,443	1,052	391	전장애인	한국장애인복지체육회
제11회	'91. 5. 22 ~ 5. 24	올림픽공원(개회식), 상무종합경기장 (경기, 폐회식), 학생중앙군사학교 (선수촌)	16개 종목	1,588	1,189	399	전장애인	한국장애인복지체육회
제12회	'92. 5. 7 ~ 5. 9	올림픽공원(개회식), 상무종합경기장 (경기, 폐회식), 학생중앙군사학교 (선수촌)	16개 종목	1,708	1,304	404	전장애인	한국장애인복지체육회
제13회	'93. 5. 25 ~ 5. 27	상무종합경기장 (경기, 개·폐회식), 학생중앙군사학교 (선수촌)	16개 종목	1,637	1,222	415	전장애인	한국장애인복지체육회
제14회	'94. 5. 14 ~ 5. 16	상무종합경기장 (경기, 개·폐회식), 학생중앙군사학교 (선수촌)	16개 정식 종목, 1개 시범 종목	1,733	1,310	423	전장애인	한국장애인복지체육회
제15회	'95. 5. 23 ~ 5. 25	국군체육부대 (경기, 개회식), 학생중앙군사학교 (선수촌, 폐회식)	17개 종목	1,695	1,276	419	전장애인	한국장애인복지체육회
제16회	'96. 5. 14 ~ 5. 16	국군체육부대 (경기, 개회식), 학생중앙군사학교 (선수촌, 폐회식)	17개 종목	1,740	1,305	435	전장애인	한국장애인복지체육회
제17회	'97. 5. 20 ~ 5. 22	국군체육부대 (경기, 개회식), 학생중앙군사학교 (선수촌, 폐회식)	17개 종목	1,756	1,340	416	전장애인	한국장애인복지체육회

회차	기간	장소	종목	참가인원			대상	주최
제18회	'98. 5. 19 ~ 5. 21	국군체육부대 (경기, 개회식), 학생중앙군사학교 (선수촌, 폐회식)	17개 종목	1,744	1,312	423	전장애인	한국장애인 복지체육회
제19회	'99. 5. 25 ~ 5. 27	국군체육부대 (경기, 개회식), 학생중앙군사학교 (선수촌, 폐회식)	17개 종목	1,766	1,334	432	전장애인	한국장애인 복지체육회
제20회	'00. 6. 13 ~ 6. 15	인천종합경기장 외 16개 종목별 경기장	17개 종목	1,867	1,375	492	전장애인	한국장애인 복지진흥회
제21회	'01. 5. 9 ~ 5. 11	부산구덕운동장 외 16개 종목별 경기장	17개 종목	2,020	1,500	520	전장애인	한국장애인 복지진흥회
제22회	제22회 대회는 한일월드컵축구대회, 아시안게임, 부산아태장애인경기대회 등으로 개최되지 않음							
제23회	'03. 5. 14 ~ 5. 16	충남전안종합경기장외 12개 경기장	17개 종목	2,020	1,500	520	전장애인	한국장애인 복지진흥회
제24회	'04. 5. 11 ~ 5. 14	전북전주종합경기장외 12개 경기장	17개 종목	2,291	1,656	635	전장애인	한국장애인 복지진흥회
제25회	'05. 5. 11 ~ 5. 13	충북청주종합경기장외 18개 경기장	18개 종목	2,586	1,885	701	전장애인	한국장애인 복지진흥회
제26회	'06. 9. 12 ~ 9. 15	울산광역시 일원(주경기장: 울산종합운동장)	18개 종목, 1개 시범종목, 3개 세부시범종목	2,462	2,010	452	절단 및 기타장애, 척수장애, 뇌성마비, 시각장애, 정신지체, 청각장애	대한장애인 체육회

(www.kosad.or.kr 대한장애인체육회 홈페이지, 2008)

2) 장애인올림픽대회

스포츠를 통한 국가 간의 우정과 이해의 증진을 바탕으로 인류의 평화에 이바지하고자 하는 올림픽 정신과 이념을 기초로 하여 장애인의 복지 수요를 충족시킬 수 있는 내용을 조화시킨다는 기본이념을 바탕으로 한 장애인올림픽대회(Paralympics)는 인간의 평등을 확인하는 대회이며, 인간능력의 한계를 뛰어넘는 감격의 대축제이다. 1960년 로마 올림픽대회 때부터 일반 올림픽과 동반 개최되어 오고 있으며, 우리 나라는 1968년 이스라엘 텔아비브에서 열린 제3회 대회 때부터 참가하기 시작하여 1988년에는 서울에서 대회를 개최하였다. 2000년 시드니 장애인올림픽대회에서는 금 18, 은 7, 동 7로 종합 순위 9위의 성적을 거두었고, 2002년 솔트레이크 동계 장애인올림픽에서는 스키 종목에서 일반 대회와 장애인 대회를 통틀어 최초의 은메달을 획득하는 쾌거를 이루었다.

표 12-2. 우리 나라 하계 장애인올림픽대회 입상 성적

회 차	연도	장 소	순위	성적		
				금	은	동
제1회	1960	이탈리아 로마	비출전			
제2회	1964	일본 도쿄	비출전			
제3회	1968	이스라엘 텔아비브	출 전			
제4회	1972	독일 하이델베르크	19위	4개	3개	1개
제5회	1976	캐나다 토론토	27위	1개	2개	1개
제6회	1980	네덜란드 안헴	26위	2개	2개	1개
제7회	1984	미국 뉴욕, 영국 스토크맨드빌	38위	·	·	1개
				·	2개	1개
제8회	1988	한국 서울	7위	40개	35개	19개
제9회	1992	스페인 바르셀로나	10위	11개	15개	18개
제10회	1996	미국 애틀란타	12위	13개	2개	15개
제11회	2000	호주 시드니	9위	18개	7개	7개
제12회	2004	그리스-아테네	16위	11개	11개	6개

(www.kosad.or.kr 대한장애인체육회 홈페이지, 2008)

표 12-3. 우리 나라 동계 장애인올림픽대회 입상 성적

회 차	연도	장 소	순위	성적		
				금	은	동
제1회	1976	스웨덴 오른스퀼드빅	비출전			
제2회	1980	노르웨이 게일로	비출전			
제3회	1984	오스트리아 인스부르크	비출전			
제4회	1988	오스트리아 인스부르크	비출전			
제5회	1992	프랑스 티니	출 전			
제6회	1994	노르웨이 릴레함메르	출 전			
제7회	1998	일본 나가노	출 전			
제8회	2002	미국 솔트레이크	21위	·	1개	·
제9회	2006	이태리-토리노	·	·	·	·

(www.kosad.or.kr 대한장애인체육회 홈페이지, 2008)

3) 특수올림픽대회

1968년 케네디 재단의 지원 아래 미국에서 처음 열린 특수올림픽대회(Special Olympics)는 정신지체인들이 올림픽과 같은 다양한 형태의 운동경기를 통해 성취감을 느끼고 용기를 가지며, 즐거움을 경험하게 함과 동시에 가족 및 참가자들 그리고 지역사회의 구성원들과의 우정을 나눌 수 있는 기회를 제공하는 데 그 목적이 있다. 우리 나라는 1977년 당시 성베드로학교 교장인 성공회 김성수 주교에 의해 처음 소개되었으며, 1978년 5월 한국특수올림픽위원회 발족 후 각종 국제대회 참가 및 국내대회 개최, 세미나 참가 및 개최 등 국내외적으로 활발한 활동을 하였으며, 2002년 4월 사단법인으로 재탄생하여 정신지체인의 체육활동에 주도적인 역할을 하기에 이르렀다. 우리 나라가 최초 출전한 대회는 1978년 5월 제10회 태평양 지구 하와이 하계 특수올림픽대회의 지역대회이며, 하계 특수올림픽대회는 1979년 8월 제5회 뉴욕대회를 시작으로 1999년 6월 제10회 노스캐롤라이나 대회에 연속적으로 참가하였다. 또한 동계 특수올림픽대회는 1997년 2월 제6회 캐나다 토론토 대회를 시작으로 2005년 나가노 대회에 참가하였다.

표 12-4. 우리 나라 하계 특수올림픽대회 참가 현황 및 성적

회차	장소	연도	대회 규모	한국선수단 참가규모	금	은	동
제5회	미국 뉴욕	1979년		4명 (선수 2, 임원 2)	1개	1개	2개
제6회	미국 루이지애나주	1983년		7명 (선수 4, 임원 3)	6개		
제7회	미국 인디애나	1987년		34명 (선수 17, 임원 17)	4개	2개	1개
제8회	미국 미네소타	1991년	90개국 8,203명	52명 (선수 20, 임원 32)	10개	6개	8개
제9회	미국 커네티컷	1995년	143개국 9,565명	40명 (선수 28, 임원 12)	10개	8개	4개
제10회	미국 노스캐롤라이나	1999년	100개국	31명 (선수 24, 임원 7)	14개	8개	13개
제11회	아일랜드 더블린	2003년	150개국	23명	5개	5개	1개

(www.kosad.or.kr 대한장애인체육회 홈페이지, 2008)

표 12-5. 우리 나라 동계 특수올림픽대회 참가 현황 및 성적

회차	장소	연도	대회 규모	한국선수단 참가규모	성적		
					금	은	동
제6회	캐나다 토론토	1997년	73개국 2,000명	14명 (선수 8, 임원 6)	3개	5개	3개
제7회	미국 알라스카	2001년	70개국 1,800명	20명 (선수 10명, 임원 6명, 보호자 4명)	4개	2개	1개
제8회	일본 나가노	2005년	86개국 1,800여명		14개	15개	6개

(www.kosad.or.kr 대한장애인체육회 홈페이지, 2008)

4) 기타 국제대회

장애인올림픽대회와 특수올림픽대회를 제외하고도 현재 많은 국제장애인경기대회가 개최되고 있으나 국제적으로 공인되고 우리와 밀접한 관계에 있는 대회를 소개하면 크게 아시아·태평양 장애인경기대회, 종목별 세계선수권대회, 세계농아인체육대회, 종목별 지역선수권대회 등을 들 수 있다.

(1) 아시아·태평양 장애인경기대회

극동 및 남태평양 장애인경기대회(FESPIC Games; The Far East and South Pacific Games for the Disabled)라고도 불리는 이 대회는 극동지역과 남태평양지역의 여러 나라들이 모여서 약 4년을 주기로 개최되는 경기대회이다. 제1회 대회는 1975년 6월 일본 오이타에서 개최되었으며, 우리 나라는 제2회 대회부터 참가하였다. 제1회 대회이래 매 대회마다 참가규모가 증가하고 있으며 우리 나라는 1994년에 중국에서 개최되었던 제6회 대회에서 대회사상 최초로 종합 3위에 이르는 쾌거를 이룩하였고, 1999년 태국 방콕에서 개최되었던 제7회 대회에서는 종합 4위를 차지하였다. 아울러 2002년 10월 26일에 제8회 대회가 부산에서 개최되었다.

표 12-6. 아시아·태평양 장애인경기대회 역대 대회 현황

횟수	연도	장소	규모	우리 나라 참가 현황	
				규모	성적
1	1975	일본 오이타	8개 종목 18개국 973명	-	-
2	1977	호주 뉴사우드웨일스 파라마타	11개 종목 16개국 430명	선수 6명	금6, 동1
3	1982	홍콩	10개 종목 23개국 744명	선수 11명	금8, 은4, 동3
4	1986	인도네시아 수라카르타	13개 종목 19개국 861명	76명 (선수62, 임원14)	금40, 은19, 동9
5	1989	일본 고베	13개 종목 41개국 1,648명 (선수 1,212, 임원 436)	114명 (선수78, 임원36)	금73, 은29, 동29(종합4위)
6	1994	중국 북경	14개 종목 42개국 2,081명 (선수1,419, 임원 662)	131명 (선수93, 임원38)	금48, 은28, 동17(종합 3위)
7	1999	태국 방콕	15개 종목 42개국 1,700명	137명 (선수104, 임원33)	금31, 은26, 동27(종합 4위)
8	2002	한국 부산	40개국 2,266명		금63, 은67, 동60(종합 2위)
9	2006	말레이시아 쿠알라룸푸르	47개국 3,000명선		금43, 은38, 동52(종합 3위)

(www.kosad.or.kr 대한장애인체육회 홈페이지, 2008)

(2) 종목별 세계선수권대회

종목별로 개최되는 세계선수권대회는 장애인올림픽대회 다음으로 큰 행사이며, 대체적으로 장애인올림픽대회 중간 년도에 개최된다. 2002년 총 14개 종목 중 우리 나라는 휠체어 댄스, 승마, 요트, 휠체어 럭비를 제외한 10개 종목에 참여하였다.

표 12-7. 2002년도 종목별 세계선수권대회 현황

순번	종목	대회일정				대회장소
1	론볼링	4.	15	~	4. 27	호주 아델레이드
2	휠체어펜싱	4.	21	~	4. 28	헝가리 부다페스트
3	보치아	6.	18	~	6. 29	포르투갈 포보아도바짐
4	사격	7.	3	~	7. 13	한국 경기도사격장(화성)
5	육상	7.	20	~	7. 28	프랑스 릴리
6	사이클	8.	3	~	8. 12	독일 알텐스타트
7	탁구	8.	15	~	8. 22	대만 타이페이
8	휠체어농구	8.	21	~	9. 2	일본 키타큐슈
9	좌식배구	10.	24	~	10. 30	이집트 카이로
10	수영	12.	6	~	12. 17	아르헨티나 마델플라타
11	유도	9.	5	~	9. 9	이탈리아 로마
12	휠체어테니스	9.	16	~	9. 23	크로아티아 우마그
13	골볼	8.	31	~	9. 8	브라질 리오데자네로
14	역도	8.	21	~	8. 30	말레이지아 쿠아람푸르

* 기타사항 : 양궁은 2001년 체코대회(종료) / 2003년도 개최예정(장소미정)
　　　　　　개최종목 중 휠체어댄스, 요트, 승마, 휠체어럭비는 불참

(한국장애인복지진흥회, 2003)

(3) 세계농아인올림픽

세계농아인올림픽(Deaflympic)은 4년마다 개최되는 청각장애인을 위한 올림픽과 같은 형태의 국제경기대회로서 스포츠를 통하여 심신을 단련하고 세계농아간의 친목도모와 유대 강화를 목적으로 하고 있다. 참가자격은 국제연맹의 규정에 따른 아마추어로서 잘 들리는 쪽 귀의 청력상실 정도가 55 데시빌 이상인 농아인만이 참가할 수 있으며, 선수의 연령 제한은 없다. 1924년에 프랑스 파리에서 9개국이 참가한 가운데 하계대회가 처음 개최되었고, 우리 나라는 1984년 6월 1일 네덜란드에서 개최된 집행위원회에서 정식회원국으로 가입한 이후 1985년 미국 로스앤젤레스에서 개최된 제15회 대회에 처음 참가하였다. 한편, 2001년에 로마에서 개최되었던 대회부터 국제올림픽위원회의 승인을 받아 대회 명칭이 세계농아인경기대회(Deaf World Games)에서 세계농아인올림픽(Deaflympic)으로 변경되었다.

표 12-8. 세계 농아인 올림픽(하계) 역대 대회 현황

횟수	연도	개최지	참가규모	우리 나라 참가현황
15	1985	미국 로스앤젤레스	29개국 1,053명	최초 선수단 파견
16	1989	뉴질랜드 크리스트처치	30개국 959명	29명(선수 21명, 임원 8명) 참가
17	1993	불가리아 소피아	51개국 1,705명	육상, 축구, 사이클, 탁구 4개 종목 36명(선수 25명, 임원 11명) 참가
18	1997	덴마크 코펜하겐	62개국 2,068명	육상, 축구, 탁구, 볼링, 배드민턴 5개 종목 40명 참가 처음으로 동메달 2개 획득
19	2001	이탈리아 로마	71개국 2,405명	45명(선수 27명, 임원 18명) 참가 육상, 배드민턴, 볼링, 탁구, 사격 금 4, 은 4, 동 4(종합 11위)
20	2005	호주 멜버른	80개국 4,000명	금 6, 은 5, 동 5(종합 10위)

(www.kosad.or.kr 대한장애인체육회 홈페이지, 2008)

(4) 세계 스토크맨드빌 휠체어경기대회

세계 스토크맨드빌 휠체어경기대회(World Stoke Mandeville Wheelchair Games)는 각종 국제장애인경기대회 중에서도 가장 역사가 깊고 권위를 인정받는 대회이다. 특히, 이 대회는 1960년 이후 4년마다 올림픽 개최지에서 관례적으로 개최되는 장애인올림픽대회의 모태가 되었으며, 대회를 주관하는 국제 스토크맨드빌 휠체어경기연맹(ISMWSF)은 세계 장애인스포츠기구 국제조정위원회(ICC)가 발족되기 이전까지는 장애인올림픽대회뿐 아니라 장애인스포츠의 주도적 역할을 수행하였다. 경기종목은 육상경기(마라톤 포함), 양궁, 농구, 론볼링, 사격, 당구, 수영, 탁구, 역도, 럭비, 펜싱 등 11개 종목이다. 참가자격은 국제 스토크맨드빌 휠체어경기연맹(ISMWSF)의 회원국만이 대회에 참가할 수 있으며, 대회 참가자격을 척수장애(소아마비 포함)에 한정하였으나 최근에는 절단장애 등을 포함시켜 휠체어에서 경기하는 선수로 그 범위를 확대하고 있다. 우리 나라는 1965년도에 가입하여 매년 국가보훈처 소속 상이군경 선수들이 주로 참가했으나, 1989년 한국장애인복지체육회가 발족한 이후부터는 일반 척수장애인들도 참가하고 있다.

(5) 오이타 국제 휠체어마라톤대회

오이타 국제 휠체어마라톤대회는 오이타의 유다카 나카무라 박사가 1981년 UN이 제정한 세계장애인의 해를 기념하여 제창하였다. 경기종목은 42.195㎞의 풀코스 마라톤과 하프코스 마라톤으로 되어 있으며, 주로 휠체어를 사용하는 척수장애인과 절단 및 기타 장애인들이 참가한다. 의무분류는 장애 정도에 따라 5등급으로 구분한다. 휠체어마라톤

은 캐나다, 미국, 네덜란드, 독일 등이 강국이며 한국은 대회 원년부터 계속 참가하였다. 특히, 1990년도에 열린 제10회 대회에서 우리 나라의 유희상 선수는 3등급에서 1위를 차지하였고 대회종합에서도 4위에 입상한 바 있다.

(6) 아시아·태평양 농아인체육대회

1984년에 홍콩에서 처음 개최된 제1회 대회부터 1988년에 호주 멜버른에서 개최된 제3회 대회까지는 축구종목만 격년으로 개최되다가 1992년에 서울에서 개최된 제4회 대회부터는 탁구종목이 추가됨과 동시에 4년을 주기로 개최키로 결정되었다. 우리 나라는 제1회, 제2회 대회에서는 우승을 차지하였고 제3회 대회에서는 준우승을 차지하였다. 제4회 대회에서는 10개국이 참가한 축구종목에서 준우승을, 4개국이 참가한 탁구에서 여자단체 2위, 남자단체 3위, 남·여 복식 3위의 성적을 올렸다. 제5회 대회는 1996년에 말레이시아 쿠알라룸푸르에서 개최되었고, 우리 나라는 축구, 탁구, 수영, 배드민턴, 농구, 육상에 참가하여 공동 3위를 기록했다. 제6회 대회는 2000년에 대만 타이페이에서 개최되었으며, 우리 나라는 축구 17명, 탁구 6명, 배드민턴 8명, 육상 3명, 볼링 2명의 5개 종목에 선수 36명과 임원 8명으로 총 44명이 참가하여 금 6, 은 3, 동 6으로 종합 4위를 차지하였다.

5) 전문스포츠 관련 단체

전문스포츠 관련 단체를 국외와 국내로 나누어 살펴보면 아래와 같다.

(1) 국제장애인스포츠기구 현황

국제장애인스포츠 조직은 전 세계가 참가하는 종합장애인경기대회를 관장하는 기구와 장애유형별 기구, 종목별 세계대회 및 대륙별 대회 등을 관장하는 기구로 구분된다. 장애인올림픽을 관장하는 국제장애인올림픽위원회(IPC, International Paralympic Committee), 장애유형별 대회를 관장하는 기구로는 국제시각장애인경기연맹(IBSA), 국제뇌성마비인경기연맹(CP-ISRA), 국제지적장애인경기연맹(INAS-FID), 국제휠체어/절단장애인경기연맹(IWAS), 그리고 IPC의 회원단체는 아니지만 국제농아인스포츠위원회(CISS), 국제스페셜올림픽위원회(SOI)가 있다. 아시아 대륙을 대표하는 종합대회 관장기구는 최근 새롭게 설립된 아시아장애인올림픽위원회(APC)이며, 종목별 장애인경기연맹은 독자적인 국제경기연맹(IFs), IPC스포츠, 국제장애인스포츠기구(IOSD)스포츠의 세 가지 유형으로 구분되어 운영되고 있다(장애인체육백서, 2007).

국제장애인스포츠기구 가운데 대표적 기관인 국제장애인올림픽위원회(International Paralympic Committee, IPC)는 162개국의 국가장애인올림픽위원회(NPC)와 4개의 장애

유형별 국제스포츠기구, 27개 종목의 국제경기연맹, 5개의 지여기구를 회원으로 하계장애인올림픽과 동계장애인올림픽을 주관 조정·감독하는 세계 최고 권위의 장애인체육단체이다(장애인체육백서, 2007).

(2) 국내장애인스포츠기구 현황

과거 장애인체육은 한국장애인복지진흥회(1989년 한국장애인복지체육회로 창립되어 2000년 한국장애인복지진흥회로 명칭 변경)가 담당하였으나, 2005년 11월 대한장애인체육회가 설립되면서 대한장애인체육회에서 총괄하게 되었다. 2007년 11월 현재 경기단체 24개, 유형별 체육단체 2개로 총 26개이며, KPC(Korea Paralympic Committee) 소관단체 2개, 별도의 인정단체 5개로 구분되어 있다.

표 12-9. 대한장애인체육회 가맹 경기단체(2007년 11월 현재)

순	경기단체명	창립일	가맹일	시도지부	비고
1	대한장애인축구협회	04. 09. 09	06. 04. 27	—	
2	대한장애인골볼협회	06. 02. 03	06. 04. 27	12	
3	대한장애인농구협회	97. 04. 25	06. 04. 27	7	
4	대한장애인럭비협회	04. 12. 19	06. 04. 27	4	
5	대한장애인론볼연맹	92. 05. 16	06. 04. 27	16	
6	대한장애인배드민턴협회	00. 02. 15	06. 04. 27	11	
7	대한장애인보치아연맹	06. 03. 18	06. 04. 27	3	
8	대한장애인볼링협회	02. 12. 12	06. 04. 27	14	
9	대한장애인사격연맹	97. 04. 15	06. 04. 27	7	
10	대한장애인사이클연맹	93. 07. 10	06. 04. 27	7	
11	대한장애인수영연맹	03. 03. 22	06. 04. 27	3	경기단체
12	대한장애인스키협회	01. 10. 20	06. 04. 27	2	
13	대한장애인아이스하키협회	03. 02. 21	06. 04. 27	—	
14	대한장애인양궁협회	04. 04. 04	06. 04. 27	2	
15	대한장애인역도연맹	96. 02. 28	06. 04. 27	5	
16	대한장애인육상연맹	02. 02. 25	06. 04. 27	2	
17	대한장애인테니스협회	93. 10. 07	06. 04. 27	2	
18	대한장애인펜싱협회	04. 11. 28	06. 04. 27	5	
19	대한장애인배구연맹	06. 02. 26	06. 04. 27	7	
20	대한장애인댄스스포츠연맹	02. 07. 28	06. 04. 27	4	
21	대한장애인조정연맹	06. 07. 08	06. 07. 31	2	
22	대한장애인탁구협회	93. 08. 20	06. 07. 31	12	

23	대한장애인컬링협회	07. 03. 27	07. 10. 16	1	
24	대한장애인요트연맹	06. 12. 15	07. 10. 16	2	
25	대한농아인체육연맹	82. 12. 30	06. 07. 31	14	유형별 체육단체
26	한국스페셜올림픽위원회	78. 05. 01	06. 04. 27	—	
27	한국시각장애인스포츠연맹	06. 01. 18	06. 04. 27	16	KPC
28	대한지적장애인스포츠협회	05. 08. 20	06. 04. 27	—	
29	대한장애인태권도협회	06. 04. 02	07. 10. 16	4	
30	대한장애인골프협회	04. 09. 19	07. 10. 16	10	
31	전국장애인바둑협회	99. 07. 25	07. 10. 16	9	인정단체
32	대한장애인다트연맹	07. 04. 13	07. 10. 16	9	
33	대한장애인소프트볼야구협회	07. 06. 15	07. 10. 16	0	

(장애인체육백서, 2007)

또한, 대한장애인체육회의 시도지부는 2007년 11월말 현재 14개(서울, 부산, 대구, 인천, 대전, 광주, 강원, 경기, 충북, 충남, 전북, 경북, 경남, 제주)가 설립되어 업무를 추진 중에 있고, 2개 시도지부(울산, 전남)는 설립 준비 중에 있다(표 12-10 참조).

표 12-10. 대한장애인체육회 시도지부 현황(2007년 11월 현재)

순	지부승인	단체명(회장)		소재지	설립일
1	07. 04. 05	서울특별시장애인체육회	오세훈	서울특별시 송파구	07. 03. 30
2	07. 05. 22	부산광역시장애인체육회	허남식	부산광역시 연제구	06. 12. 07
3	07. 06. 07	인천광역시장애인체육회	안상수	인천광역시 동구	07. 04. 11
4	06. 09. 27	대구광역시장애인체육회	김범일	대구광역시 달서구	06. 07. 27
5	07. 05. 22	대전광역시장애인체육회	박성효	대전광역시 서구	07. 05. 04
6	07. 08. 27	광주광역시장애인체육회	박광태	광주광역시 서구	07. 07. 18
7	06. 12. 29	경기도장애인체육회	김문수	경기도 수원시	06. 11. 20
8	07. 08. 27	강원도장애인체육회	김진선	강원도 춘천시	07. 05. 30
9	06. 12. 29	충청북도장애인체육회	정우택	충청북도 청주시	06. 12. 18
10	07. 04. 05	충청남도장애인체육회	이완구	대전광역시 중구	07. 01. 17
11	06. 12. 29	전라북도장애인체육회	김완주	전라북도 전주시	06. 12. 26
12	07. 05. 03	경상북도장애인체육회	김관용	경상북도 경산시	07. 04. 10
13	06. 12. 29	경상남도장애인체육회	김태호	경상남도 창원시	06. 07. 18
14	07. 04. 05	제주특별자치도장애인체육회	김태환	제주특별자치도 제주시	07. 02. 14
15		울산광역시			
16		전라남도			

(장애인체육백서, 2007)

시설과 관련된 단체로서 1975년 준공된 정립회관은 체육관, 수영장 등의 시설을 갖추고 장애청소년을 위한 각종 체육활동을 개최함으로써 장애인체육의 활성화와 국제대회 참가 선수들의 실력 향상에 기여하였으며, 1980년대에는 홀트복지관, 삼육재활센터, 보훈병원 체육관 등을 중심으로 체육활동이 활발하게 전개되어 왔다. 1988년 서울 장애인올림픽대회를 계기로 많은 전문 스포츠단체의 발전이 급속히 이루어졌고 1990년대 초부터 생겨나기 시작한 각종 경기단체나 스포츠 동호회의 조직은 장애인 스포츠의 활성화에 큰 기여를 하게 되었다.

◆ 스포츠 분류(sport classification) ◆

권투, 유도, 레슬링 등과 같이 체중의 차이가 승패에 커다란 영향을 미치는 경기에서 선수들간의 공정한 시합이 이루어지도록 하기 위해 분류가 이용되었다. 그러나, 이제는 단순히 체중에 의한 분류만이 아닌 운동능력까지 분류의 범위가 확장되고 있으며, 이러한 점은 장애인에게도 예외 없이 적용되고 있다.

☞ 의무분류

장애인 운동선수에게 스포츠 분류를 적용한 첫 번째 유형은 의무분류 시스템인데, 이것은 1940년대 영국에서 장애인 스포츠가 태동되던 시기에 개발된 시스템이다. 당시의 의무분류 시스템은 척수장애의 정도에 따른 분류가 대부분이었는데, 이는 장애의 정도가 비슷한 장애인들끼리 경쟁할 수 있도록 하기 위한 것이었다.

그 후 계속 개발되어온 의무분류 시스템은 척수장애인뿐 아니라 휠체어사용자와 절단장애인, 뇌성마비인, 시각장애인 등 다른 유형의 장애인들을 위한 분류와 나아가 장애인의 동계스포츠 참여를 위한 분류를 포함하기에 이르게 되었다. 현재 이와 같은 의무분류 시스템은 국제 장애인 스포츠기구들에 의해 공식적으로 승인되어 널리 사용되고 있다. 장애의 종류와 범위에 따른 일반적 분류 체계를 살펴보면 다음과 같다.

▷ 척수장애인선수(8개의 등급) : ISMWSF
▷ 뇌성마비인선수(8개의 등급) : CP-ISRA
▷ 시각장애인선수(3개의 등급) : IBSA
▷ 절단장애인(9개의 등급) : ISOD
▷ 기타 장애인선수(6개의 등급) : ISOD

☞ 기능적 분류

 의무분류 시스템은 특정한 스포츠 활동이나 장애의 종류에 상관없이 모든 경기에 적용되었는데, 장애인들의 욕구를 거의 반영하지 못한다는 단점을 가지고 있다. 즉, 특정한 장애에 따른 의학적 분류는 특정 경기에 소수의 장애인 선수만 참여하는 결과를 낳아 많은 장애인들이 경기에 참여하지 못하게 되었다. 비록 의무분류 시스템이 신체능력과 경쟁력을 조화시키기 위한 것이었지만, 결과적으로는 장애인 스포츠를 위축시키기에 이르렀다.

 이러한 상황에서 1980년대 말과 1990대 초에 특정 장애보다는 오히려 장애 집단으로 분류하여 스포츠 경기를 실시하고자 하는데 초점을 둔 통합적인 의미의 기능적 분류 시스템을 개발하고자 하는 시도가 일어났다. 이것은 재활의 의미를 지닌 스포츠에서 엘리트 스포츠로 이행하는 논리적 발전이라고 할 수 있다.

 휠체어농구는 기능적 분류 시스템에 따른 최초의 장애인 스포츠라 할 수 있다. 호스트 스트로켄들은 1984년 영국에서 열린 장애인올림픽대회에서 통합적인 기능적 분류 시스템을 사용할 것을 처음으로 제안했다. 이 시스템은 더 세부적으로 분류되어 1992년 바르셀로나 장애인올림픽대회에서 처음으로 사용되었다. 이러한 기능적 분류 시스템을 위해 많은 노력을 기울인 결과, 1992년 바르셀로나 장애인올림픽대회에서는 특정 스포츠의 기능적 분류 시스템이 개발 사용되었다. 그러나, 의무분류 시스템을 적용할 것인지 아니면 기능적 분류 시스템을 적용할 것인지에 대해서는 아직도 논란이 분분한 상태이다.

 장애인올림픽대회(Paralympics)가 장애인 선수들을 위해 실시되는 경기 중 가장 중요한 최고 수준의 경기라는 점에서 주요 국제 장애인경기단체들(CP-ISRA, IBSA, ISMWSF, ISOD)과 1992년 바르셀로나 올림픽조직위원회 장애인분과는 다음과 같은 세부적인 사항을 포함한 분류 시스템을 만들어냈다.

◆ 기능적 분류를 도입한다.
◆ 경기력 및 다른 등급의 유사한 장애인 선수를 같은 그룹으로 분류한다.
◆ 오랫동안 참여 인원수가 적은 경기는 취소한다.

(한국장애인복지체육회, 1994)

3. 국내 장애인 스포츠의 전망

1) 국내 장애인 스포츠의 현황과 문제점

우리 나라의 장애인 전문스포츠의 문제점은 학교체육 및 생활체육과의 연계 미흡, 선수 선발 및 육성 취약, 장애인 스포츠지도자 양성체계 부재, 훈련시설 이용의 제한, 종목별 정규 대회 부족, 선수복지 취약, 재정지원 빈약으로 대두되고 있다.

(1) 학교체육 및 생활체육과의 연계
선진 외국의 경우 장애인 경기의 전문스포츠 선수가 되는 것은 학교체육을 기반으로 하여 생활체육을 통해 실력을 배양함으로써 이루어지지만, 우리 나라의 경우는 전문스포츠가 학교체육이나 생활체육과 연계성이 전혀 없다. 이러한 단절된 방식의 전문스포츠는 선수의 선발이나 육성에 한계가 있을 뿐 아니라 장애인 개인적으로도 장기적인 건강의 유지·향상과 삶의 질을 추구하는 목적에 상응하지 못하고 있는 실정이다.

(2) 전문스포츠 선수에 대한 지원체제
국제 대회에 출전하게 되는 장애인 국가 대표선수들이 훈련에만 전념할 수 있도록 지원하는 것은 경기 성적을 좌우하는 매우 중요한 문제이다. 그러나, 우리 나라의 장애인 대표 선수들에게는 전용 훈련장이 없으며, 일부 종목은 일반 대표선수들의 체육시설을 이용하기도 하지만 대부분 개인적으로 체육관을 찾아 훈련을 하게 된다. 이 또한 대부분의 사설 시설들에 편의시설이 설치되어 있지 않아 훈련에 많은 어려움을 겪고 있다. 더불어 장비 구입비나 훈련비에 대한 예산지원은 거의 없는 실정이다.

(3) 전문스포츠 지도자 양성체제
지도자의 자질과 능력은 경기에서의 승패를 좌우하는 중요한 요인이지만 우리 나라에는 장애인 전문스포츠 지도자를 육성하거나 배출하는 전문 기관이 전무한 실정으로 경기력 향상의 제한점이 되고 있다. 더불어 일반 스포츠 전문가들의 관심부족과 특수체육 전공자들의 이해와 노력 부족은 계속되는 전문스포츠 지도자의 빈곤이라는 결과를 초래하고 있다.

(4) 선수 복지문제
장애인 선수가 훈련에 전념할 수 있도록 여건과 처우를 개선하는 것은 매우 중요한 경기력 향상의 요인이다. 그 동안 우수 선수에 대한 포상과 연금제도가 꾸준히 개선되어 왔음에도 불구하고 그 혜택의 폭이 좁아 선수들은 어려움을 겪고 있다. 연금 액수가 일반 선수보다 낮은 것은 물론 연금 혜택을 받을 수 있는 대회 역시 한정되어 있어 선수들의 사기를 저하시키는 결과를 초래하고 있다.

(5) 종목별 대회 참가 기회

우리 나라에서 예산 지원이 가능한 국제대회는 장애인올림픽대회, 특수올림픽대회, 농아인올림픽, 아·태장애인경기대회 등으로 한정되어 있기 때문에 선수들의 기량을 넓히고 경험을 쌓기 위한 대회 출전이 어려운 경우가 많다. 특히, 장애인올림픽대회에서는 국제 장애인올림픽위원회의 규정에 따라 지역선수권대회나 세계선수권대회에서 좋은 성적을 거두어야만 하기 때문에 원천적으로 큰 국제대회의 참여가 불가능한 경우도 있다. 각 종목별 경기 단체에서 주최하는 경기들 또한 예산 부족으로 인해 경기가 일부 지역으로 축소되거나 단절되는 경우도 있다(문화관광부, 2003).

2) 국내 장애인 스포츠의 진흥방안

(1) 우수선수의 과학적·체계적 육성

앞으로 한층 가속화될 국가 간의 장애인 스포츠 경쟁에 대비하기 위해서는 성장가능성이 높은 우수 선수를 조기 발굴하여 중점 지원하고, 각 종목 전문지도자에 의한 합동훈련 및 관리를 통하여 경기력 향상을 도모하고 이를 지원하여 선수 저변 확대 및 전문체육의 발전을 모색하여야 한다.

장애인 경기단체의 합동훈련 지원을 통하여 후보 선수의 체력강화 및 기초 기술훈련을 통한 경기력 향상을 도모해야 할 것이다. 또한 동·하계 합숙훈련 실시, 후보선수 중 우수선수를 선정하여 집중적인 기술훈련을 실시하고 주요 국제대회 참가를 통하여 실전 경험을 축적하기 위하여 국외 전지훈련을 실시하여야 한다.

(2) 훈련시설의 확보 및 이용

장애인 대표선수의 전용 연습장소가 없는 상황에서 경기력을 향상시킨다는 것은 어려운 일이므로 선수들이 마음놓고 훈련에 전념할 수 있는 전용 훈련장이 시급히 건립되어야 한다. 또한 전용 훈련장은 단지 훈련목적 이외에도 훈련 일정 등을 고려하여 생활체육 시설로도 활용할 수 있도록 하여 유지·관리에 필요한 재원확보와 아울러 스포츠 대중화의 기틀을 마련할 수 있는 계기로 전환할 수 있도록 해야 한다.

그러나 전용 훈련시설의 확충에는 많은 시간과 자금이 소요된다는 점에서 전국의 기존 훈련시설 및 경기장 시설의 편의시설을 완비한 뒤 장애인 대표선수 및 우수 선수들이 지속적으로 훈련할 수 있도록 개방되어야 하며, 지역 장애인들이 누구나 쉽게 이용할 수 있는 생활체육의 장소로도 활용되어야 할 것이다.

(3) 장애인 경기대회의 활성화

장애인 스포츠가 급격히 엘리트화 되고 있는 시점에서 국제장애인경기대회 참가는 메달 획득 유망 종목을 우선적으로 선정하여 집중 육성하여야 한다. 국제대회에서의 승리는 국력이나 국위로 간주되고 나아가 자국의 복지수준의 척도로 불리는 만큼 장애인 스포츠의 육성은 반드시 필요하다. 이를 위하여 사회복지에 뜻 있는 기업 등에 종목별 장애인 경기단체의 창립을 유도하고, 각종 국제대회 참가와 선수관리 등에 집중적인 투자와 육성이 요구된다.

아울러 서울, 경기 일원에서 대다수 치러지고 있는 각종 국내대회의 지방개최를 유도하여 지역 간 균형있는 장애인 스포츠의 발전을 도모하여야 할 것이며, 일반 경기대회 개최 시 장애인 선수들이 참여할 수 있도록 개방하여 장애인과 일반인이 함께 참여할 수 있는 대회를 점차적으로 늘려나가야 할 것이다. 또한 국민체육진흥기금과 국고지원금을 더 많이 확보함으로써 종목별, 지역별 대회개최가 확대될 수 있을 것이다.

(4) 생활체육 진흥

전국의 많은 공공체육시설을 장애인이 이용하기에는 여러 가지 어려움이 있다. 이는 관리자의 폐쇄적 운영이나 편의시설이 설치되어 있지 않기 때문일 수도 있다. 또는 프로그램이 마련되어 있지 않거나 지도할 전문가가 없는 경우도 있다. 그러나 현재 장애인복지법 시행령에는 공공 체육시설의 사용료를 감면하는 내용이 포함되어 있고, 편의시설과 관련된 법령도 실행 중이다. 따라서 각 시·도를 통하여 이미 발효된 법령을 준수하고 조례를 제정토록 한다면 많은 장애인들이 체육시설을 이용할 수 있을 것이다. 그리고 전국의 공공체육시설의 지도자를 대상으로 연수를 실시하여 장애인 프로그램을 개설토록 하고, 지도할 수 있도록 하여야 한다.

아울러 장애인들이 직접 참여하는 생활체육교실을 전국적으로 확대 운영하고 종목별 동호회 조직을 체계화하여야 한다. 이를 위하여 각 단체별 특성에 맞는 용기구 보급으로 교실 운영을 효율적으로 지원하는 것이 필요하다. 그리고 각종 장애인 생활체육대회를 개최, 지원하여 동기유발과 참여인구의 저변 확대를 꾀하며, 장애인 생활체육의 환경변화와 욕구에 부응한 계절 스포츠 운영으로 다양한 프로그램이 제공되도록 하여야 한다.

(5) 장애인 스포츠 지도자 양성

특수체육교육(학)과에서는 장애인 스포츠지도자 양성을 위한 특별교과목을 개설하고, 지도자로서 갖추어야 할 전문적 교과영역에 대한 지식을 습득하게 하여야 한다. 또한 선진외국의 양성과정을 모델로 장애인 스포츠지도자 양성과정을 공인 제도화하여 자격부여과정을 통하여 배출된 전문지도자를 장애인 체육시설 또는 공공체육시설에 의무 배치하게 하는 법적인 제도장치를 마련하는 것이 필요하며, 이를 위하여 장애인 지도자연수원을 설립하여 운영할 수 있는 체계를 구축하는 것이 시급한 과제이다. 또한 연수원은 최신 장애인 스포츠 과학정보를 현장에 효율적으로 활용할 수 있도록 교육내용이나 방법 그리고 강사진까지도 신중히 고려하여 운영해야 한다.

(6) 장애인 선수의 복지향상

장애인 선수 복지사업은 낙후된 경기력을 회복하고 국위를 선양한 장애인 선수의 사기를 진작시키기 위하여 포상이나 연금을 지급하는 것으로 이미 세계 여러 나라에서 시행하고 있다. 우리 나라의 장애인 선수 복지사업은 대상과 지급금액에 있어 너무 제한적이었으나 시드니 장애인올림픽대회 이후 이를 일반선수의 80% 선까지 대폭 인상하여 시행하고 있다. 따라서, 이에 따른 소요재원 확보를 위해 국민체육진흥기금, 국고 등에서 이를 보조해 주는 방안이 모색되어야 할 것이다. 그리고 정부는 장애인 선수의 고용을 위한 취업알선 등에도 많은 관심을 가져야 할 것으로 생각된다.

(7) 장애인체육 재정규모 확대

현재 대부분의 장애인체육 재원은 국고에 크게 의존하고 있는 실정이다. 그러나 국고예산에는 한계가 있어 국고 부담에만 의존하여 장애인체육 지원을 마련할 수는 없다. 하지만 장애인복지와 직접적으로 관련되는 장애인 체육진흥사업에 대해서는 국고에서 지원할 수 있도록 장애인체육 예산을 적정수준으로 확충해야 할 것이다. 또한 국민체육진흥기금이 앞으로 장애인체육 재정의 안정성과 자립도를 향상시키는데 중요한 역할을 수행하여야 한다.

장애인체육 재원을 확충하기 위한 또 하나의 방안으로 기업체로부터 기부금 및 성금을 유치하는 방안을 생각해 볼 수 있다. 대부분의 선진국가에서는 이 방안이 가장 중요한 세입원이 되고 있다. 그러나 우리 나라의 경우 기업체가 장애인 선수나 대회를 지원하는 사례가 거의 없어 앞으로 기업체의 기부금과 성금을 적극 유치하도록 노력할 필요가 있다. 이를 위해서는 기업가들이 부감감을 느끼지 않고 응분의 보상을 받도록 하는 사회적 풍토가 마련되어야 하고, 기업체의 기부금에 대해서는 손비 처리해 주는 세제상의 혜택을 주어야 할 것이다(한민규, 2001).

☞ **생각해 봅시다 !!**

1. 장애인 스포츠의 보급과 진흥방안에 대해 토론해 봅시다.

참고문헌

국제장애인올림픽위원회(2003). **http://www.paralympic.org.**

대한장애인체육회(2008). **www.kosad.or.kr**

문화관광부(2003). **체육백서.**

문화관광부(2007). **장애인체육백서.**

전혜자(2001). 장애인체육대회와 지역사회발전. **한국특수체육학회지, 9**(1). 59-70.

한국농아인협회(2003). **http://www.kdeaf.or.kr.**

한국장애인복지진흥회(2003). **http://www.kowpad.or.kr.**

한국장애인복지체육회(1994). 특수체육 총론. 서울: 태근문화사.

한민규(2001). 파람릴픽 대회 분석을 통한 한국 장애인 스포츠의 진흥방안. **한국특수체육학회지, 9**(1), 71-83.

Castneda, L., & Sherrill, C. (1999). Family Participation in Challenger Baseball. *Adapted Physical Activity Quarterly, 16*(4), 372-388.